もくじ

〈特集編〉P.(2)
特集①
過去5回の試験出題傾向を徹底分析！
第28回試験 ココ出る！ 頻出項目解説

> **2つの特集で得点力大幅アップ！**
> 予想問題に取り組む前に、本試験直結の重要項目・頻出項目をしっかりおさらい。このワンステップが、得点力の大幅アップにつながります。確認が済んだら、いよいよ予想問題にチャレンジです。

〈特集編〉P.(12)
特集②
十訂基本テキスト徹底分析！
『九訂』→『十訂』 ここが変わった！要点解説

〈特集編〉P.(23)
特集③
分野別 頻出テーマ対策 ミニ講義

〈別冊〉抜き取り冊子
予想問題・第27回試験

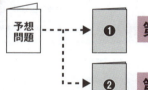
予想問題 → ❶ 第1回 予想問題
　　　　 → ❷ 第2回 予想問題

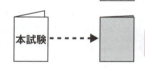
本試験 → 第27回 試験

> **本試験を完全シミュレート！**
> TAC渾身の予想問題です。本試験と同様に、制限時間120分内でチャレンジ！
> ●予想問題(色紙で区分けられたページ)は抜き取って使用することができます。詳細は色紙のページをご覧ください。●解答用のマークシートにつきましては、最終ページに収載しています。

〈解答編〉P.1
第1回 解答・解説

〈解答編〉P.39
第2回 解答・解説

〈解答編〉P.79
第27回試験 解答・解説

> **出題テーマごとポイント解説掲載！わかりやすい解説で実力養成**
> 予想問題の答え合わせをしながら、しっかりと学習フォロー。各問題の出題テーマをポイント解説で把握。選択肢ごとの解説で実力を養いましょう。目標得点をとれるようになるまで、何度でも繰り返しチャレンジしましょう！

2025年版
みんなが欲しかった！ ケアマネの直前予想問題集

巻末

スキマ時間もフル活用！
暗記カード 全96枚

[カードの内容と番号について]

カード番号は、各科目を以下のように略してつけています。
- 介護支援分野： 介護支援 01 より40枚
- 保健医療サービスの知識等： 保健医療 01 より32枚
- 福祉サービスの知識等： 福祉 01 より24枚

「暗記カード」で学習の総仕上げ！

巻末の「暗記カード」は、ミシン目に沿って切り離して、リングやひもで綴じてご利用ください。

問題を解き終わったら、わかりやすい解答解説で実力養成！

解答解説ページの見方

解答一覧ページ

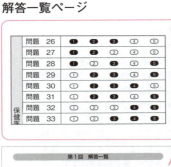

解答合わせとともに、各科目の「目標得点」※を得点できているか、チェックしてください

※目標得点は、特集1頻出項目解説〔(3)〜(18)ページ〕で、科目ごとに設定している目標数値です

ご自分の解答マークシートと照合しやすい！

選択肢ごとに、○か×かが、すぐに判断がつくよう、簡潔で明解な解説をしています

各問題の出題テーマについて「ポイント解説」をつけました

問題の重要度表示です
★ 低／★★ 中／★★★ 高

介護支援分野

問題1　正解　1・4・5 ●重層的支援体制整備事業　重要度 ★★

●2020（令和2）年の社会福祉法の改正により、重層的支援体制整備事業が創設された。市町村は任意でこの事業を行うことができる。介護保険制度の地域支援事業の一部も重層的支援体制整備事業として実施可能であり、概要をよく押さえておこう。

エア 教科書 CHAPTER 1・SECTION 4

1　○　重層的支援体制整備事業は、複数の制度にまたがる子ども・障害・高齢・生活困窮にかかる一部の事業を一体的に実施することにより、複雑化・複合化する地域生活課題の解決に資する、包括的な支援体制を整備することを目的としている。
2　×　生活保護法に規定する事業内容は含まれない。関連する制度には、介護保険制度、障害者総合支援制度、子ども...ある。
3　○　経済的に困窮している人への給付...
4　○　重層的支援体制整備事業では、既...参加支援、地域づくりに向けた支...
5　○　この事業を実施する市町村に対し...できるよう、重層的支援体制整備...

問題の内容が、姉妹書『ケアマネの教科書』のどのCHAPTER・SECTIONとリンクしているのかを明示しました

問題2　正解　2・3・5 ●介護保険給付等の状況　重要度 ★

●厚生労働省の「介護保険事業状況報告（年報）」からの出題である。このほ...保険者の状況、要介護・要支援認定者数の状況についても確認しておこう。

エア 教科書 CHAPTER 1・SECTION 4

1　×　制度施行時の2000（平成12）年度の保険給付費（高額介護サービス費・高額医療合算介護サービス費・特定入所者介護サービス費を含む）は3兆2427億円であり、2022（令和4）年度は約10兆5100億円とおよそ3倍である。
...別の給付費割合は、全国平均で、居宅サービス50.6％、地域密着...2％、施設サービス32.1％で、居宅サービスにかかる給付費が最も...
...サービス受給者数は599万人で、前年度より10万人増加している。

巻頭特集

特集1

過去5回の試験出題傾向を徹底分析！

第28回試験 ココ出る！ 頻出項目解説

特集2

十訂基本テキスト徹底分析！

『九訂』→『十訂』 ここが変わった！要点解説

特集3

分野別 頻出テーマ対策ミニ講義

＋巻末「暗記カード」でインプット学習総仕上げ！

特集1　過去5回の試験出題傾向を徹底分析！

第28回試験 ココ出る！頻出項目解説

　介護支援専門員実務研修受講試験は、介護支援専門員（ケアマネジャー）としての実務に必要な基礎知識を問うものです。試験範囲は介護保険制度全般とケアマネジメント、高齢者の疾患や医療・介護の知識、保健医療サービス各論、ソーシャルワークや社会資源、福祉・保健医療等の関連制度、福祉サービス各論など広い範囲にわたります。合格のためには試験範囲を効率よくポイントを押さえることが大切です。

　そこで特集1では、過去5回の介護支援専門員実務研修受講試験を徹底分析して、

→出題ランキング：分野別に大項目に分け、そのなかでの出題ランキングをまとめました。

→Advice：大項目別の過去5回の出題傾向と、2025年の第28回試験に向けての学習ポイントについてアドバイスをつけました。

　さらに、頻出項目や第28回試験で出題が予想される項目は、個別に解説しています。重要事項に着目しながら、効率的に学習しましょう。

●ケアマネジャー試験の内容と合格基準

　試験問題の内容は、介護支援分野、保健医療サービス分野、福祉サービス分野の3つに分けられます。

　配点は1問1点で、「介護支援分野（25問）」は単独で、「保健医療サービス分野〈保健医療サービスの知識等〉（20問）」と「福祉サービス分野〈福祉サービスの知識等〉（15問）」は合算した「保健医療福祉サービス分野（35問）」として、それぞれ合格点が示され、両方の区分で合格点に達していることが必要です。

　合格点は、各分野での正答率70％を基準に難易度で補正されます。第25回～第27回試験でも、両分野とも7割前後の正答率が必要とされています。

■合格基準

区分	問題数	合格基準		
		第25回	第26回	第27回
介護支援分野	25問	18点（72.0％）	17点（68.0％）	18点（72.0％）
保健医療福祉サービス分野	35問	26点（74.2％）	24点（68.6％）	25点（71.4％）

完璧を目指す必要はありません。合格点をとることを目標に、実務に必要な基本的な問題をしっかりと押さえて、得点源としていきましょう。

介護支援分野

目標得点　18点

介護支援分野は、その内容から、基本視点（制度導入の背景や制度の実施状況など）、介護保険制度の知識、要介護認定、ケアマネジメント、事例問題に分けられ、過去5年では右のような比率で出題されています。それぞれの学習ポイントをみていきましょう。

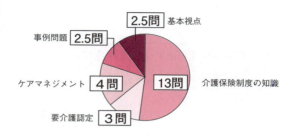

基本視点

出題予想　2～3問

■ 基本視点　出題ランキング

	出題項目	平均出題数	過去5回の出題実績（問題数）				
			23回	24回	25回	26回	27回
1	高齢化の進展と高齢者を取り巻く状況	0.8	1			2	1
1	介護保険制度の実施状況	0.8	1	1	1		1
3	介護保険制度の改正	0.6	1				
3	介護保険制度創設のねらい	0.6		1	1	1	

● Advice

ここでは、高齢者を取り巻く状況、介護保険制度が創設された背景やねらい（社会保障制度の体系含む）、制度創設後の改正内容、制度の実施状況を「基本視点」として分類しています。特に、地域共生社会の実現のための課題や制度の改正については十分理解しておきましょう。

❶ **高齢化の進展と高齢者を取り巻く状況**
少子・高齢化が進む日本の状況、世帯構造の変化のほか、**8050問題**などの高齢者を取り巻く**複合的な地域課題**、**地域共生社会**や包括的な支援体制の解決に資する**重層的支援体制整備事業**への理解が重要です。

❶ **介護保険制度の実施状況**　「**介護保険事業状況報告（年報）**」からの出題が予想されます。被保険者数、認定者数、介護保険の給付の状況などのポイントをしっかり押さえておきましょう。数値を正確に把握していなくても、傾向を把握していれば、消去法で正答できます。

❸ **介護保険制度の改正**　第28回試験では、2023年の法改正事項に注意が必要です。概要を押さえておきましょう。過去の改正内容を誤選択肢として出題する形式が多く、制度創設後の改正内容についても時系列で把握しておく必要があります。

❸ **介護保険制度創設のねらい**　利用者本位のサービス提供、社会保険方式の意義など、介護保険制度の基本的な考え方が問われます。介護保険法の目的規定や保険給付の理念などとあわせて学習してください。

(3)

介護保険制度に関する知識　　　　　出題予想　12〜14問

■介護保険制度に関する知識　出題ランキング

	出題項目	平均出題数	過去5回の出題実績（問題数）				
			23回	24回	25回	26回	27回
1	保険給付（関連する規定等含む）	2.8	5	1		3	5
2	保険財政	1.8	2	2	2	1	2
3	地域支援事業	1.6	1	1	2	2	2
4	事業者・施設（介護支援専門員の義務等含む）	1.4	1	3	2.2	1	
5	被保険者	1		1	1	2	1
5	介護保険事業計画	1	1	1		2	1
5	市町村、都道府県、国等の事務、役割	1	1	1	1		2
8	目的等	0.6				1	
8	介護サービス情報の公表制度	0.6		1	1	1	
8	介護保険審査会	0.6	1			1	1
11	国民健康保険団体連合会	0.3			1.6		

●Advice

　介護保険法を根拠とする介護保険制度の内容が問われます。試験でも要となる部分であり、要点を押さえた全般的な学習が必要となります。いずれもオーソドックスな設問が多く、学習をすれば点をとれる項目です。しっかり学習していきましょう。

❶　**保険給付**　高額介護サービス費などの頻出項目のほか、第28回試験では、特定施設入居者生活介護、利用者負担の減免にも注意が必要です。

❷　**保険財政**　第1号保険料の算定、**第2号保険料の支払基金を通じた交付の流れ**は出題されやすく、注意が必要です。

❸　**地域支援事業**　事業の全体像、包括的支援事業の事業内容や配置される専門職への理解が重要です。

❹　**事業者・施設**　**介護保険施設を開設できる者**、**指定の特例**、**指導監督**などの事項は出題が予想されますので、しっかり押さえましょう。

❺　**被保険者**　資格の得喪、住所地特例などの出題ポイントに注意しましょう。

❺　**介護保険事業計画**　計画に定める事項、他の計画との関係などの頻出事項をしっかり固めておきましょう。

❺　**市町村・都道府県・国等の事務、役割**　第28回試験では、「国および地方公共団体の責務」「市町村が条例に定めること」に注意が必要です。

❽　**目的等**　**尊厳の保持**、**自立した日常生活の支援**、**共同連帯**の理念などのキーワードを押さえましょう。

❽　**介護サービス情報の公表制度**　都道府県知事への報告、介護サービス情報の公表内容、公表時期についてしっかり理解しておきましょう。

❽　**介護保険審査会**　審査請求の対象となる事項への基本的理解が重要です。

要介護認定　　　　　　　　　　　　　　出題予想　2〜4問

■要介護認定　出題実績

| | 出題項目 | 平均出題数 | 過去5回の出題実績（問題数） ||||||
			23回	24回	25回	26回	27回
1	要介護認定	3	3	3	4	2	3

● Advice

認定の申請の方法、申請の代行、認定調査の委託、認定の有効期間など従来からのオーソドックスな頻出ポイントのほか、「認定調査票の基本調査項目」「主治医意見書の調査項目」「要介護認定等基準時間に含まれる内容」「介助等にかかわる5分野の行為」にも注意が必要です。認定調査票や主治医意見書などの書類がどのような目的で使われるのかを理解していれば、正答を導き出せるものも多いといえます。

ケアマネジメント　　　　　　　　　　　出題予想　4〜5問

■ケアマネジメント　出題ランキング

| | 出題項目 | 平均出題数 | 過去5回の出題実績（問題数） |||||
			23回	24回	25回	26回	27回
1	居宅介護支援	2.8	3	3	3	2	3
2	介護予防支援・介護予防ケアマネジメント	0.6	1		1		1
3	施設のケアマネジメント	0.4		1	0.2	1	

● Advice

介護支援専門員には、運営基準を遵守したケアマネジメントの実践が求められており、運営基準（具体的取扱方針）からの出題が大変多いです。介護支援専門員の基本理念、基本姿勢についても、事例問題などで理解を試されるため、基本的な事項を確認しておきましょう。

❶ **居宅介護支援**　人員基準のほか、居宅介護支援の**基本方針、課題分析、サービス担当者会議**など一連のケアマネジメント業務、**主治医**との関係、訪問介護（生活援助）を居宅サービス計画に位置づける際の留意事項など業務にかかわる基準が重要です。居宅サービス計画の記載項目についても注意が必要といえるでしょう。また、「**課題分析標準項目**」を問う問題は定期的に出題されています。

❷ **介護予防支援・介護予防ケアマネジメント**　モニタリングや評価のほか、実施上の留意点や基本取扱方針、介護予防サービス・支援計画書作成における**4つのアセスメント領域**など介護予防に特徴的な部分に着目しましょう。

❸ **施設のケアマネジメント**　施設サービス計画の記載事項、課題分析標準項目やケアマネジメントの基準のポイントも把握しておきましょう。

(5)

事例問題　　　　　　　　　　　　　　　　　　出題予想　2〜3問

■事例問題　出題実績

	出題項目	平均出題数	過去5回の出題実績（問題数）				
			23回	24回	25回	26回	27回
1	事例問題	2.6	2	3	3	3	2

●Advice

　事例問題は、Aさんなどの現在の状況や課題が示され、相談を求められた介護支援専門員の適切な対応を問うものです。全体的に、介護支援専門員の役割や介護支援専門員がもつべき理念（居宅における自立支援、自己決定の支援、家族介護者への支援、専門職とのチームアプローチなど）を理解していれば容易に正答できる問題が多いといえます。ただし、生活援助の利用要件など制度の知識が求められることもありますので注意しましょう。

保健医療サービス分野　　　　　　　　　　　目標得点　15点

　保健医療サービス分野は、その内容から、医療・介護に関する知識（老年症候群や疾患、在宅医療管理、介護技術など）、訪問看護などの保健医療サービス各論に大きく分けられ、過去5年では右のような比率で出題されています。

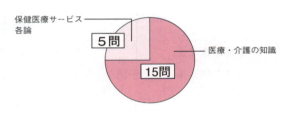

医療・介護に関する知識　　　　　　　　　　出題予想　14〜15問

■医療・介護に関する知識　出題ランキング

	出題項目	平均出題数	過去5回の出題実績（問題数）				
			23回	24回	25回	26回	27回
1	症状・疾患（健康増進・予防含む）	2.4	2	3	2.2	2	3
2	介護技術	1.8	3	2	1.8	1	1
3	医学的診断の理解、医療との連携	1.2	1	1	1	2	1
3	バイタルサイン	1.2	1	1.2	1	1.6	1
5	在宅医療管理	1.1	1	1	1	0.4	2
6	ターミナルケア	1	1	1	1	1	1
6	精神障害	1	1	1	1	1	1
6	高齢者の栄養と食生活	1	1	1	1	1	1
9	急変時の対応	0.9	1	1	0.4	1	1
10	認知症	0.8	1	1	1	1	

10	検査値	0.8	1	0.8	1	1
10	感染症	0.8	1	1		1	1
13	リハビリテーション	0.6			1	1	1
14	薬の知識	0.2		1.2		

●Advice

『十訂介護支援専門員基本テキスト』では、災害対策基本法の内容が追加されています。関連して災害時に起こりうる疾患（深部静脈血栓症、肺塞栓症、生活不活発病）、医療機器使用者への対応、福祉避難所の基本的な理解、非常災害に関する運営基準なども押さえておくとよいでしょう。

❶ **症状・疾患** パーキンソン病など神経系の疾患、循環器の疾患、骨・関節の疾患の出題頻度が高いのですが、どの疾病・疾患も出題の可能性があり、幅広い学習が必要です。

❷ **介護技術** アセスメントの視点が重要です。出題量が多いのは褥瘡や食事の介護、口腔ケアですが、第28回試験では睡眠についても注意が必要です。

❸ **医学的診断の理解、医療との連携** インフォームドコンセント、EBM、NBM、予後への理解、介護支援専門員の医療職との連携への理解が大切です。

❸ **バイタルサイン** 高齢者の体温の特徴、徐脈と頻脈でみられる症状、血圧の測定方法、呼吸状態が悪化したときに疑われる疾患などが出題ポイントです。

❺ **在宅医療管理** インスリン自己注射時の低血糖、在宅酸素療法実施中の火気厳禁など、本人・家族と多職種で共有すべき情報は何か、リスク管理の視点で押さえておきましょう。

❻ **ターミナルケア** 利用者の尊厳を重視する意思決定支援、看取りの場所、ターミナル期の具体的な支援方法、臨終が近づいたときの兆候やケアが重要です。

❻ **精神障害** 特に出題が多いのは、高齢者のうつ病です。発症誘因、高齢者に特有の症状について押さえておきましょう。

❻ **高齢者の栄養と食生活** アセスメントの際に確認する主観的・客観的データ、課題に応じた食事支援のくふうについて、しっかり理解しましょう。

❾ **急変時の対応** 心不全での呼吸困難時の対応（起座呼吸で楽になる）はよく問われるポイントです。高齢者の急変に対する基本的な対応を押さえましょう。

❿ **認知症** 認知症のケアや地域の資源、アルツハイマー型認知症、レビー小体型認知症など各認知症の特徴、BPSDの発症誘因と対応なども頻出ポイントです。

❿ **検査値** 体格の測定に関する出題は大変多くなっています。アルブミン、CRP、肝機能、ヘモグロビンA1cなども頻出です。異常値のときに疑われる疾患を整理して覚えておきましょう。

❿ **感染症** 標準予防策（スタンダード・プリコーション）は繰り返し問われています。感染経路別の予防策、ノロウイルス感染症への対応なども重要です。

⓭ **リハビリテーション** 疾患別のリハビリテーションでの留意点についてチェックしておきましょう。

⓮ **薬の知識** 出題頻度は少ないのですが、第28回試験では出題可能性があります。関係者と情報共有をする必要のある服薬時の留意点、高齢者の服薬管理の方法、食品と薬剤の相互作用などが重要です。

保健医療サービス各論				出題予想　5〜6問

■保健医療サービス各論　出題ランキング

	出題項目	平均出題数	過去5回の出題実績（問題数）				
			23回	24回	25回	26回	27回
1	介護老人保健施設	1	1	1	1	1	1
2	介護医療院	0.8	1	1		1	1
2	訪問看護	0.8	1	1	1		1
4	看護小規模多機能型居宅介護	0.6	1	1		1	
4	通所リハビリテーション	0.6	1		1	1	
4	短期入所療養介護	0.6			1	1	1
7	定期巡回・随時対応型訪問介護看護	0.4			1		1
7	訪問リハビリテーション※2	0.4		1			1

●Advice

　保健医療サービス各論は、人員・設備・運営基準が重要です。どのサービスも出題の可能性があり、しっかりとした学習が必要です。

❶　**介護老人保健施設**　施設の類型（**サテライト型**、**分館型**、**医療機関併設型**など）、**運営基準**はよく問われます。**介護報酬**では、基本報酬の**算定区分**について押さえておきましょう。

❷　**介護医療院**　介護老人保健施設と同様に、介護保険法に設置根拠があり、医療法上の医療提供施設です。介護老人保健施設との利用対象者の違い、**I型療養床**と**II型療養床**の特徴、介護医療院の形態、設備基準などが問われやすいので押さえておきましょう。

❷　**訪問看護**　訪問看護の**サービス内容**や**担当者**についての基本的理解、**主治医との関係**、**例外的に医療保険から給付される場合**などがよく問われます。

❹　**看護小規模多機能型居宅介護**　ここ数年で出題頻度が上がり、重要視されている項目です。特定のサービスとの組み合わせが可能なため、**算定関係**も要チェッ

クです。登録定員などの設備基準、主治医との関係、運営基準をよく理解しましょう。

❹　**通所リハビリテーション**　ほぼ1年おきに出題されていますので、第28回試験では注意が必要です。利用目的や人員基準、運営基準、介護報酬の算定区分などが重要です。

❹　**短期入所療養介護**　医療施設に入所して受けるサービスです。利用者の特性、**緊急時の対応**が可能である点、運営基準では**短期入所療養介護計画**の作成、**診療の方針**が出題されやすいのでチェックしておきましょう。

❼　**定期巡回・随時対応型訪問介護看護**　利用対象者、サービス内容、介護・医療連携推進会議、定期巡回・随時対応型訪問介護看護の作成など固有の運営基準への理解が大切です。

(8)

福祉サービス分野

目標得点　11点

　福祉サービス分野は、その内容から、ソーシャルワーク、社会資源の活用と関連諸制度、福祉サービス各論に大きく分けられ、過去5年では右のような比率で出題されています。

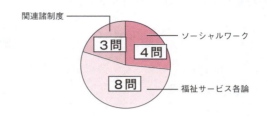

ソーシャルワーク

出題予想　4問

■ソーシャルワーク　出題ランキング

| | 出題項目 | 平均出題数 | 過去5回の出題実績（問題数） |||||
			23回	24回	25回	26回	27回
1	相談面接技術	2	2	2	2	2	2
2	ソーシャルワークの概要 （個別援助・地域援助・集団援助）	1.4	1	1	2	2	1
3	支援困難事例	0.6	1	1			1

●Advice

　相談面接に関する問題が2問、地域援助（コミュニティワーク）や集団援助（グループワーク）が2問程度出題されています。比較的、基本的で正答しやすい問題が出題されることが多いといえます。

❶ **相談面接技術**　冒頭の1、2問で出題されることが多いです。相談面接の基本姿勢（基本的視点、実践原則）とコミュニケーションの知識と技術が設問の柱です。「**バイステックの7原則**」もチェックしておきましょう。コミュニケーション技術では、**傾聴の技法**、**質問のしかた**、**焦点を定める技術**などが繰り返し問われています。また、インテーク面接についても定期的に問われていますので、導入と場面設定、終結までの流れを把握しておきましょう。

❷ **ソーシャルワークの概要**　個別援助、集団援助、地域援助の具体例を示し、どの援助に該当するを答えさせる形式が多いです。対象者の範囲とともに支援内容を具体的にイメージできるよう、過去問題や予想問題を解いておきましょう。

❸ **支援困難事例**　支援困難事例は定期的に出題されているため、第28回試験でも注意が必要です。選択肢ごとに具体的な事例が示され、適切な対応を問うものです。支援を困難にさせる要因、アウトリーチや信頼関係の構築などの**対応の原則**を念頭におき、どのような対応が適切か答えられるようにしておきましょう。

(9)

福祉サービス各論			出題予想　8問				

■福祉サービス各論　出題ランキング

	出題項目	平均出題数	過去5回の出題実績（問題数）				
			23回	24回	25回	26回	27回
1	訪問介護	1	1	1	1	1	1
1	訪問入浴介護	1	1	1	1	1	1
1	通所介護	1	1	1	1	1	1
1	短期入所生活介護	1	1	1	1	1	1
1	介護老人福祉施設	1	1	1	1	1	1
6	小規模多機能型居宅介護	0.8	1		1	1	1
7	福祉用具	0.6	1		1		1
7	認知症対応型共同生活介護	0.6	1		1		1
9	住宅改修	0.4		1		1	
9	認知症対応型通所介護	0.4		1		1	
11	夜間対応型訪問介護	0.2		1			

●Advice

　福祉サービス各論は、人員・設備・運営基準からの出題が中心です。地域密着型サービスは平均2問出題されますので、直近で出題のないサービスに着目しましょう。

❶　**訪問介護**　**身体介護・生活援助**のどちらで算定するのか、原則として医療行為ではないもの、生活援助として算定できないものなど実務にかかわる内容への理解がよく問われます。

❶　**訪問入浴介護**　1回ごとのサービス担当者などの**具体的取扱方針**、ほかのサービスとの**算定関係**などに要注意です。

❶　**通所介護**　人員基準・設備基準、**通所介護計画**の作成などの運営基準、介護報酬では算定区分、サービスの所要時間に含まれるものへの理解が重要です。

❶　**短期入所生活介護**　**単独型**、**併設型**、**空床利用型**の類型、短期入所生活介護計画の作成についてなどが頻出です。

❶　**介護老人福祉施設**　運営基準では、**入所者の入院期間中の取り扱い**など固有の規定のほか、介護保険施設に共通の運営基準などもよく問われます。

❻　**小規模多機能型居宅介護**は**登録定員**などの設備基準のほか、人員・運営基準からもまんべんなく出題されます。

❼　**福祉用具**　貸与と購入の品目の違いのほか、貸与と購入の選択性の対象となる福祉用具もよく理解しておきましょう。

❼　**認知症対応型共同生活活動**　管理者や**計画作成担当者**などの人員基準、**ユニット数**や定員などの設備基準をしっかり押さえましょう。

❾　**住宅改修**　給付内容についての理解が重要です。**福祉用具**の給付内容とあわせて理解しておきましょう。

❾　**認知症対応型通所介護**　利用者、人員、設備基準、事業所の類型（特に共用型）についてよく問われます。

⓫　**夜間対応型訪問介護**　提供時間帯、設備基準、運営基準などを理解し、サービスの特徴を押さえておきましょう。

社会資源の活用と関連諸制度

出題予想 **3問**

■社会資源の活用と関連諸制度　出題ランキング

	出題項目	平均出題数	23回	24回	25回	26回	27回
1	成年後見制度	1	1	1	1	1	1
1	生活保護制度	1	1	1	1	1	1
3	高齢者虐待の防止	0.4	1			1	1
4	生活困窮者自立支援制度	0.2		1			
4	障害者総合支援制度	0.2			1		
4	後期高齢者医療制度	0.2					1

●Advice

　成年後見制度、生活保護制度は、必ず出題されると思ってしっかり対策しましょう。育児・介護休業法、個人情報保護法、高齢者住まい法などは出題実績がありませんが、事例問題で基礎知識が問われる可能性もあります。高齢者の生活支援や権利擁護に関連する制度はしっかり押さえておきましょう。

❶　**成年後見制度**　毎年出題されている重要項目です。**法定後見制度の申立人、後見、保佐、補助の3つの類型ごとの事務の範囲、任意後見制度の手続きの流れ、市民後見人**についてなどしっかりと理解しておきましょう。

❶　**生活保護制度**　生活保護制度の基本原理や基本原則、8つの扶助の内容のほか、介護保険の被保険者である場合の生活保護との関係（特に日常生活費の扱い）をしっかりと押さえておくことが大切です。

❸　**高齢者虐待の防止**　高齢者虐待防止法から出題されることが多いです。法律内容へのしっかりとした理解が必要です。

❹　**生活困窮者自立支援制度**　事業内容を理解しておきましょう。そのほかの関連諸制度についても、制度の概要を押さえておくことが大切です。

❹　**障害者総合支援制度**　第28回試験で出題可能性があります。介護保険のサービスを利用していても同時に利用できるサービスは何か、など**介護保険との関係**、サービスの内容や**利用手続き**を押さえておきましょう。

❹　**後期高齢者医療制度**　第27回試験で5年ぶりに出題されました。範囲が狭く、対策が立てやすいといえます。運営主体、被保険者、給付内容、利用者負担、費用負担割合などの基本を押さえておきましょう。

介護支援専門員は、さまざまな社会資源に熟知し、医療職含め多職種と連携して、利用者への尊厳と自立支援に資するケアマネジメントを実践できる能力が求められています。なりたい自分をイメージして、合格に向けて頑張りましょう！

十訂基本テキスト徹底分析！

『九訂』→『十訂』
ここが変わった！　要点解説

特集2

2024（令和6）年6月に発刊された「十訂介護支援専門員基本テキスト」の改訂ポイントと、試験対策として特に押さえておきたい追加事項をまとめました。特集3とあわせてご活用ください！

介護支援分野の改訂ポイント

2023（令和5）年の介護保険法の改正および政省令（事業者・施設の人員・設備・運営基準など）の改正、介護報酬の改定事項が反映されているほか、認知症基本法などの新しい法律が追加されています。また、関連法令として新たに災害対策基本法が加えられました。ここでは、第28回試験対策として覚えておきたいポイントを確認していきましょう。

□地域共生社会の実現と地域づくり

●ヤングケアラー
→上巻P16

地域共生社会の実現と地域づくりに関する記述において、ヤングケアラーが追加されました。厚生労働省の調査では、小学6年生で世話をしている家族が「いる」と答えたのは6.5%であり、介護だけでなく、福祉、学校、医療などとの連携が不可欠としています。

なお、2024（令和6）年の子ども・若者育成支援推進法の改正により、ヤングケアラーが法律上初めて定義されました。「家族の介護、その他の日常生活上の世話を過度に行っていると認められる子ども・若者」とされ、国・地方公共団体等による子ども・若者支援の対象となることが明記されています。

□統計調査についての更新

●人口構造の変化
→上巻P4

人口構造などについて、2023（令和5）年4月に公表された国立社会保障・人口問題研究所「日本の将来推計人口（令和5年）」の結果が反映されています。前回調査と比べ、平均寿命の延伸などにより人口減少の速度はわずかに緩和されていますが、2070年には総人口が8700万人と2020年の約7割となり、65歳以上の高齢者人口が総人口の約4割を占めるなど、少子高齢化が進む現状に変更はありません。

●介護保険制度の実施状況
→上巻P37〜40

介護保険事業状況報告（年報）の数値が2021（令和3）年度のものに更新されています。

介護保険事業状況報告の内容は、基本テキストにない内容も含めて定期的に試験で出題されています。試験対策としては、厚生労働省の最新資料も確認しておきましょう。

十訂基本テキスト徹底分析！『九訂』→『十訂』ここが変わった！　要点解説

□2023（令和5）年の介護保険法の改正

●改正の概要　→上巻P29〜34

2023（令和5）年5月（公布日：5月19日）に成立した「全世代対応型の持続可能な社会保障制度を構築するための健康保険法等の一部を改正する法律」により、健康保険法、介護保険法、医療法など複数の法律が一括で改正されました。

> ココを押さえよう！

■改正の概要

介護サービスを提供する事業所等における生産性の向上
・都道府県を中心として、介護サービス事業所等への生産性の向上への取り組みの推進を図る
　→都道府県の責務・都道府県介護保険事業支援計画への記載追加など

複合型サービスの定義の見直し
・看護小規模多機能型居宅介護のサービス内容を明確化し、さらなる普及を進める

地域包括支援センターの体制の整備

介護予防支援の指定対象を拡大	指定居宅介護支援事業者も市町村から指定を受けて指定介護予防支援事業者として介護予防支援（介護予防ケアマネジメント）を実施可能とする
総合相談支援業務の一部委託	地域包括支援センターが行う総合相談支援事業について、その一部を指定居宅介護支援事業者等に委託可能とする

介護サービス事業者の経営情報の調査および分析等
・介護サービス事業者の経営情報の収集およびデータベースの整備をし、収集した情報の分析結果をわかりやすく整理して国民に公表する制度を創設

介護情報基盤の整備
・被保険者、介護事業者その他の関係者が被保険者にかかる介護情報等を共有・活用することを促進する事業を市町村の地域支援事業に位置づける

2023（令和5）年の介護保険法の改正の概要は、これまでの改正経緯とあわせて押さえておきましょう。

●介護サービスを提供する事業所等における生産性の向上　→上巻P29、32

「国及び地方公共団体の責務」では、**都道府県**が介護保険事業の運営に関し必要な助言および適切な援助をすることが定められています。改正により、都道府県がその助言・援助をするにあたり、介護サービス事業所・施設における**業務の効率化**、介護サービスの**質の向上**その他の**生産性の向上**に資する取り組みが促進されるよう努めることが責務として加わりました。

また、都道府県介護保険事業支援計画に定めるよう努める事項に、**生産性の向上**に資する事業に関する事項が追加されました。

市町村介護保険事業計画に定めるよう努める事項には、生産性の向上に資する**都道府県と連**

(13)

携した取り組みに関する事項が追加されました。

「国及び地方公共団体の責務」については、試験に1問出題されることを想定して、国・都道府県・国および地方公共団体の責務をそれぞれ押さえておきましょう。

● 複合型サービスの定義の見直し　　　　　　　　　　　　　　→上巻P32

複合型サービスにおける看護小規模多機能型居宅介護について、改正により、法律上にサービス内容が明確に規定されました。

■ 法令上の看護小規模多機能型居宅介護

改正前	改正後
訪問看護及び小規模多機能型居宅介護の組合せその他の居宅要介護者について一体的に提供されることが特に効果的かつ効率的なサービスの組合せにより提供されるサービス	訪問看護及び小規模多機能型居宅介護を一体的に提供することにより、居宅要介護者について、その者の居宅において、又は厚生労働省令で定めるサービスの拠点に通わせ、若しくは短期間宿泊させ、日常生活上の世話及び機能訓練並びに療養上の世話又は必要な診療の補助を行うもの

複合型サービスは、2種類組み合わせるサービスですが、現在は看護小規模多機能型居宅介護のみですね。

● 地域包括支援センターの体制の整備　　　　　　　　　　　→上巻P32〜33

地域包括支援センターの業務負担の軽減など体制の見直しの一つとして、❶指定介護予防支援事業者の対象拡大、❷総合相談支援事業の委託といった改正が行われています。

■ 地域包括支援センターの体制の整備にかかる改正事項

指定介護予防支援事業者の対象拡大	指定居宅介護支援事業者は、市町村から直接指定を受け、指定介護予防支援事業者として、要支援者のケアマネジメント（介護予防支援）を実施可能に
総合相談支援事業の委託	地域包括支援センターの設置者は、総合相談支援事業の一部を指定居宅介護支援事業者等に委託することが可能に

(14)

十訂基本テキスト徹底分析！
『九訂』→『十訂』ここが変わった！　要点解説

●介護サービス事業者経営情報の調査および分析等
→上巻P33、149

　介護サービス事業者の経営情報を「見える化」して、国民に広く情報提供するとともに、詳細な財務状況を把握して政策立案に活用することを目的としています。

　次のような流れで行われます。

❶　介護サービス事業者は定期的（毎会計年度終了後）に経営情報（介護サービス事業者の収益および費用の内容、職員の職種別人員数など）を都道府県知事に報告しなければならない。

❷　都道府県知事は、介護サービス事業者の経営情報に関する調査・分析を行い、その内容を公表するよう努めるとともに、厚生労働大臣に報告する。

❸　厚生労働大臣は、介護サービス事業者の経営情報に関するデータベースを整備し、経営情報の把握・分析のうえ、インターネットなどで結果を公表する。必要に応じ都道府県知事に情報の提供を求めることができる。

●介護情報基盤の整備
→上巻P33

　被保険者、介護サービス事業者、その他の関係者が被保険者にかかる情報を共有し、および活用することを促進する事業が地域支援事業の包括的支援事業として位置づけられます。また、市町村は、この事業の全部または一部を社会保険診療報酬支払基金や国民健康保険団体連合会（国保連）などに委託することができます。施行は、公布後4年以内の政令で定める日です。

利用者に関する介護情報等を、データベース化して被保険者や関係者が閲覧できるように整備するものです。準備に時間がかかるため施行は先になります。

□政省令の改正

●1号被保険者の保険料率の改定
→上巻P66

　第1号被保険者の保険料率は、被保険者の所得水準に応じた所得段階別に設定され、従来は9段階を基本としていましたが、2024（令和6）年度から13段階が基本となりました。

●財源構成
→上巻P63

　介護保険事業計画は、3年を1期とし、2024（令和6）～2026（令和8）年度は第9期となります。この期間における財源の負担割合は、第8期と変更はありません。

□課題分析標準項目の改定
→上巻P277～280

　課題分析標準項目は、制度開始以来大きな変更はされていませんでした。しかし項目の名称や内容が一部現状とそぐわないものになっていることや、2024（令和6）年度からの新たな法定研修カリキュラムとの整合性などを図るため、2023（令和5）年10月に改定されました。項目数は23項目のままですが、項目名の一部変更や記載例の充実などが図られています。

■おもな変更点

- ●「問題行動」の項目を削除し「認知機能や判断能力」に統合
- ●「生活リズム」の新設
- ●利用者を支える関係者の多様化に備え、「介護力」の項目を「家族等の状況」に変更
- ●コミュニケーションの項目に、PCやスマートフォンの利用などの例示を追加　など

□運営基準の改正・介護報酬の改定

　人口構造や社会経済状況の変化を踏まえ、❶地域包括ケアシステムの深化・推進、❷自立支援・重度化防止に向けた対応、❸良質な介護サービスの効率的な提供に向けた働きやすい職場づくり、❹制度の安定性・持続可能性の確保を基本的な視点とした指定基準や介護報酬の改正・改定が行われました。

●居宅介護支援における介護支援専門員の負担軽減　→上巻P317

　ケアマネジメントの公正中立性を確保するため、次の2点を利用者に説明し、理解を得ることが義務づけられていました。今回の改正では、介護支援専門員の負担軽減のため、この義務が努力義務へと変更されました。

- ●前6か月間に作成した居宅サービス計画の訪問介護、通所介護、地域密着型通所介護、福祉用具貸与の利用割合
- ●前6か月間に作成した居宅サービス計画の訪問介護、通所介護、地域密着型通所介護、福祉用具貸与それぞれについて、同一事業者によって提供されたサービスの割合

●オンラインモニタリングの導入　→上巻P330

　業務の効率化や介護支援専門員の負担軽減、人材不足の深刻化などに対応するため、従来のモニタリングを原則としつつ、一定の要件を満たせば、テレビ電話などを活用したオンラインによるモニタリングも可能となりました。要件は次のとおりです。

❶　利用者の同意を得ていること
❷　サービス担当者会議などで、利用者の心身の状況が安定している、利用者がテレビ電話装置等を活用して意思疎通できるなど一定の事項について、主治医、サービス担当者らからの合意が得られていること
❸　居宅介護支援では少なくとも2か月に1回、介護予防支援では少なくとも6か月に1回は利用者の居宅を訪問すること

●介護支援専門員1人当たりの取扱い件数　→上巻P316

　2024（令和6）年の介護報酬改訂で、居宅介護支援費において、介護支援専門員の一人あたり取扱い件数が最大で「50未満」に改められることに伴い、事業所ごとに配置すべき介護支援専門員の人数の基準が見直されました。

十訂基本テキスト徹底分析！
『九訂』→『十訂』ここが変わった！　要点解説

■人員基準

- ●要介護者の数と要支援者の数に3分の1を乗じた数を足した数が44、またはその端数を増すごとに1とする
- ●業務の効率化に向けて、事務職員を配置してケアプランデータ連携システムを活用している場合は、要介護者の数と要支援者の数に3分の1を乗じた数を足した数が49、またはその端数を増すごとに1とする

●介護予防支援の指定を受ける指定居宅介護支援事業者の基準　→上巻P379

指定居宅介護支援事業者が介護予防支援事業者の指定を受けるにあたり、次の基準を満たす必要があります。

■人員基準・運営基準

人員基準	事業所ごとに1人以上の介護支援専門員 常勤の管理者（原則として主任介護支援専門員）※管理上支障がなければ兼務可能
運営基準	〈市町村に対する情報提供〉 市町村が管内の要支援者の状況を適切に把握できるよう、市町村から情報提供の求めがあった場合は、介護予防サービス計画の実施状況などを提供することとする

●福祉用具貸与・特定福祉用具販売の選択制の導入　→上巻P554〜572

2024（令和6）年度から、これまで福祉用具貸与の対象であった固定用スロープ、歩行器（歩行車を除く）、歩行補助つえ（松葉づえを除く）について貸与と販売のいずれかを選択することが可能となりました。

また、利用にあたり、福祉用具専門相談員によるモニタリング等が追加されるなど運営基準も改定されました。

■おもな変更事項

福祉用具貸与	福祉用具貸与計画に、貸与後におけるモニタリングの実施期間を明記
	モニタリング結果の記録およびその記録について、介護支援専門員への報告を義務づけ
	選択制の福祉用具を貸与後の、少なくとも6か月に1回のモニタリングの実施と福祉用具貸与継続の必要性の検討（義務）
特定福祉用具販売	福祉用具専門相談員が、目標の達成状況を確認する（義務）
	販売した福祉用具の使用状況を確認するよう努め、必要な場合は使用方法の指導、修理等を行うよう努める

●サービスに共通する運営基準の改正事項

その他、次のような事項が改正されています。

(17)

■おもな変更事項

	内容	サービス
協力医療機関	緊急時に常時対応できるなど一定の要件を満たす協力医療機関を定めなければならない　※2027（令和9）年3月31日までは努力義務	施設系サービス
	緊急時に常時対応できるなど一定の要件を満たす協力医療機関を定めるよう努めなければならない	居住系サービス
協力医療機関との協議など	協力医療機関との協議・円滑な再入所・新興感染症発生時などの対応を行う医療機関との連携の努力義務	居住系・施設系サービス
緊急時等の対応方法の定期的な見直し	緊急時等の対応方法について、配置医師および協力医療機関の提供を得て定め、1年に1回以上の定期的な見直しを義務づけ	介護老人福祉施設
委員会の開催	利用者（入所者）の安全ならびに介護サービスの質の確保および職員の負担軽減に資する方策を検討するための委員会の設置・開催　※2027（令和9）年3月31日までは努力義務	短期入所系・多機能系・居住系・施設系サービス
身体的拘束等の適正化のための対策を検討する委員会	身体的拘束等の適正化のための対策を検討する委員会の開催等、指針の整備、研修の計画的な実施	短期入所系・多機能系サービス
身体的拘束等の禁止	利用者またはほかの利用者の生命または身体を保護するため緊急やむを得ない場合を除き身体的拘束等を行ってはならない	すべてのサービス

身体的拘束等の適正化のための対策を検討する委員会については、すでに介護保険施設には規定されていました。

保健医療サービス分野の改訂ポイント

□徐脈 →下巻P69

　徐脈は、これまで1分間に60未満とされていましたが、十訂では1分間に50未満に変更されています。

□下肢閉塞性動脈疾患（LEAD） →下巻P128

　閉塞性動脈硬化症（ASO）から、下肢閉塞性動脈疾患（LEAD）へと名称が変更されました。閉塞性動脈硬化症は下肢に起こるものが多く、上肢に起こるものとは区別して、下肢閉塞

性動脈疾患（LEAD）という呼称が推奨されています。なお、間欠性跛行など疾患の症状などの説明は、これまでのものと大きな変更はありません。

☐認知症基本法　　　　　　　　　　　　　　　　　　　　→下巻P201〜202

2023（令和5）年6月16日に「共生社会の実現を推進するための認知症基本法（認知症基本法）」が成立し、2024（令和6）年1月1日に施行されました。この法律の基本理念などについて掲載されています（p（74）参照）。

☐アルツハイマー病の新しい治療薬　　　　　　　　　　　→下巻P102,224

アルツハイマー病の新しい治療薬として、2023（令和5）年12月に保険適用となったレカネマブについての記載が追加されています。脳内に蓄積するアミロイドβタンパク質に作用して神経細胞の破壊を防ぎ、認知機能の低下を遅らせる効果があるとされています。ただし、根本的な治療をすることはできません。

なお、2024（令和6）年9月に、同様の作用をもつドナネマブが保険適用となりました。あわせて押さえておきましょう。いずれもMCI（軽度認知障害）や軽度のアルツハイマー型認知症の人が対象となります。

原因物質である、脳内のアミロイドβタンパク質に直接作用する薬として注目されました。

☐高齢者の精神障害　　　　　　　　　　　　　　　　　　→下巻P262〜269

高齢者の精神障害について、「老年期」という記載が削除となり、全体的な記述が変更されています。おもな変更点は次のとおりです。

●双極症（双極性障害）への名称変更

2022（令和4）年にWHOが正式に発効した国際疾病分類第11版（IDC-11）は、日本でも導入に向け準備が進められています。IDC-11では、双極性障害ではなく双極症という名称が用いられ、十訂もその名称に変更しています。

●妄想性障害の記載が簡略化

妄想性障害の項目が削除され、統合失調症の中で触れられています。妄想性障害は、他の精神症状を伴わない妄想だけがみられることが特徴で、統合失調症とは区別される病態であることに注意が必要です。

●アルコール関連問題・依存症

アルコール依存症という名称は、現在も広く医療現場で用いられていますが、最新の診断基準等も踏まえて、アルコール関連問題という名称が用いられています。また、依存症について

(19)

の記載が詳しくなっています。

　依存症は、特定の物質や行為に対して、社会生活に支障をきたしているにもかかわらず、やめたくてもやめられなくなる病気で、物質依存と行動依存があります。

■依存症の分類

物質依存	アルコールやたばこ、大麻、危険ドラッグなどへの依存
行動依存	パチンコや競馬、ゲーム、インターネット、窃盗、特殊な嗜癖などへの依存

□高齢者の予防接種 　　　　　　　　　　　　　　　→下巻P196

　高齢者に推奨される予防接種として、帯状疱疹ワクチンが追加されました。帯状疱疹は潜伏感染していた水痘・帯状疱疹ウイルスが免疫力の低下や加齢により再活性化し発症するため、高齢者にとっても予防が重要です。なお、これまでは高齢者の定期予防接種の対象ではなく、一部の自治体で接種費用の助成をしていましたが、2025（令和7）年4月からは、高齢者の定期予防接種の対象こなります。

□健康日本21（第三次） 　　　　　　　　　　　→下巻P88~89

　国の健康増進にかかる取り組みとして2013（平成25）年度から「健康日本21（第2次）」が実施されてきましたが、2024（令和6）年度から2035（令和17）年度までの計画として、「健康日本21（第3次）」が実施され、十訂にこの内容が反映されています。

■基本的な方向性

❶　健康寿命の延伸と健康格差の縮小
❷　個人の行動と健康状態の改善
❸　社会環境の質の向上
❹　ライフコースアプローチを踏まえた健康づくり

福祉サービス分野の改訂ポイント

□医行為ではないと考えられる行為の例示追加 　　→上巻P446~448

　介護職員は、医行為を行うことはできませんが、医行為の範囲が拡大解釈されがちであったため、2005（平成17）年に医行為ではないと考えられる行為について厚生労働省の通知が示されています。2022（令和4）年にこの続編にあたる通知が発出され、その内容が反映されています。

　2022年通知では、主に、インスリン投与、血糖測定、経管栄養等にかかる行為についての例示が示されています。

十訂基本テキスト徹底分析！
『九訂』→『十訂』ここが変わった！　要点解説

■医行為ではないと考えられる行為のおもな追加事項

- ●医師から指示されたタイミングでのインスリン注射の実施の声かけ、見守り、未使用の注射器等の患者への手渡しなど
- ●患者への持続血糖測定器のセンサーの貼付や当該測定器の測定値の読み取りなど血糖値の確認
- ●一定の条件下での経鼻胃管栄養チューブが外れた場合などにおける貼付位置への再度貼付
- ●経管栄養の準備・片付け（栄養等の注入や注入の停止を除く）

□高齢者虐待　　　　　　　　　　　　　　　　　　　　　　→下巻P510〜511

　高齢者虐待の現状のデータが更新されました（厚生労働省「令和4年度高齢者虐待の防止、高齢者の養護者に対する支援等に関する法律」に基づく対応状況等に関する調査結果」）。

　虐待の「相談、通報件数」「虐待判断件数」は、前年度よりも増加傾向にあります。虐待の種別の割合順位、や虐待の発生要因、虐待者の状況などの内訳には大きな変化はありません。

□育児・介護休業法　　　　　　　　　　　　　　　　　　　　　　→下巻P500

　2021（令和3）年の改正では、男性の育児休業取得促進のため、育児休業を子の出生後8週間以内に4週間まで柔軟に取得できる出生時育児休業（産後パパ育休）が創設され、この点が反映されています。

　なお、2024（令和6）年にも改正育児・介護休業法が成立し、多くは2025（令和7）年4月に施行されます。概要を一読しておきましょう。

- ❶　子の年齢に応じた柔軟な働き方を実現するための措置を事業主に義務づけ
- ❷　残業免除の対象となる子の年齢を小学校就学前まで拡大
- ❸　「子の看護休暇」を「子の看護等休暇」に名称変更し取得事由を拡大
- ❹　3歳未満の子の養育・家族介護をする労働者がテレワークを選択できるよう事業主に努力義務　など
- ※❷〜❹は2025（令和7）年4月1日施行、①は公布の日から1年6か月以内に施行

□障害者総合支援法の改正　　　　　　　　　　　　　　　　　　→下巻P470

　2022（令和4）年の障害者総合支援法の改正では、障害者等の地域生活や就労の支援の強化等を目的としています。この改正で、就労選択支援が訓練等給付に追加されました。

　就労選択支援は、就労アセスメントの手法を活用して、障害者本人の希望、就労能力や適性などに合ったより良い就労の選択ができるよう支援するサービスです。2025（令和7）年10月1日に施行されます。

□災害対策基本法　　　　　　　　　　　　　　　　　　　　→下巻P527〜533

　関連法令として、災害対策基本法の内容が追加されました。災害から国土や国民の生命、身体および財産を保護するため、責任の所在を明確にして必要な対策の基本などを定めた法律です。1961（昭和36）年に制定され、大きな災害をきっかけにたびたび改正が行われています。

(21)

概要を押さえておきましょう。

■**基本の用語など**

要配慮者	高齢者、障害者、外国人、乳幼児、妊婦など、防災施策において特に配慮を要する人
避難行動要支援者	要配慮者のうち、災害発生時に自ら避難することが困難であって、円滑かつ迅速な避難の確保をはかるために特に支援を要する人
避難行動要支援者名簿	市町村に作成義務。平時から消防機関などの避難支援等関係者に対して提供される（条例に特別の定めがある場合を除き本人の同意が必要）
個別避難計画	市町村に作成努力義務。避難行動要支援者ごとに、避難支援などを実施するための計画（原則として本人の同意が必要）
福祉避難所	要配慮者やその家族を受け入れ対象とする避難所

●**個別避難計画作成における介護支援専門員の参画**

　介護支援専門員は、日頃からケアプラン作成などを通じて要介護者等の状況を把握する立場にあります。「避難行動要支援者の避難行動支援に関する取組指針（2021（令和3）年5月改定）」では、個別避難計画の作成において、介護支援専門員など福祉専門職の参画を得ることがきわめて重要とされています。

要介護者等は、まさに避難行動要支援者であり、状況をよく知る人の参画は重要です。

分野別 頻出テーマ対策ミニ講義

特集3

＋ 巻末「暗記カード」でインプット学習総仕上げ！

直前期にこそ学習すべき頻出テーマを、ミニマムサイズにまとめました！
巻末「暗記カード」も使って、合格に必須な知識を、モレなく、イッキに習得してください。

●介護支援分野

介護保険制度導入の背景等

□高齢者を取り巻く状況

●人口の減少と高齢化

2023（令和5）年10月1日現在の総人口は約**1億2435**万人で13年連続減少しています。また、**高齢化率**（総人口に占める65歳以上の人口割合）は**29.1**％と過去最高となり、このうち**75**歳以上の後期高齢者の占める割合は**16.1**％で、65～74歳の前期高齢者人口を**上回**っています（総務省「人口推計」2023〈令和5〉年10月1日確定値）。

■総人口の減少と高齢化の予測

		2025年	2035年	2050年
総人口→減少		1億2615万人	1億1664万人	1億469万人
20～64歳		54.9%	53.7%	49.2%
高齢化率	65歳以上	29.6%	32.3%	37.1%
	75歳以上	17.5%	19.2%	23.2%
75歳以上を支える生産年齢（20～64歳）の人数		3.1人	2.8人	2.1人

後期高齢者になると介護を必要とする割合も増えてきます。

資料：国立社会保障・人口問題研究所「日本の将来推計人口（令和5年推計）」

■要介護・要支援認定率

65～69歳	70～74歳	75～79歳	80～84歳	85～89歳	90歳以上
2.8%	5.7%	11.5%	25.3%	47.2%	72.9%

資料：厚生労働省「介護保険事業状況報告」（2023年9月末〈暫定〉）、総務省「人口推計」（2023年10月1日現在人口）

● 65歳以上の者のいる世帯

65歳以上の者のいる世帯は、2023（令和5）年現在、全世帯の49.5％を占め、このうち、夫婦のみの世帯が32.0％、単独世帯が31.7％とそれぞれ約3割を占めています（厚生労働省「2023〈令和5〉年国民生活基礎調査」）。

高齢者を取りまく社会問題

● 2025年問題

2025（令和7）年には、いわゆる団塊の世代が75歳以上の後期高齢者となり、医療費や介護費の増大が予想されます。特に現役世代の負担が大きくなることから、2014（平成26）年と2017（平成29）年の介護保険制度の改正も、2025年問題を見据えて、地域包括ケアシステムの構築や実現等をテーマに行われてきました。

● 2040年問題

2040（令和22）年には、いわゆる団塊ジュニア世代が65歳以上となります。高齢化とともに現役世代の減少が顕著となります。また、就職氷河期に直面した世代でもあり、安定した雇用が得られないまま高齢化すると、困窮世帯の増加なども予想されます。

8050問題など高齢者を取りまくいろいろな社会問題は、試験でも出題されています。ニュースなどで時事的な問題をチェックしておきましょう。

■ 高齢者を取りまく社会問題

8050問題	80代の親がひきこもりや無職の50代の子と同居し、社会的孤立や困窮などの問題を抱えている状況
ヤングケアラー	家族の介護、その他の日常生活上の世話を過度に行っていると認められる子ども・若者。学力低下、就学機会の制限、友人関係の希薄化、社会的な孤立につながることなどが問題となる
介護離職	家族の介護をするために、働き盛りの者が仕事を辞めてしまうこと。本人の経済的・精神的負担が大きい。また、労働力が減ることにより社会的損失にもなる
老々介護	高齢者が高齢者を介護すること。高齢化や核家族世帯の増加により、今後も増えていくことが予想されている
ダブルケア	子育てと介護を同時に行うこと。背景には、晩婚化、出産年齢の高齢化などがある。核家族化などで女性に負担が多くなりがちで、介護、子育て双方への影響などが考えられる

従来制度の問題点と介護保険制度の創設

介護保険制度は、老人福祉・老人保健法による老人医療で分かれていた2つの制度を再編し、社会保険方式による新たな制度として創設されました（2000〈平成12〉年施行）。

■従来の制度の問題点と介護保険制度の創設

老人福祉制度の問題点	老人保健制度の問題点
●サービス利用の権利保障が不十分 ●利用者がサービスを自由に選べない ●所得調査等への心理的抵抗感 ●中高所得者層にとっては利用者負担が重い ●競争原理が働かず、サービス内容が画一的	●介護のために高齢者が病院に長期入院を続ける社会的入院の増加 ●病院の生活環境の不十分さ

介護保険制度創設のねらい

●高齢者介護を社会全体で支えるしくみを構築（介護の社会化）
●利用者本位のサービス提供（利用者自らの選択により、多様なサービス提供事業者からサービスを総合的・一体的・効率的に受けられる制度）
●社会保険方式の導入（介護保険制度は5番目の社会保険制度として創設）
●社会的入院の解消

介護保険制度の改正

□介護保険制度創設後から2014（平成26）年までの改正

　介護保険制度は、制度創設後も、数回にわたり改正が行われています。2011（平成23）年の改正では、「地域包括ケアシステム」を推進することが自治体の努力義務として法律に規定され、地域包括ケアシステムの構築と実現に向けた取り組みが進められています。

■地域包括ケアシステムのイメージ

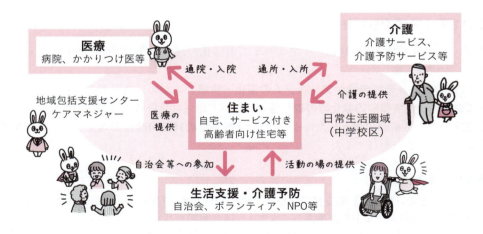

■地域包括ケアシステムの定義　医療介護総合確保法第2条

地域包括ケアシステムとは、地域の実情に応じて、高齢者が、可能なかぎり、住み慣れた地域でその有する能力に応じ自立した日常生活を営むことができるよう、医療、介護、介護予防、住まいおよび自立した日常生活の支援が包括的に確保される体制をいう。

■2014年までの制度のおもな改正

	基本的考え方	おもな改正の内容
2005年	高齢者の尊厳を支えるケアの確立 (明るく活力のある超高齢社会・制度の持続可能性・社会保障の総合化)	●予防重視型システムへの転換→新予防給付（対象者、サービス内容の見直し）、地域支援事業の創設 ●施設給付の見直し→居住費・食費を保険給付の対象外に ●新たなサービス体系の確立→地域密着型サービス、地域包括支援センターの創設 ●サービスの質の確保・向上→介護サービス情報の公表、事業者の指定の更新制、介護支援専門員資格の更新制の導入
2011年	介護サービスの基盤強化 (地域包括ケアシステムの実現、持続可能な制度の実現)	●医療と介護の連携の強化など→地域密着型サービスに定期巡回・随時対応型訪問介護看護と複合型サービスを創設、地域支援事業に介護予防・日常生活支援総合事業を創設
2014年	地域包括ケアシステムの構築と費用負担の公平化 (介護予防・在宅介護のさらなる推進、保険財源の確保、制度の継続的な運用)	●介護予防訪問介護、介護予防通所介護を地域支援事業の介護予防・日常生活支援総合事業に移行、包括的支援事業に新規事業を追加 ●特別養護老人ホームの入所要件を原則要介護3以上に ●一定以上所得のある第1号被保険者の利用者負担を2割に ●小規模な通所介護の地域密着型サービス（地域密着型通所介護）への移行 ●市町村に地域ケア会議の設置努力義務の法定化 ●居宅介護支援事業者の指定の市町村への移譲(2018〈平成30〉年4月施行)

□2017（平成29）年の改正

　2017（平成29）年に「地域包括ケアシステムの強化のための介護保険法等の一部を改正する法律」が成立しました。

　この改正では、「地域包括ケアシステムの深化・推進」のため、高齢者の自立支援・重度化防止に向けた保険者機能の強化等の取り組みの推進や地域共生社会の実現、医療・介護の連携の推進等を図る施策が規定されたほか、「介護保険制度の持続可能性の確保」のため、定率負担の見直しなどが行われました。

■地域共生社会とは

制度・分野ごとの「縦割り」の支援ではなく、また、「支え手」「受け手」に分かれるのでもなく、地域住民や地域の多様な主体が参画し、人と人、人と資源が世代や分野を超えつながることで、住民一人ひとりの暮らしと生きがい、地域をともに創っていく社会を目指す。地域包括ケアシステムの考え方をさらに進め、すべての人を対象として支え合う地域づくりが求められている。

■2017年改正内容のポイント

共生型サービスの創設	高齢者と障害者（児）が同一事業所でサービスを受けやすくするため、介護保険制度と障害者福祉制度に位置づけ
介護医療院の創設	「日常的な医学管理」や「看取り・ターミナルケア」などの機能と、「生活施設」としての機能を兼ね備えた、新たな介護保険施設を創設
自己負担割合の引き上げ	2割負担の第1号被保険者のうち特に所得の高い層の負担割合を3割に引き上げ
総報酬割の導入	介護給付費・地域支援事業支援納付金（第2号被保険者の保険料）について、被用者保険間では、従来の加入者の人数に応じた加入者割から報酬額に応じた総報酬割に変更

□2020（令和2）年の改正

2020（令和2）年の介護保険制度改正は、「地域共生社会の実現のための社会福祉法等の一部を改正する法律」において行われました。この法律では、地域共生社会の実現を図り、包括的な福祉サービス提供体制を整備することを目的としています。

介護保険制度では、認知症施策の総合的な推進や介護サービス提供体制の整備等の推進、介護人材確保および業務効率化の取り組みの強化、医療・介護のデータ基盤の整備の推進などに向けた取り組みが新たに規定されました。

■2020年改正内容のポイント

国および地方公共団体の責務の見直し	国および地方公共団体の努力義務として、地域共生社会の実現に資すること、認知症予防等に関する調査研究の推進およびその成果の普及、活用、発展、認知症である人への支援体制を整備することを規定
介護保険事業計画等の見直し	市町村介護保険事業計画および都道府県介護保険事業支援計画に定めるよう努める事項に、有料老人ホームとサービス付き高齢者向け住宅の入居定員総数、介護人材の確保・資質の向上や、その業務の効率化・質の向上に資する事項を追加
データベースの活用	市町村が地域支援事業を行うにあたり、介護保険等関連情報その他必要な情報を活用し、適切かつ有効に実施するよう努めることを規定

国の認知症施策は、新オレンジプランを引き継いだ認知症施策推進大綱に沿って進められています。2020年改正では、この認知症施策推進大綱の基本的考え方である予防と共生が、「国および地方公共団体の責務」に盛り込まれました。

□包括的支援体制

介護問題のほか、経済的困窮やひきこもりの子どもの就労問題、家族の障害など複合化する高齢者の課題に対応するには、地域包括ケアシステムだけではなく、制度の縦割りや枠組みを超えた包括的な支援体制が必要となります。そのような背景から創設されたのが、2020（令和2）年の社会福祉法の改正による重層的支援体制整備事業です。市町村は、この事業を任意で

行うことができます。

● **重層的支援体制整備事業とは**

複数の制度（介護保険制度、障害者総合支援制度、子ども・子育て支援制度、生活困窮者自立支援制度）にまたがる①相談支援、②参加支援、③地域づくりに向けた支援を、対象者の属性を問わず市町村が一体的に実施します。

市町村は、地域支援事業のうち、一般介護予防事業における通いの場、包括的支援事業における地域包括支援センターの運営にかかる事業や生活支援体制整備事業については、重層的支援体制整備事業として実施することができます。

介護支援専門員も、高齢者の家族を含めた支援が必要な場合は、その解決のため必要な機関につなぐことが求められます。

□ 2023（令和5）年の改正

2023（令和5）年の改正は、「全世代対応型の持続可能な社会保障制度を構築するための健康保険法等の一部を改正する法律」において行われました。介護保険法では、介護情報基盤の整備、介護サービス事業者の財務状況等の見える化、介護サービス事業所等における生産性の向上、地域包括支援センターの体制整備等を図るため、所要の改正が行われています（詳細は特集2参照）。

社会保障制度

社会保障制度は、大きく社会保険、公的扶助、社会福祉の3つに分けられ、財源の調達方式では、おもに保険料（一部公費負担もある）で賄う社会保険方式と、おもに公費で賄う社会扶助方式（租税方式・公費負担方式）に分けられます。介護保険は、社会保険方式です。運営主体である保険者が保険加入者である被保険者から保険料を徴収し、被保険者に保険事故が発生した場合に保険給付を行います。

■ **社会保険の種類**

	保険事故	給付内容
医療保険	業務外の事由による疾病、負傷など	医療サービスの現物給付をおもに行う
介護保険	要介護状態・要支援状態	介護サービスの現物給付をおもに行う
年金保険	老齢、障害、死亡	所得を保障し、生活の安定のための年金の支給（金銭給付）をおもに行う
雇用保険	失業など	労働者の生活の安定を図り、再就職を促進するために必要な給付（金銭給付）をおもに行う
労働者災害補償保険	業務上の事由による疾病、負傷、障害、死亡など	医療の現物給付と所得保障のための年金の支給（金銭給付）をおもに行う

(28)

介護保険制度の目的等

□介護保険制度の目的等

■介護保険法第1条　目的

この法律は、加齢に伴って生ずる心身の変化に起因する疾病などにより要介護状態となり、入浴、排せつ、食事等の介護、機能訓練並びに看護および療養上の管理その他の医療を要する者等について、
- 尊厳を保持し、その有する能力に応じ自立した日常生活を営むことができるよう、
- 必要な保健医療サービスおよび福祉サービスにかかる給付を行うため、
- 国民の共同連帯の理念に基づき介護保険制度を設け、
- 保険給付等に関して必要な事項を定め、もって国民の保健医療の向上および福祉の増進を図ることを目的とする。

そして国民は、共同連帯の理念に基づき介護保険事業に必要な費用を公平に負担する義務があることや、介護予防等に努めることが、法第4条に規定されています。

介護保険制度の保険者

□保険者の責務・事務など

■市町村・都道府県に条例委任される事項

市町村の条例に委任	都道府県の条例に委任
●介護認定審査会の委員の定数 ●区分支給限度基準額の上乗せ ●福祉用具購入費・住宅改修費の支給限度基準額の上乗せ ●種類支給限度基準額の設定 ●市町村特別給付 ●指定地域密着型介護老人福祉施設の入所定員（29人以下で定める） ●地域包括支援センターの基準の設定 ●第1号被保険者の保険料率の算定 ●普通徴収にかかる保険料の納期 ●保険料の減免または徴収猶予 ●過料に関する事項 ●サービス提供事業者の人員・設備・運営に関する基準 　→居宅介護支援、介護予防支援、地域密着型サービス、地域密着型介護予防サービス	●指定介護老人福祉施設の入所定員（30人以上で定める） ●介護保険審査会の公益代表委員の定数 ●サービス提供事業者等の人員・設備・運営に関する基準 　→居宅サービス、介護予防サービス、介護保険施設

(29)

介護保険制度では、市町村および特別区（以下、市町村）を保険者とし、40歳以上の市町村内に住む人を被保険者とします。そして、要介護状態・要支援状態と認定された被保険者に、必要な保健医療・福祉サービスを保険給付します。

　保険者である市町村は、介護保険制度の責任主体として、被保険者の資格管理をし、要介護認定や保険給付、第1号被保険者の保険料、介護保険の財政運営に関する事務などを行います。そして、国、都道府県は財政支援や運営面で、年金保険者や医療保険者はおもに保険料の徴収などにより、市町村を重層的に支援します。

介護保険制度の被保険者

□被保険者の資格と適用除外

1　被保険者の資格

　介護保険は社会保険であり、一定の要件に該当した場合に、必ず被保険者となります（強制適用）。

■被保険者

	第1号被保険者	第2号被保険者
対象者	市町村の区域内に住所をもつ65歳以上の人	市町村の区域内に住所をもつ40歳以上65歳未満の医療保険に加入している人
受給権者	要介護認定等を受けた、要介護者と要支援者	特定疾病が原因で要介護状態等になり認定を受けた要介護者と要支援者
保険料の徴収方法	●年金保険者が年金天引き（特別徴収） ●低年金者などは市町村が直接請求（普通徴収）	医療保険者が医療保険料と一緒に徴収し、社会保険診療報酬支払基金に一括納付し、支払基金から保険者に交付

■資格の取得・喪失の時期

資格の取得		資格の喪失	
要件	時期	要件	時期
年齢到達	誕生日の前日	死亡	死亡日の翌日
住所移転	住所を有した当日	住所移転	住所がなくなった日の翌日※
医療保険加入	加入した当日	医療保険非加入	加入者でなくなった当日
適用除外でなくなった	退所した当日	適用除外に該当	入所した日の翌日

※他市町村で住所を有しなくなった当日に別の市町村に住所を移した場合は当日

(30)

2 被保険者の適用除外

下記施設の入所者は、40歳以上になっても被保険者となりません（介護保険の適用除外）。

■おもな適用除外施設

> ★指定障害者支援施設（障害者総合支援法上の生活介護および施設入所支援を受けている人）
> ★障害者支援施設（身体障害者福祉法、知的障害者福祉法に基づく措置により入所している人）
> ★独立行政法人国立重度知的障害者総合施設のぞみの園が設置する施設
> ★救護施設（生活保護法）
> ●医療型障害児入所施設（児童福祉法）
> ●国立ハンセン病療養所等（ハンセン病問題の解決の促進に関する法律）

3 被保険者証

介護保険の被保険者証は、全国一律の様式で、市町村によりすべての第1号被保険者に交付されます。第2号被保険者は、要介護認定等の申請を行った人、または被保険者証の交付を求めた人に交付されます。

□住所地特例

■住所地特例

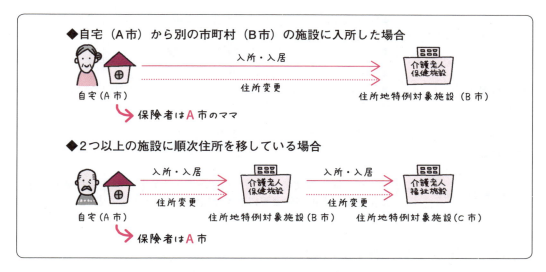

介護保険では、住所地の市町村の被保険者となる住所地主義が原則ですが、被保険者が、以下の住所地特例対象施設に入所するために、ほかの市町村に住所を移した場合は、住所移転前の市町村が保険者となります（住所を移転しても保険者は変わりません）。

■住所地特例対象施設

介護保険施設	介護老人福祉施設、介護老人保健施設、介護医療院、介護療養型医療施設
特定施設	有料老人ホーム、軽費老人ホーム、養護老人ホーム
老人福祉法に規定する養護老人ホーム（措置による入所の場合）	

また、一部の適用除外施設（前ページの囲みの★印）を退所して住所地特例対象施設に入所した人についても、前ページの図の〈2つ以上の施設に順次住所を移している場合〉と同様に、適用除外施設入所前の市町村が保険者となります。

> サービス付き高齢者向け住宅も、有料老人ホームに該当すれば住所地特例対象施設となり、入居者は地域の介護保険サービスを組み合わせて利用できます。また、住所地特例が適用される人（介護保険施設入所者を除く）は、例外的に「住所地」の地域密着型サービスや介護予防支援、地域支援事業も利用できることに着目しましょう。

国および地方公共団体の責務等

□国の責務と事務

　国は、介護保険事業の運営が健全かつ円滑に行われるよう、保健医療サービスおよび福祉サービスを提供する体制の確保に関する施策その他の必要な措置を行います。

■国のおもな事務

制度の枠組みづくり	●要介護認定・要支援認定の基準、介護報酬の算定基準や区分支給限度基準額などの設定 ●第2号被保険者負担率（負担割合）の設定
財政負担	●調整交付金の交付（5％前後） ●介護給付費と地域支援事業に要する費用の定率の国庫負担 ●財政安定化基金への国庫負担
介護サービス基盤整備に関する事項	●介護保険事業計画のもととなる基本指針の策定 ●介護保険事業計画の作成・実施・評価に資するための調査、分析など
指導・監督・助言など	サービス提供事業者・施設、都道府県・市町村、社会保険診療報酬支払基金、医療保険者等に対する指導・監督・助言など

□国および地方公共団体の責務など

　国および地方公共団体は、地域包括ケアシステムを推進するよう努め、また、認知症に関する施策を総合的に推進するよう努めることが介護保険法に規定されています。

分野別 頻出テーマ対策ミニ講義

■介護保険法第5条・第5条の2

地域包括ケアシステムの推進など（第5条）	●国および地方公共団体（都道府県、市町村）は、**介護サービス**に関する施策、**介護予防**のための施策、地域における**自立した日常生活の支援**のための施策を、**医療**および**居住**に関する施策との**有機的な連携**を図りつつ、**包括的に推進**するよう努める（地域包括ケアシステムの推進） ●これらの施策を包括的に推進するにあたっては、次の点に努めなければならない →**障害者その他の者の福祉に関する施策**との有機的な連携 →地域住民が相互に人格と個性を尊重し合いながら、**参加**し、**共生する地域社会の実現**
認知症に関する施策の総合的な推進等（第5条の2）	●認知症に関する知識の**普及**および**啓発** ●研究機関、医療機関、介護サービス事業者等との連携、認知症の予防、診断、治療やリハビリテーション、介護方法についての調査研究の推進やその成果の普及・活用・発展 ●地域の認知症の人の支援体制の整備、認知症の人の介護者への支援と支援にかかる人材確保および資質の向上を図るための必要な措置 ●認知症の人およびその家族の**意向の尊重**への配慮、認知症の人の地域社会での尊厳の保持とほかの人々との共生ができるよう支援

都道府県の責務と事務

　都道府県は、介護保険事業の運営が健全かつ円滑に行われるように、**必要な助言**および**適切な援助**をしなければなりません。また、助言および援助をするにあたっては、介護サービス提供事業所・施設の**業務の効率化**、介護サービスの**質の向上**その他の**生産性の向上**に資する取り組みが促進されるよう努めなければなりません。

■都道府県のおもな事務

要介護認定・要支援認定に関する事務	●市町村による**介護認定審査会**の共同設置等の支援 ●審査判定業務の**受託**および受託した場合の都道府県介護保険認定審査会の設置 ●指定市町村事務受託法人の指定
財政支援に関する事務	●保険給付、地域支援事業に対する**財政負担** ●**財政安定化基金**の設置・運営
サービス提供事業者に関する事務	●**居宅サービス**事業者、**介護予防サービス**事業者、**介護保険施設**に対する人員・設備・運営基準の設定および指定・指定更新、指導監督など
介護サービス情報の公表に関する事務	●介護サービス情報の公表 ●介護サービス事業者経営情報の公表努力義務 ●必要と認める場合の調査、指導監督
介護支援専門員に関する事務	●介護支援専門員の登録、登録更新 ●**介護支援専門員証**の交付 ●介護支援専門員の試験および研修の実施

（33）

介護サービス基盤に関する事務	●3年を1期とした都道府県介護保険事業支援計画の策定・変更 ●市町村介護保険事業計画作成上の技術的事項についての助言
その他の事務	●介護保険審査会の設置・運営

医療保険者・年金保険者の責務等

医療保険者は、介護保険事業の運営が健全かつ円滑に行われるよう、協力しなければなりません。具体的な役割としては、第2号被保険者の保険料を医療保険料の一部として徴収し、社会保険診療報酬支払基金（支払基金）に、介護給付費・地域支援事業支援納付金（納付金）として納付します。

第2号被保険者の保険料である納付金は、支払基金が各市町村に交付するという点に注意しましょう。

年金保険者は、第1号被保険者の保険料の特別徴収（年金天引き）を行っています。

介護保険制度の財政

□介護保険制度の財源

介護給付・予防給付に必要な費用（介護給付費）の財源は、利用者負担分を除き、公費50％と保険料50％で賄われます。

保険料の負担割合は、第1号被保険者と第2号被保険者の人口比に応じ、1人あたりの平均的な保険料がほぼ同じ水準になるように、3年ごとに政令により改定されます。

■介護給付費の負担割合（2024～2026年度）

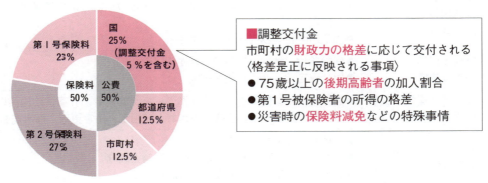

※施設等給付費（介護保険施設、特定施設入居者生活介護、介護予防特定施設入居者生活介護にかかる給付）の公費負担割合は、国20％、都道府県17.5％、市町村12.5％。

分野別
頻出テーマ対策ミニ講義

□保険料

保険料の算定方法と徴収方法は、第1号被保険者と第2号被保険者とで異なります。

■保険料の算定・徴収方法

	算定	徴収		保険料の使途
第1号 被保険者	●市町村ごとに定める保険料率により算定（3年ごとに見直し、条例に定める） ●保険料率は所得段階別定額保険料（原則13段階）を採用	年金年18万円**以上**	特別徴収→年金保険者が年金から天引き	●介護給付費 ●地域支援事業 ●保健福祉事業 ●市町村特別給付 ●財政安定化基金拠出額
		年金年18万円**未満**	普通徴収→市町村が納入通知書を送付して徴収	
第2号 被保険者	●医療保険者が算定 ●健保等：標準報酬月額等×介護保険料率（事業主負担あり） ●国保：所得割、均等割に按分（国庫負担等あり）	医療保険者が医療保険料と一緒に徴収 →支払基金に納付 →支払基金が各市町村に交付（介護給付費交付金・地域支援事業支援交付金）		●介護給付費 ●地域支援事業のうち介護予防・日常生活支援総合事業

□財政安定化基金

市町村の財政不足が生じた場合に、都道府県に設置された財政安定化基金が、資金の交付・貸付を行います。財源は、国、都道府県、市町村（第1号保険料を財源）が**3分の1**ずつ負担します。

❶ 保険料未納による収納不足 →3年度目に、不足額の2分の1を基準に**交付**（残りの不足分は貸付）。

❷ 見込みを上回る介護給付費の増大等 →必要な資金を**貸付**（無利子）。市町村は、次の計画期間の3年間で分割返済。

（35）

要介護認定

■要介護認定の流れ

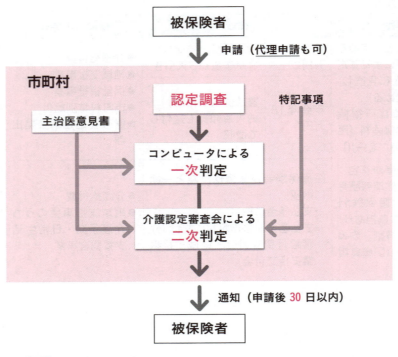

要介護認定は、毎年3〜4問出題されます。主治医意見書の項目などひととおりポイントをチェック！

□**申請**

被保険者は、市町村に介護保険被保険者証（交付を受けていない第2号被保険者の場合は不要）を添えて、認定の申請を行います。

■申請代行（申請代理）できる者

- ●指定居宅介護支援事業者 　●地域密着型介護老人福祉施設　 ●介護保険施設
- ●地域包括支援センター　●民生委員　　　　　　　　　　　●社会保険労務士
- ●家族、親族、成年後見人

□**認定調査・主治医意見書の求め**

市町村は、申請した被保険者に認定調査を行います。また、市町村は認定調査とあわせて申請者の主治医に意見を求めます。主治医がいない場合、申請者は**市町村の指定した医師**あるいは**市町村職員の医師**の診断を受けます。

分野別 頻出テーマ対策ミニ講義

■認定調査の委託ができる者

新規認定	●指定市町村事務受託法人
更新認定・変更認定	●指定市町村事務受託法人　●指定居宅介護支援事業者　●地域密着型介護老人福祉施設　●介護保険施設　●地域包括支援センター　●介護支援専門員

□一次判定

市町村は、認定調査の基本調査の項目をコンピュータに入力し、介助等にかかわる5分野（8行為区分）の行為を合算した要介護認定等基準時間を算出して一次判定を行います。

■一次判定における要介護認定等基準時間の算出

認定調査票の基本調査項目		介助等にかかわる5分野の行為	
❶身体機能・起居動作に関連する項目 ❷生活機能に関連する項目 ❸認知機能に関連する項目 ❹精神・行動障害に関連する項目 ❺社会生活への適応に関連する項目 ❻特別な医療に関連する項目 ❼日常生活自立度に関連する項目	一次判定ソフト	直接生活介助	入浴、排せつ、食事等の介護（食事、排せつ、移動、清潔保持の4区分）
		間接生活介助	洗濯、掃除等の家事援助等
		認知症の行動・心理症状関連行為	徘徊に関する探索、不潔な行為に対する後始末等
		機能訓練関連行為	歩行訓練、日常生活訓練等の機能訓練
		医療関連行為	輸液の管理、褥瘡の処置等の診療の補助等

■要介護認定等基準時間

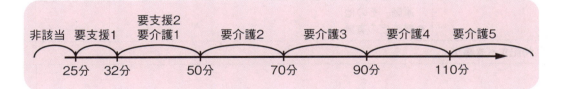

(37)

□二次判定（介護認定審査会による審査・判定）

　介護認定審査会（市町村の独立の機関）は、一次判定の結果を原案として、認定調査票の特記事項、主治医意見書の内容を加味して、二次判定を行います。

　審査・判定にあたり必要と認めるときは、被保険者、家族、主治医などの関係者から意見を聴くことができます。そして、審査・判定結果を市町村に通知します。このとき、必要がある場合は意見を述べることができます。

■主治医意見書のおもな項目

事項	おもな内容
基本情報	●申請者名、医師名、最終診察日など
傷病に関する意見	●診断名、症状の安定性、生活機能低下の原因となっている傷病または特定疾病の治療内容
特別な医療	●過去14日間に受けた医療
心身の状態に関する意見	●日常生活自立度（障害高齢者の日常生活自立度、認知症高齢者の日常生活自立度） ●認知症の中核症状（短期記憶、日常の意思決定を行う認知能力、自分の意思の伝達能力） ●認知症の行動・心理症状（BPSD）（幻視・幻聴、妄想、昼夜逆転、暴言、暴行など） ●その他の精神・神経症状の有無、専門医受診の有無 ●身体の状態（利き腕、身長、体重など）
生活機能とサービスに関する意見	●移動 ●栄養・食生活 ●現在あるかまたは今後発生の可能性の高い状態と対処方針 ●サービス利用による生活機能の維持・改善の見通し ●医学的管理の必要性（予防給付により提供されるサービスを含む） ●サービス提供時の医学的観点からの留意事項（血圧、摂食、嚥下、移動、運動、その他） ●感染症の有無
特記すべき事項	

□市町村の認定

　市町村は、介護認定審査会の審査・判定結果に基づき、認定または要介護者等に該当しない旨（非該当）の決定を行います（原則として30日以内）。

　新規認定では、認定の効力は申請日にさかのぼります。

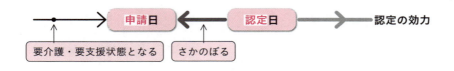

分野別
頻出テーマ対策ミニ講義

■認定の有効期間（要介護認定・要支援認定共通）

	原則の有効期間	認定有効期間の範囲	認定の効力発生日
新規認定	6か月	3〜12か月	申請日
変更認定	6か月	3〜12か月	申請日※
更新認定	12か月	3〜36か月 （要介護・要支援度に変更がない場合は3〜48か月）	認定有効期間満了日の翌日

※市町村の職権による要介護状態等区分の変更認定の場合は、処分日。

保険給付

□保険給付の理念

介護保険の保険給付の基本的理念は、介護保険法第2条に規定されます。

■第2条　介護保険

- 被保険者の要介護状態等に関し、必要な保険給付を行う
- 要介護状態等の軽減または悪化の防止に資するよう行う
- 医療との連携への十分な配慮
- 被保険者の選択に基づき、多様な事業者・施設から適切なサービスを総合的・効率的に提供
- 保険給付の内容および水準は、被保険者が要介護状態になっても、可能な限り居宅において、自立した日常生活を営むことができるよう配慮

□保険給付の方法

1　介護報酬

保険給付対象となる介護サービスの費用を、一般に介護報酬といいます。

- 算定方法 → サービスごとに定められる単位数に1単位の単価を乗じて金額に換算
- 1単位の単価 → 基本は10円。事業所等所在地とサービスの種類により、一定割合を乗じる

2　利用者負担

利用者が介護保険のサービスを利用した場合、そのサービス費用の原則1割を負担します。一定以上所得がある第1号被保険者では、2割または3割を負担します。

■定率負担とは別に全額自己負担する費用

- 食費・居住費（滞在費・宿泊費）
- 日常生活費
- ※おむつ代については、施設サービス、地域密着型介護老人福祉施設入所者生活介護、短期入所サービスでは給付対象となる
- 利用者の希望による特別なサービス

(39)

3　現物給付と償還払い

　介護保険では、利用者の利便性などを考慮して、一定の要件を満たした場合に、**法定代理受領方式**による**現物給付化**が図られています。

■代理受領方式による保険給付のしくみ

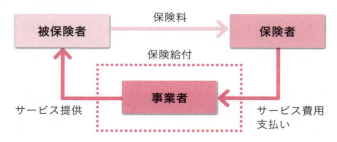

■現物給付と償還払いの方法

現物給付	利用者がサービス利用時に、事業者等に1割（2割か3割）を支払う
償還払い	利用者がサービス利用時に全額を払い、あとで市町村（委託を受けた国保連）から9割（7割か8割）の払い戻しを受ける

■償還払いになる場合
- 福祉用具購入・住宅改修、高額介護サービス・高額医療合算介護サービス費の給付
- 認定申請前のサービス利用
- 基準該当サービス、離島など相当サービスの利用
- 保険料の**滞納**（1年以上）による給付方法の変更　など

4　給付の適用関係

　介護保険の給付とほかの法律の給付で内容が重なる場合、**災害補償関係各法**の給付を除いて、**介護保険の給付が優先**します。ただし、介護保険にない他制度独自のサービスは、介護保険を利用していても、他制度から給付を受けることができます。

労働災害・公務災害・国家補償的な給付を行う法律の給付は、介護保険よりも優先！

5　支給限度基準額

　介護保険のサービスには、保険給付を受けられる上限額である**支給限度基準額**が設定されています。支給限度基準額を超えた分は、全額が利用者負担となります。

■支給限度基準額の種類

国が定める (全国一律)	区分支給限度基準額	●複数のサービスを組み合わせた場合の限度額 ●1か月ごとに要介護状態等区分別に設定
	区分支給限度基準額が設定されないサービス ※介護予防含む	●居宅療養管理指導※ ●特定施設入居者生活介護※(短期利用を除く) ●地域密着型特定施設入居者生活介護(短期利用を除く) ●認知症対応型共同生活介護(短期利用を除く)※ ●地域密着型介護老人福祉施設入所者生活介護 ●居宅介護支援・介護予防支援(ケアマネジメント) ●施設サービス(介護保険施設への入所) ●特定福祉用具販売・住宅改修(別に支給限度基準額を設定)
	福祉用具購入費支給限度基準額	福祉用具購入について同一年度10万円
	住宅改修費支給限度基準額	住宅改修について同一住居20万円
市町村が定める	種類支給限度基準額	サービスの種類ごとの支給限度基準額

保険給付の消滅時効など

介護保険法では、❶保険料、介護給付費・地域支援事業支援納付金その他介護保険法の規定による徴収金を徴収する権利、❷❶の徴収金の還付を受ける権利、❸介護保険の保険給付を受ける権利は、2年を経過したときに時効により消滅します。

ただし、市町村が介護報酬を過払いした場合の返還請求権の消滅時効は、公法上の債権となるため5年です。その原因が不正請求の場合は、徴収金となるため2年となります。

■保険給付を受ける権利

保険給付の内容	消滅時効	起算日
被保険者が介護給付費等を請求する権利	2年	サービス費用を支払った日の翌日
事業者等が法定代理受領で介護報酬を請求する権利		サービスを提供した月の翌々々月の1日

おもな低所得者対策など

1 おもな補足給付

利用者負担額を軽減する補足的な給付には、要介護者を対象とした**高額介護サービス費、高額医療合算介護サービス費、特定入所者介護サービス費**、要支援者を対象とした高額介護予防サービス費、高額医療合算介護予防サービス費、特定入所者介護予防サービス費があります。

■高額介護サービス費等の対象者・軽減対象・支給要件

給付名	対象者	軽減対象	支給要件
高額介護サービス費	要介護者	１か月の給付対象サービス（特定福祉用具販売、住宅改修は除く）の定率負担分	所得区分別に定められた負担上限額を超えた場合に、超えた分を償還払い
高額医療合算介護サービス費	要介護者	１年間に支払った介護保険と医療保険の定率負担分（特定福祉用具販売、住宅改修は除く）の合計額	一定の負担上限額を超えた場合に、超えた分を償還払い
特定入所者介護サービス費	低所得※の要介護者	施設サービス、地域密着型介護老人福祉施設入所者生活介護、短期入所サービスを利用した場合の食費、居住費（滞在費）	基準費用額から負担限度額を差し引いた額が現物給付

※生活保護受給者、市町村民税世帯非課税者（一定以上現金、預貯金がある者は対象外）。

■高額介護サービス費の所得区分ごとの負担上限額（2021年８月以降）

所得区分		負担上限額（月額）
市町村民税世帯課税	課税所得約690万円以上	140,100円（世帯）
	課税所得約380万円〜約690万円未満	93,000円（世帯）
	課税所得約145万円〜約380万円未満	44,400円（世帯）
市町村民税世帯非課税等		24,600円（世帯）
	公的年金収入額と合計所得金額の合計が年間80万円以下等	24,600円（世帯） 15,000円（個人）
生活保護受給者等		15,000円（個人）

2　社会福祉法人等による利用者負担軽減制度

　社会福祉法人等による介護サービスを利用した低所得者について、サービスの１割の定率負担のほか、食費、居住費（滞在費）、宿泊費が軽減されます。

■軽減対象サービス

- ●介護老人福祉施設　●地域密着型介護老人福祉施設入所者生活介護
- ●訪問介護　●夜間対応型訪問介護
- ●通所介護　●認知症対応型通所介護※　●地域密着型通所介護
- ●短期入所生活介護※
- ●小規模多機能型居宅介護※
- ●定期巡回・随時対応型訪問介護看護、看護小規模多機能型居宅介護
- ●第１号訪問事業・第１号通所事業のうち介護予防訪問介護、介護予防通所介護に相当する事業

※介護予防サービスも同様

訪問看護などの医療系サービス、訪問入浴介護、福祉用具貸与は対象外となります。

□介護保険の保険給付の内容

1 保険給付の種類

介護保険の保険給付には、市町村が**必ず実施**する介護給付・予防給付と、市町村が**独自のサービス**（移送サービスや配食サービス、寝具乾燥サービスなど）を条例で定め、保険給付の対象とする市町村特別給付があります。

■保険給付の種類

種別	対象	財源	実施
介護給付	要介護者	介護給付費（保険料・公費）	必須
予防給付	要支援者		
市町村特別給付	要介護者・要支援者	第1号保険料	任意

2 介護保険サービスの提供事業者

介護保険のサービスには、都道府県知事（指定都市・中核市の市長含む）が指定や指導監督をするサービスと、市町村長が指定や指導監督をするサービスがあります。

身近な地域で提供される地域密着型のサービスやケアマネジメントは、市町村長！　と覚えておきましょう。

■介護給付・予防給付の種類

	給付の種類	提供するサービス	指定権者
介護給付	居宅介護サービス費 （特例居宅介護サービス費）	居宅サービス （特定福祉用具販売を除く）	都道府県知事
	地域密着型介護サービス費 （特例地域密着型介護サービス費）	地域密着型サービス	市町村長
	居宅介護福祉用具購入費	特定福祉用具販売	都道府県知事
	居宅介護住宅改修費	住宅改修	指定はない
	居宅介護サービス計画費 （特例居宅介護サービス計画費）	居宅介護支援	市町村長
	施設介護サービス費 （特例施設介護サービス費）	施設サービス	都道府県知事
	高額介護サービス費 高額医療合算介護サービス費 特定入所者介護サービス費 （特例特定入所者介護サービス費）		

利用者の負担を軽減する給付です。

予防給付	介護予防サービス費 （特例介護予防サービス費）	介護予防サービス	都道府県知事
	地域密着型介護予防サービス費 （特例地域密着型介護予防サービス費）	地域密着型介護予防サービス	市町村長
	介護予防福祉用具購入費	特定介護予防福祉用具販売	都道府県知事
	介護予防住宅改修費	介護予防住宅改修	指定はない
	介護予防サービス計画費 （特例介護予防サービス計画費）	介護予防支援	市町村長
	高額介護予防サービス費 高額医療合算介護予防サービス費 特定入所者介護予防サービス費 （特例特定入所者介護予防サービス費）		

これも利用者の負担を軽減する給付です。

試験では、介護給付に含まれるものは何？　というような問題が過去に出題されていますので、まず全体像を押さえておきましょう。

事業者・施設

□事業者・施設の指定

　事業者・施設の指定は、原則として**申請**に基づき行われ、サービスの**種類**ごと、**事業所**ごと（介護保険施設では施設ごと）に行われます。

　なお、都道府県・市町村は、申請者が**一定の欠格事由に該当する場合は、指定をしてはなりません**。

■サービスを提供する事業者・施設

都道府県知事が指定	市町村長が指定
指定居宅サービス事業者	指定地域密着型サービス事業者
指定介護予防サービス事業者	指定地域密着型介護予防サービス事業者
介護保険施設　指定介護老人福祉施設	指定居宅介護支援事業者
介護保険施設　介護老人保健施設	指定介護予防支援事業者
介護保険施設　介護医療院	

(44)

■指定をしないおもな事由

法人格がない	都道府県・市町村の条例に定めるものでない（＝法人格を有さない）
基準が満たない	都道府県・市町村の条例に定める人員・設備・運営基準を満たしていない
申請者に妥当性・適格性がない	禁錮以上の刑や介護保険法の罰金刑を受けている、社会保険料の滞納を続けている、指定取り消し処分から5年が経過していないなど

指定の特例（みなし指定）

　健康保険法による保険医療機関と保険薬局、介護保険法による介護老人保健施設と介護医療院は、一定の居宅サービスについて**申請を要せず**指定を得たとみなされます。

事業者等	申請不要な居宅サービス（介護予防サービスも同様）
保険医療機関 （病院・診療所）	●居宅療養管理指導　　●訪問看護 ●訪問リハビリテーション　●通所リハビリテーション ●短期入所療養介護※
保険薬局	●居宅療養管理指導
介護老人保健施設 介護医療院	●短期入所療養介護　　●訪問リハビリテーション（2024年4月～） ●通所リハビリテーション

※療養病床を有する病院・診療所にかぎる

共生型サービス

　2017（平成29）年の改正により、2018（平成30）年度に介護保険制度、障害福祉制度（障害者総合支援法、児童福祉法）に共生型サービスが創設されました。これは、障害福祉サービス事業所等であれば介護保険事業所の指定も受けやすくする特例で、逆の場合も同じです。障害福祉制度における指定を受けた事業所であれば基本的に介護保険制度での指定が受けられるよう、通常よりも緩和された「共生型サービスの基準」が設けられ、その基準に照らして指定が行われます。

■共生型サービスの対象となるサービス

介護保険サービス	障害福祉サービス
訪問介護	居宅介護 重度訪問介護
通所介護 地域密着型通所介護	生活介護※ 自立訓練（機能訓練・生活訓練） 児童発達支援※ 放課後等デイサービス※
短期入所生活介護 介護予防短期入所生活介護	短期入所

※主として重症心身障害者等を通わせる事業所を除く

この改正により、障害者が65歳以上になっても、同じ事業所で介護保険のサービスが利用しやすくなりました。

(45)

□介護保険サービスと障害者施策との併用

　介護保険のサービスと障害者総合支援法など障害者施策のサービスの給付内容が重なる場合は、原則として**介護保険の給付が優先**されます。ただし、障害者施策固有のサービスは障害者施策からの給付が可能で、介護保険と併用して利用することができます。

■障害者施策からの給付

- 障害者施策固有のサービス（障害福祉サービスの同行援護、行動援護、自立訓練（機能訓練・生活訓練）、就労移行支援、就労継続支援など）は障害者施策から給付
- 介護保険の支給限度基準額を超える場合は、障害者施策から上乗せ給付が可能
- 介護保険サービスが身近にない場合、要介護認定で非該当となった場合、障害福祉サービスからの給付が可能

　介護支援専門員は、さまざまな制度、地域の社会資源に精通し、それらを活用した総合的なケアプランを作成する能力が求められています。

介護サービス情報の公表

　介護サービスを行う事業者・施設（以下、介護サービス事業者）は、介護サービス情報を都道府県知事に**報告**し、都道府県知事は、必要に応じてその内容を**調査**して、報告の内容または調査結果を**公表**します。

　報告する情報には、**基本情報**、**運営情報**があります。

■都道府県知事への報告の時期・内容

① サービスの提供を開始するとき→基本情報
② 報告計画に基づき年に１回程度→基本情報＋運営情報

■基本情報・運営情報のおもな内容

基本情報	●法人等および事業所の**名称**、**所在地**、**連絡先**等 ●**サービス従事者**に関する情報 ●事業所の**運営方針**、介護サービスの**内容**、苦情対応窓口の状況、サービス内容の特色など ●利用料
運営情報	下記のために**講じている措置** ●利用者等の**権利擁護**等　●介護サービスの質の確保 ●**相談・苦情**などの対応　●介護サービスの内容の**評価・改善**等 ●適切な事業運営確保　●**安全管理**および**衛生管理** ●**情報の管理・個人情報保護**等

(46)

■介護サービス情報公表制度

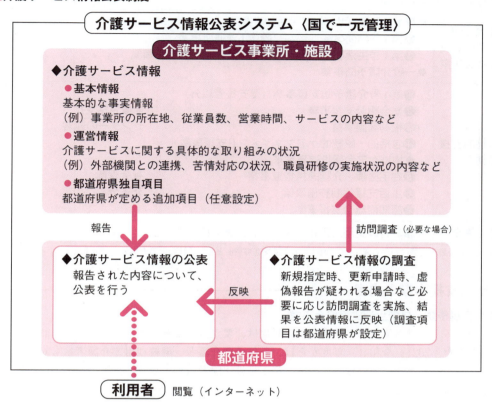

介護サービス情報の公表制度は、利用者が介護サービス事業者を比較検討して適切に選ぶことができるように、都道府県がインターネット等を利用して情報の公表を行うしくみとなっています。

地域支援事業

☐ 地域支援事業の全体像

　すべての市町村は、被保険者が要介護状態・要支援状態となることを予防するとともに、要介護状態等となった場合も、可能な限り地域で自立した日常生活を営めるよう、地域支援事業を行います。その財源は、公費と保険料で賄われ、利用料については各市町村が地域の実情などに応じて決定します。
　地域支援事業は、**必須事業**（必ず実施）の介護予防・日常生活支援総合事業と包括的支援事業、**任意**で行う任意事業から構成されます。

(47)

■**地域支援事業の全体像**

介護予防・日常生活支援総合事業	●第1号事業（サービス・活動事業） ❶第1号訪問事業　　　　❷第1号通所事業 ❸第1号生活支援事業　　❹第1号介護予防支援事業 ●一般介護予防事業	
包括的支援事業	❶第1号介護予防支援事業（要支援者以外） ❷総合相談支援事業 ❸権利擁護事業 ❹包括的・継続的ケアマネジメント支援事業	地域包括支援センターの運営
	●地域ケア会議推進事業※ ❺在宅医療・介護連携推進事業 ❻生活支援体制整備事業 ❼認知症総合支援事業	社会保障充実分
任意事業	介護給付等費用適正化事業、家族介護支援事業など	

※地域ケア会議の実施にかかる費用は、「地域ケア会議推進事業」として「社会保障充実分」で計上します。

地域支援事業の内容

（1）介護予防・日常生活支援総合事業

　サービス・活動事業（第1号事業）の対象は、要支援者と基本チェックリストに該当した人です。また、2021（令和3）年度からは、一部の要介護者（継続利用要介護者）も対象となりました。一般介護予防事業は、すべての第1号被保険者（およびその支援のための活動にかかわる人）を対象とします。

■**サービス・活動事業の内容**

サービス・活動事業（第1号事業）

訪問型サービス（第1号訪問事業）

●従前相当サービス（旧介護予防訪問介護相当のサービス）
●訪問型サービス・活動A（多様な主体による生活援助など）
●訪問型サービス・活動B（住民主体の自主活動による生活援助など）
●訪問型サービス・活動C（保健師等による居宅での相談指導など短期集中予防サービス）
●訪問型サービス・活動D（移動支援や移送前後の生活支援）

通所型サービス（第1号通所事業）

●従前相当サービス（旧介護予防通所介護相当のサービス）
●通所型サービス・活動A（多様な主体によるミニデイサービス、運動、レクリエーションなど）
●通所型サービス・活動B（住民主体の自主活動による体操や運動など）
●通所型サービス・活動C（専門職による生活行為改善のプログラムなどの短期集中予防サービス）

その他生活支援サービス（第1号生活支援事業）

●栄養改善を目的とした配食
●定期的な安否確認と緊急時の対応
●訪問型サービス、通所型サービスに準じる自立支援に資する生活支援

分野別 頻出テーマ対策ミニ講義

介護予防ケアマネジメント(第1号介護予防支援事業)
ケアマネジメントA(介護予防支援と同様)、ケアマネジメントB(サービス担当者会議やモニタリングを省略)、ケアマネジメントC(基本的にサービス利用開始時にのみ)のうちいずれかのケアマネジメントを行う

一般介護予防事業

介護予防把握事業
地域の実情に応じて収集した情報等の活用により、閉じこもり等の何らかの支援を要する者を把握し、介護予防活動につなげる

介護予防普及啓発事業
介護予防活動の普及・啓発を行う

地域介護予防活動支援事業
地域における住民主体の介護予防活動の育成・支援を行う

一般介護予防事業評価事業
介護保険事業計画に定める目標値の達成状況などの検証を行い、一般介護予防事業の事業評価を行う

地域リハビリテーション活動支援事業
地域での介護予防の取り組みを機能強化するため、通所、訪問、地域ケア会議、サービス担当者会議、住民運営の通いの場等へのリハビリテーション専門職などによる助言等を行う

■**介護予防・日常生活支援総合事業利用の流れ**

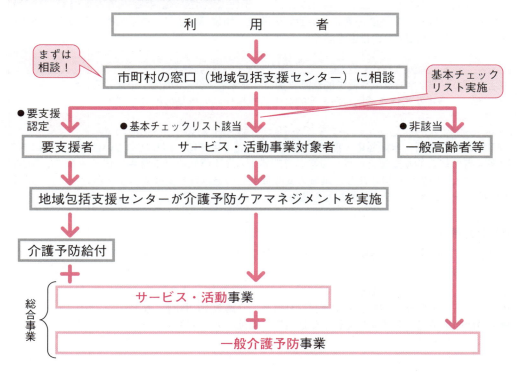

(49)

（2）包括的支援事業

　包括的支援事業は、被保険者を対象に、地域包括支援センター（市町村または市町村の委託を受けた法人が設置）がその業務を行います。

　なお、2014（平成26）年の法改正で追加された在宅医療・介護連携推進事業、生活支援体制整備事業、認知症総合支援事業は、地域包括支援センター以外への委託が認められています。

■包括的支援事業の内容

第1号介護予防支援事業
介護予防ケアマネジメント（要支援者以外）を行う →総合事業の介護予防ケアマネジメントとして実施するものとし、費用についても総合事業で賄われる

総合相談支援事業
被保険者の状況を把握し、地域におけるサービスや機関の情報提供、連絡調整、介護を行う家族に対する支援（任意事業の家族介護支援事業を連携して支援）などを行う

権利擁護事業
成年後見制度の活用促進、高齢者虐待防止への対応、老人福祉施設等への措置の支援、困難事例への対応、消費者被害の防止

包括的・継続的ケアマネジメント支援事業
包括的・継続的なケア体制の構築、地域における介護支援専門員のネットワークの活用、介護支援専門員への日常的個別指導・相談、支援困難事例への指導・助言

在宅医療・介護連携推進事業
地域の医療関係者・介護関係者による会議の開催、研修等により、在宅医療と介護の一体的な提供ができる体制づくりの推進を図る

生活支援体制整備事業
生活支援コーディネーターや就労的活動支援コーディネーターの配置、地域住民、ボランティア、NPOなど、多様な主体を活用した重層的な生活支援体制の構築の推進を図る

認知症総合支援事業
認知症の早期診断、早期対応、症状の悪化防止などを目的に、認知症あるいはその疑いのある被保険者に総合的な支援を行う。複数の専門職からなる認知症初期集中支援チームによる訪問支援、本人・家族の相談に応じ、地域の支援機関との連携等を支援する認知症地域支援推進員の配置、チームオレンジの整備などを進める

（3）任意事業

　市町村の判断により、次のような事業を実施することができます。

- 介護給付等費用適正化事業
- 家族介護支援事業（認知症高齢者見守り事業、介護教室の開催　など）
- その他の事業（成年後見制度利用支援事業、福祉用具・住宅改修支援事業　など）

分野別
頻出テーマ対策ミニ講義

□地域包括支援センター

　地域包括支援センターは、**市町村**または**市町村の委託を受けた法人**（老人介護支援センターの設置者、一部事務組合または広域連合、社会福祉法人、公益法人、NPO法人など）が設置することができます。

業務	●包括的支援事業（2014年制度改正で追加された3つの事業を除き、地域包括支援センターにのみ一体的に委託が行われる） ●介護予防ケアマネジメント、一般介護予防事業 ●任意事業 ●指定介護予防支援
職員	保健師、社会福祉士、主任介護支援専門員

□地域ケア会議

　2014（平成26）年の制度改正により、**市町村**は、包括的・継続的ケアマネジメント支援事業の効果的な実施のために、**地域ケア会議を置くように努める**ことが**介護保険法**（第115条の48）に**規定**されました。それまでは、通知により設置が規定されていました。
　会議は、市町村または地域包括支援センターが開催します。

■地域ケア会議の機能
●個別課題の解決　●地域包括支援ネットワークの構築　●地域課題の発見
●地域づくり・資源の開発　●政策の形成

介護保険事業計画

　市町村と都道府県は、国の**基本指針**に即して、3年を1期とする**市町村介護保険事業計画**、**都道府県介護保険事業支援計画**を作成します。

■介護保険事業計画に盛り込む内容（定めるべき事項）

計画	おもな内容
市町村介護保険事業計画	●各年度の、**認知症対応型共同生活介護**、地域密着型特定施設入居者生活介護、地域密着型介護老人福祉施設入所者生活介護の**必要利用定員総数**、その他の介護給付等対象サービスの種類ごとの量の見込み ●各年度の、**地域支援事業**の量の見込み ●被保険者の地域における自立した日常生活支援、介護予防、要介護状態等の軽減等、介護給付等に要する費用の適正化に関し、市町村が取り組むべき施策（以下、**自立支援等施策**）とその**目標**に関する事項

(51)

都道府県介護保険事業支援計画	●各年度の、介護専用型特定施設入居者生活介護、地域密着型特定施設入居者生活介護、地域密着型介護老人福祉施設入所者生活介護、**介護保険施設**（種類ごと）の**必要入所定員総数**、その他の介護給付等対象サービスの量の見込み ●市町村による自立支援等施策への取り組みへの支援に関し、都道府県が取り組むべき施策とその目標に関する事項

■ほかの計画との関係

	一体的作成	整合性の確保	調和をとる
市町村介護保険事業計画	市町村老人福祉計画	市町村計画	市町村地域福祉計画 市町村高齢者居住安定確保計画
都道府県介護保険事業支援計画	都道府県老人福祉計画	医療計画 都道府県計画	都道府県地域福祉支援計画 市町村高齢者居住安定確保計画

国民健康保険団体連合会

 国保連の介護保険事業に関する業務は何か？ が繰り返し問われています。介護サービスの提供事業や介護保険施設の運営は盲点になりやすいので要チェックです。

　国民健康保険団体連合会（国保連）は、都道府県ごとに設置され、介護保険制度上の苦情処理機関（国保連の独立業務）として機能するほか、介護保険事業に関する業務を行います。

■国保連の介護保険事業に関する業務

●**介護報酬**や**介護予防・日常生活支援総合事業**にかかる費用の**審査・支払い**（市町村からの委託）
●**苦情処理**業務
●**第三者行為求償**事務（市町村からの委託）
●**介護サービス**の提供事業（指定居宅サービス、指定地域密着型サービス、指定居宅介護支援、指定介護予防サービス、指定地域密着型介護予防サービス）や**介護保険施設**の運営
●その他、介護保険事業の円滑な運営に資する事業（市町村事務の共同電算処理など）

■審査・支払いの流れ

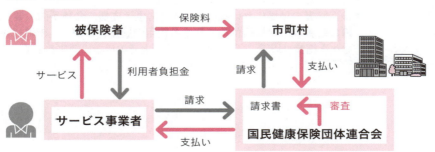

(52)

分野別
頻出テーマ対策ミニ講義

　介護給付費などの審査・支払い業務においては、国保連に**介護給付費等審査委員会**が設置されます。その委員は、国保連が委嘱します。

■介護給付費等審査委員会

委員	❶**介護給付等対象サービス担当者**または**介護予防・日常生活支援総合事業**担当者代表委員 ❷**市町村代表**委員 ❸**公益代表**委員（この中から会長を選出）
任期	**2**年
その他	審査を行うため必要な場合は、都道府県知事（または市町村長）の承認を得て、事業者・施設や総合事業の指定事業者・受託者に報告、帳簿書類の提出または提示、事業者・開設者・管理者・サービス担当者などの出頭などを求めることができる

介護保険審査会

　被保険者は、市町村の行った行政処分について不服がある場合、介護保険審査会に審査請求（不服申立て）を行うことができます。介護保険審査会は、地方自治法上の専門の第三者機関として都道府県ごとに設置されます。

　審査は、原則として介護保険審査会が指名する委員で構成する**合議体**により行われます。審査内容によって、合議体を構成する委員が異なります。

■審査請求ができる事項

●保険給付に関する処分 　→**要介護認定**等に関する処分 　→被保険者証の交付の請求に関する処分　など ●保険料その他介護保険法の規定による徴収金に関する処分

■介護保険審査会の委員

委員	❶**被保険者代表**委員　3人 ❷**市町村代表**委員　3人 ❸**公益代表**委員　3人以上（この中から会長を選出） 　公益代表委員の数は政令で定める基準に従い、都道府県の条例で定められる
任期	**3**年
その他	要介護認定の審査請求の処理を迅速・正確に処理するため、都道府県知事が保健・医療・福祉の学識経験者を**専門調査員**として介護保険審査会に設置することができる

(53)

■合議体の構成

| 要介護認定等に
かかわる審査 | → | ● 公益代表委員からなる合議体 |
| 要介護認定等
以外の審査 | → | ● 会長を含む公益代表委員、被保険者代表委員、
市町村代表委員各3名からなる合議体 |

居宅介護支援・介護予防支援

□介護支援専門員の定義・義務など

　介護支援専門員（ケアマネジャー）は、介護保険制度においてケアマネジメントを行う専門職で、居宅介護支援事業所や介護保険施設などに必ず配置されます。

■介護支援専門員とは

要介護者・要支援者からの相談に応じ、要介護者等がその心身の状況等に応じ適切なサービスや介護予防・日常生活支援総合事業を利用できるよう、市町村、サービスや事業を行う者、介護保険施設などとの連絡調整等を行う者であって、要介護者等が自立した日常生活を営むのに必要な援助に関する専門的知識及び技術を有するものとして介護支援専門員証の交付を受けたものをいう

■介護支援専門員の義務など

公正・誠実な業務遂行義務	担当する要介護者等の人格を尊重し、常に要介護者等の立場に立って、要介護者等に提供されるサービスが特定の種類や特定の事業者・施設に不当に偏ることがないよう、公正・誠実に業務を行わなければならない
基準遵守義務	厚生労働省の定める基準（指定居宅介護支援の基本取扱方針）に従って、その業務を行わなければならない
資質向上努力義務	要介護者等の自立生活支援に関する専門的知識・技術水準の向上その他の資質向上に努めなければならない
介護支援専門員証の不正使用の禁止	介護支援専門員証を不正に使用してはならない
名義貸しの禁止	介護支援専門員の名義を、介護支援専門員の業務のために他人に使用させてはならない
信用失墜行為の禁止	介護支援専門員の信用を傷つけるような行為をしてはならない
秘密保持義務	正当な理由なく、業務に関し知り得た他人の秘密を漏らしてはならない。介護支援専門員でなくなったあとも、業務で知り得た個人情報を漏らしてはならない

□居宅介護支援・介護予防支援

（1）ケアマネジメントの概要

居宅の**要介護者**へのケアマネジメントを**居宅介護支援**、居宅の**要支援者**へのケアマネジメントを**介護予防支援**といいます。

- ●居宅介護支援の担当者 → 居宅介護支援事業所の介護支援専門員
- ●介護予防支援の担当者 → 介護予防支援事業所（地域包括支援センター）の担当職員、居宅介護支援事業所の介護支援専門員

■介護保険におけるケアマネジメントの流れ

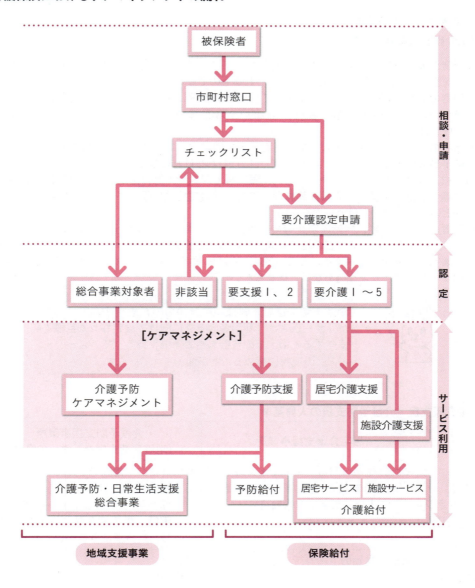

(55)

■ケアマネジメントの流れ

（2）基本方針・人員基準
■居宅介護支援の基本方針

- 利用者が要介護状態になっても、可能なかぎり居宅で、その有する能力に応じ自立した日常生活を営むことができるよう配慮して行われるものでなければならない
- 利用者の心身の状況や環境などに応じて利用者の選択に基づき、適切な保健医療サービスと福祉サービスが、多様な事業者から総合的・効率的に提供されるよう配慮して行われるものでなければならない
- 利用者の意思・人格を尊重し、常に利用者の立場に立って、サービスが特定の種類や事業者等に不当に偏することがないよう公正中立に行われなければならない
- 市町村、地域包括支援センター、老人介護支援センター、他の指定居宅介護支援事業者、指定介護予防支援事業者、介護保険施設、障害者総合支援法に規定する指定特定相談支援事業者等との連携に努めなければならない
- 利用者の人権の擁護、虐待の防止等のため、必要な体制の整備を行うとともに、その従業者に対し、研修を実施するなどの措置を講じなければならない
- 指定居宅介護支援を提供するにあたっては、介護保険等関連情報その他必要な情報を活用し、適切かつ有効に行うよう努めなければならない

 介護予防支援でも同様の趣旨のものが規定されていますが、サービスは「利用者の自立に向けて設定された目標を達成するため、その目標を踏まえて」行う点や、ボランティアとの連携に努めることが加えられています。

■居宅介護支援・介護予防支援の人員基準

	居宅介護支援事業所	介護予防支援事業所 （地域包括支援センターの場合）
従業者 （ケアマネジメント担当）	● 介護支援専門員　常勤で1人以上 ※利用者数が35人を超えるごとに1人増（増員は非常勤可）	● 担当職員　常勤で1人以上 ※担当職員とは、保健師、介護支援専門員、社会福祉士、経験ある看護師、相談業務等に3年以上従事した社会福祉主事のいずれか
管理者	原則、常勤の主任介護支援専門員であること	常勤 ※資格要件はなし

（3）運営基準

指定居宅介護支援事業者は、指定居宅介護支援の提供の開始に際し、あらかじめ、利用申込者またはその家族に対し、運営規程の概要などの重要事項を記した文書を交付して説明を行い、利用申込者の同意を得なければなりません。

また、次の点がポイントになります。

※ 予防 ＝介護予防支援も同趣旨の規定あり

> 次の点について説明し、理解を得る
> ●利用者の主体的な参加が重要であること、利用者は複数の指定居宅サービス事業者等の紹介を求めることができること（義務）予防
> ●前6か月間に事業所で作成された居宅サービス計画の総数のうち、訪問介護、通所介護、福祉用具貸与、地域密着型通所介護ごとの、同一の事業者によって提供されたものが占める割合（努力義務）
> 利用者が病院・診療所に入院する場合には担当の介護支援専門員の氏名・連絡先を病院・診療所に伝えるよう求めなければならない 予防

特に、居宅介護支援の固有の内容である囲み内は、近年出題されることが多いため、改正事項を含めてしっかりチェックしてください。

その他、ケアマネジメントに関連する運営基準のポイントは、次のとおりです。

■居宅サービス計画の作成に関する運営基準のポイント

※ 予防 ＝介護予防支援も同趣旨の規定あり

指定居宅介護支援の基本取扱方針	サービスは要介護状態の軽減または悪化の防止に資するよう行われるとともに、医療サービスとの連携に十分配慮して行う。事業者は、自ら提供するサービスの質の評価を行い、常にその改善を図る
介護支援専門員による居宅サービス計画の作成	指定居宅介護支援事業所の管理者は、介護支援専門員に居宅サービス計画の作成に関する業務を担当させなければならない
指定居宅介護支援の基本的留意点 予防	サービスの提供にあたっては懇切丁寧に行い、利用者・家族にサービスの提供方法などについて理解しやすいように説明しなければならない
身体的拘束等の原則禁止や身体的拘束等を行う場合の記録	指定居宅介護支援の提供にあたっては、利用者またはほかの利用者等の生命または身体を保護するため緊急やむを得ない場合を除き、身体的拘束その他利用者の行動を制限する行為（身体的拘束等）を行ってはならない。身体的拘束等を行う場合には、その態様及び時間、その際の利用者の心身の状況並びに緊急やむを得ない理由を記録しなければならない 2024年改正
継続的かつ計画的な指定居宅サービス等の利用 予防	自立した日常生活の支援を効果的に行うため、利用者の心身・家族の状況などに応じ、継続的・計画的にサービス等の利用が行われるように居宅サービス計画を作成しなければならない
総合的な居宅サービス計画の作成 予防	利用者の日常生活全般を支援する観点から、ボランティアなどの利用も含めて居宅サービス計画に位置づけ、総合的な計画となるよう努める

(57)

利用者自身によるサービスの選択 予防	利用者による**サービスの選択**に資するよう、利用者にサービスの内容、利用料などの情報を適正に提供する
課題分析の実施	利用者が現に抱える問題点を明らかにし、自立した日常生活を営むことができるように支援するうえで解決すべき**課題を把握**する
課題分析の留意点 予防	課題分析は、利用者が入院中であることなど物理的な理由がある場合を除き、利用者の**居宅**を訪問し、利用者、家族への**面接**により行う
居宅サービス計画原案の作成 予防	利用者の**希望**と**アセスメント**の結果に基づき、目標（長期目標・短期目標）、サービスの種類等を記載した**居宅サービス計画**の原案を作成
サービス担当者会議の開催による専門的意見の聴取 予防	介護支援専門員は、原則として**サービス担当者会議**の開催により、居宅サービス計画の原案内容について、専門的見地からの意見を求める。ただし、やむを得ない理由がある場合には、サービス担当者への照会により意見を求めることができる ※サービス担当者会議は、居宅サービス計画の**新規**作成時、**変更**時（軽微な変更を除く）、**更新**認定や区分変更認定時にも原則開催
居宅サービス計画の説明・同意・交付 予防	●介護支援専門員は、居宅サービス計画の原案の内容について利用者またはその家族に**説明**し、**文書**により利用者の**同意**を得なければならない ●確定した居宅サービス計画は、**利用者**と各サービスの**担当者**に**交付**
個別サービス計画の提出依頼 予防	介護支援専門員は、各サービスの担当者から、訪問介護計画などの**個別サービス計画の提出**を求め、居宅サービス計画との連動性や整合性について確認をとる
居宅サービス計画の実施状況等の把握**および**評価等 予防	●居宅サービス計画の作成後、居宅サービス計画の**実施状況の把握**を行い、必要に応じて居宅サービス計画の**変更**、指定居宅サービス事業者等との**連絡調整**その他の便宜の提供を行う ●指定居宅サービス事業者等から利用者にかかる情報の提供を受けたときは、利用者の**服薬**状況、**口腔機能**その他の利用者の心身または生活状況について必要と認める情報を、利用者の同意を得て主治の**医師**または**歯科医師**、**薬剤師**に提供する
モニタリングの実施	モニタリングは、特段の事情のない限り、次のとおり行う ●少なくとも**1か月**に**1回**、利用者の居宅を訪問し、利用者に面接する。ただし、利用者の同意やサービス担当者会議での合意など一定の要件を満たす場合であって、少なくとも2か月に1回、利用者の居宅を訪問して利用者に面接するときは、利用者の居宅を訪問しない月にテレビ電話装置等を利用して、面接することができる ●少なくとも**1か月**に**1回**、モニタリングの結果を記録する 2024年改正
主治の医師等の意見等 予防	●介護支援専門員は、利用者が医療サービスの利用を希望する場合などには、利用者の**同意**を得て**主治医**の意見を求めなければならない。医療サービスは**主治医**の**指示**がある場合に限り、**居宅サービス計画**に位置づけることができる ●主治医の意見を求めた場合は、作成した居宅サービス計画を**主治医**に**交付**しなければならない

分野別 頻出テーマ対策ミニ講義

福祉用具貸与を位置づける場合　予防	居宅サービス計画に福祉用具貸与や特定福祉用具販売を位置づける場合は、その利用の妥当性を検討し、福祉用具が必要な理由を居宅サービス計画に記載する。福祉用具貸与では、計画作成後も、必要に応じて随時サービス担当者会議で継続の必要性を検証する
短期入所サービスを位置づける場合　予防	短期入所生活介護、短期入所療養介護を居宅サービス計画に位置づける場合は、原則として、利用日数が認定有効期間のおおむね半数を超えないようにする
認定審査会意見等の居宅サービス計画への反映　予防	被保険者証に、介護認定審査会の意見やサービスの種類の指定の記載がある場合、利用者にその趣旨を説明したうえで、その内容に沿って計画を作成する
地域ケア会議への協力　予防	地域ケア会議から、資料または情報の提供、意見の開陳その他必要な協力の求めがあった場合には、これに協力するよう努めなければならない
介護保険施設などへの紹介その他の便宜の提供・介護保険施設との連携　予防	利用者の意向を踏まえ、介護保険施設や地域密着型介護老人福祉施設への紹介をする。また、介護保険施設などから退院・退所しようとする要介護者から依頼があった場合、居宅での生活へ円滑に移行できるよう、あらかじめ居宅サービス計画作成などの援助を行う
居宅サービス計画の届出	●介護支援専門員は、居宅サービス計画に厚生労働大臣が定める回数以上の訪問介護（生活援助中心型に限る）を位置づける場合は、その利用の妥当性を検討し、居宅サービス計画にその必要な理由を記載するとともに、居宅サービス計画を市町村に届け出なければならない ●居宅サービス計画に位置づけたサービスについて区分支給限度基準額に占める割合が高く、かつ訪問介護の占める割合が高い（厚生労働大臣が定める基準）場合で、市町村からの求めがあった場合には、介護支援専門員はその利用の妥当性を検討し、居宅サービス計画に必要な理由等を記載するとともに、居宅サービス計画を市町村に届け出なければならない　2021年改正
指定介護予防支援業務の受託に関する留意点	指定居宅介護支援事業者は、地域包括支援センターの設置者から指定介護予防支援業務を受託するにあたっては、その業務量等を勘案し、指定居宅介護支援事業者が本来行うべき指定居宅介護支援業務の適正な実施に影響を及ぼすことのないよう配慮しなければならない
利用者に対する居宅サービス計画などの書類の交付	下記の場合に、直近の居宅サービス計画とその実施状況に関する書類を利用者に交付する ●利用者がほかの居宅介護支援事業者の利用を希望している ●要介護認定を受けている利用者が要支援認定を受けた ●そのほか利用者からの申し出があった場合

(59)

□課題分析標準項目

　居宅介護支援の課題分析にあたっては、課題分析票が用いられます。様式はさまざまなものがありますが、国の定める課題分析標準項目を含めたものでなくてはなりません。

■課題分析標準項目 （2023（令和5）年10月16日に一部改正あり）

基本情報に関する項目（9項目）
❶基本情報（受付、利用者等基本情報）
❷これまでの生活と現在の状況
❸利用者の社会保障制度の利用情報
❹現在利用している支援や社会資源の状況
❺日常生活自立度（障害）
❻日常生活自立度（認知症）
❼主訴・意向
❽認定情報
❾今回のアセスメントの理由

課題分析に関する項目（14項目）
❿健康状態
⓫ADL
⓬IADL
⓭認知機能や判断能力
⓮コミュニケーションにおける理解と表出の状況
⓯生活リズム
⓰排泄の状況
⓱清潔の保持に関する状況
⓲口腔内の状況
⓳食事摂取の状況
⓴社会とのかかわり
㉑家族等の状況
㉒居住環境
㉓その他留意すべき事項・状況

□介護予防支援における課題分析

　介護予防支援では、課題分析標準項目は用いられません。担当職員は、基本チェックリスト、主治医意見書などの書類、居宅訪問による面接などにより、利用者の生活機能や健康状態、環境などの情報を把握し、「介護予防サービス・支援計画書」の4つの領域ごとに、生活機能を高めるために必要な維持・改善すべき課題を明らかにします。

■4つのアセスメント領域

❶運動・移動
❷日常生活（家庭生活）
❸社会参加・対人関係・コミュニケーション
❹健康管理

（60）

分野別 頻出テーマ対策ミニ講義

●保健医療サービス分野（保健医療サービスの知識等）

高齢者に多い老年症候群

□高齢者に多い老年症候群

老年症候群は、高齢者に多くみられ、高齢期の生活機能や生活の質（QOL）を低下させる症状・病態です。

■老年症候群として扱われるおもな症状・病態

●フレイル、サルコペニア　●意識障害、せん妄　●抑うつ　●認知機能障害
●低栄養、食欲不振　●脱水　●起立性低血圧　●めまい、ふらつき
●視聴覚障害　●廃用症候群　●尿失禁　●手足のしびれ
●誤嚥、嚥下障害　●転倒、転落　●便秘　●貧血　●骨折　●骨粗鬆症　●低体温

□おもな老年症候群

1　せん妄

せん妄は、**意識障害**の一つです。症状は、通常は**3日から1週間程度で消失**し、認知症とは区別される症状です。

■症状・原因・対応

症状	●意識混濁や幻覚（幻視が多い）、それらに基づく妄想や興奮を伴う状態
原因	●薬剤の影響であることが一番多い ●脳血管障害、全身疾患、脱水や不眠、感染症 ●手術前の不安、感覚遮断、環境変化なども原因となる
対応	●原因となる薬剤等の除去、疾患の治療 ●夜間せん妄では、昼間に適度な刺激と散歩などの活動の機会をつくる

2　フレイル・サルコペニア

フレイル（虚弱）は、高齢になって、筋力や活動が低下している状態で、健康な状態と要介護状態の中間地点と考えられます。

サルコペニア（筋肉減弱症）は、加齢に伴う骨格筋量の減少をいいます。筋力低下や身体機能の低下を含めた概念でとらえられ、この場合、フレイルの一部とも考えられます。

■診断基準

フレイル	サルコペニア
❶体重減少（低栄養）　❷筋力低下 ❸疲労感　　　　　　　❹歩行速度低下 ❺身体活動減少 　　→3項目以上あてはまる状態をフレイル、1〜 　　　2項目あてはまればプレフレイル	❶筋肉量の減少 ❷筋力の低下 ❸身体能力の低下 　　→❶に加え、❷❸を併せもつ状態

（61）

3　廃用症候群

活動性の低下によって生じる**身体**機能、**精神**機能の**全般的な**低下を廃用症候群といいます。

■おもな症状

身体の一部	●筋萎縮、筋力低下　●関節の拘縮 ●骨萎縮　●骨粗鬆症　●褥瘡
全身	●心肺機能低下　●起立性低血圧　●誤嚥性肺炎
精神・神経	●尿失禁　●認知機能障害　●抑うつ　●周囲への無関心

4　低栄養

高齢者では、エネルギーの消費量も少なくなり、食欲も低下しますが、**たんぱく質**の必要量は一般成人と変わりません。たんぱく質の不足は、サルコペニアにもつながるため、副食を意識してとる必要があります。

低栄養の指標	●**血清アルブミン**濃度→長期にわたる高齢者の栄養状態をみるのに最良の指標 ●体重減少 ●BMIの低下（高齢者は低体重でなくても低栄養であることが多い） ●寝たきりなどの場合は、上腕周囲長、下腿周囲長の測定
症状	●浮腫　●腹水　●貧血　●免疫機能の低下　●褥瘡　●低体温　●徐脈 ●フレイル　●サルコペニア
低栄養の背景	食欲不振、咀嚼力の低下、嚥下困難、社会的要因など
食欲不振の背景	●加齢によるエネルギー消費量の低下 ●薬剤の副作用（ジギタリス製剤、認知症治療薬など） ●亜鉛欠乏症

高齢者は、たんぱく質とともに、全体のエネルギーも不足しがちです。間食などでこまめにエネルギーを補給する工夫をしましょう。口から食べる楽しみを支援するため、多職種連携で口腔ケア・栄養管理を実施します。

高齢者に多い疾病

□脳・神経の疾患

1　脳血管疾患（脳卒中）

脳の血管が障害を受けることによって生じる疾患の総称を**脳血管疾患**といいます。血管が詰まる脳梗塞と、血管が破れる**脳出血**（脳内出血）、**くも膜下出血**に大きく分けられます。

分野別 頻出テーマ対策ミニ講義

■脳卒中

種別		発症	症状、後遺症	生活上の留意点
脳梗塞	アテローム血栓性脳血栓	脳の血管の動脈硬化により、血栓が詰まる	●局所症状 →運動麻痺、感覚障害、高次脳機能障害（失語、失行、失認、半側空間無視、注意障害、記憶障害、発動性の低下、抑制障害） ●血管性認知症 ※くも膜下出血では、激しい頭痛や吐き気、嘔吐、意識障害が特徴で、局所症状はみられないことが多い	●再発しやすいため、再発予防が重要 ●ADL向上のためのリハビリテーション ●高血圧、糖尿病、脂質異常症、肥満などの生活習慣病の管理
	心原性脳塞栓	心房細動などにより心臓などで作られた血栓が流れてきて詰まる		
	ラクナ梗塞	1.5mm未満の細い血管が詰まる		
血管が破れる	脳出血	脳の中の細かい血管が破れて出血する		
	くも膜下出血	動脈瘤が破れてくも膜の下に出血する		

2　パーキンソン病

　パーキンソン病は、中脳の黒質の神経細胞が変性・消失する神経変性疾患です。

　四大運動症状のほか、進行するとうつ状態や認知症などの精神症状、起立性低血圧や排尿障害などの自律神経症状が出現します。

■パーキンソン病の四大運動症状

振戦	じっとしている状態のときに、手足がふるえる（安静時振戦）
筋固縮	筋肉が固くこわばり、スムーズに動かせない（歯車現象）
無動	動作に時間がかかる。仮面様顔貌（無表情）が特徴的
姿勢・歩行障害	バランスが維持できない。歩行障害（突進現象、すくみ足、小刻み歩行など）

3　その他難病

筋萎縮性側索硬化症（ALS）	●原因不明。徐々に全身の骨格筋が萎縮し、数年で四肢麻痺、摂食障害、呼吸麻痺 ●眼球運動、膀胱・直腸機能、知覚神経、記憶力、知能、意識は末期までよく保たれる ●リハビリテーションや装具療法を行う、文字盤や意思伝達装置などでコミュニケーションを図る。進行に合わせ、人工呼吸器の使用を検討
脊髄小脳変性症	●主に脊髄と小脳に変性をきたし、ろれつがまわらない、動作時のふるえ、歩行がふらつくなどの小脳性運動失調が主症状 ●自律神経症状やパーキンソン症状を伴うものもある
進行性核上性麻痺	●パーキンソン症状、眼球運動障害、転倒がみられる。筋固縮は体幹により強い。前頭葉を中心とした認知機能低下を早期から認めやすい
大脳皮質基底核変性症	●パーキンソン症状、進行性の非対称性失行がみられ、脳の画像や診察所見でも左右差がみられる。前頭葉を中心とした認知機能低下が起こりやすい

(63)

□骨・関節の疾患

変形性膝関節症	●おもな症状は関節の痛みとこわばりで、痛みのため歩行障害を生じる ●減量、大腿四頭筋の筋力を鍛えたりすることがリスクを下げるために重要
関節リウマチ	●原因不明の全身性免疫異常 ●症状に日内変動があり、起床時に1時間以上続く朝のこわばり、痛みや熱感・腫れがある。骨破壊が進むと関節の変形や拘縮 ●発熱、体重減少、易疲労感、貧血などの全身症状も現れる ●薬物療法、リハビリテーション、手術療法などを行う ●日常生活では装具などの使用による歩行の補助、転倒予防のための環境整備、適切な自助具の使用
脊柱管狭窄症	●脊柱の内部がせまくなり、神経が圧迫されることで生じる ●腰痛、下肢痛、しびれ、間欠性跛行、圧迫神経部位や狭窄が高度な場合、下肢等の異常感覚、膀胱直腸障害が現れる ●座位や前屈位では症状がよくなるため、なるべく前かがみの楽な姿勢をとるようにする
後縦靭帯骨化症	●背骨の中を縦に走る後縦靭帯が骨化して脊柱管がせまくなり、神経が圧迫されて生じる。圧迫部位により、手足のしびれや、四肢の麻痺、進行すると、歩行困難や排尿障害 ●首を後ろに反らす姿勢により症状が増悪することがある ●転倒でも悪化することがあるため、転倒予防が重要
骨粗鬆症	●骨密度（骨量）が低下し、骨が脆弱になって骨折しやすくなる疾患 ●女性ホルモン低下（特に閉経）や加齢などを原因とする原発性骨粗鬆症と、薬剤（特にステロイド薬の長期服用）やほかの疾患などで二次的に起こる続発性骨粗鬆症がある ●対策は薬物治療、転倒予防・骨折予防、適度な運動、環境整備など
大腿骨頸部骨折	●高齢者は転倒による骨折のリスクが高く、なかでも大腿骨頸部骨折は、寝たきりの原因となりやすい ●特に多い骨折は、大腿骨頸部骨折、胸腰椎圧迫骨折、橈骨遠位端骨折、肋骨骨折 ●対策は❶骨粗鬆症の早期発見・早期治療、❷転倒しないための環境整備、❸床材の変更やヒップ・プロテクターの装着など

□循環器の疾患

1　狭心症・心筋梗塞・心不全

　冠動脈が狭窄した状態が狭心症、閉塞した状態が心筋梗塞です。心不全は、心臓のポンプ機能が低下し、必要な血液を十分に送り出せない状態です。また、脈拍が乱れて不規則になるものを不整脈といいます。

　閉塞性動脈性硬化症は、動脈硬化により血管が狭窄、閉塞し、十分な血液が末梢へ送れなくなる病態です。

分野別
頻出テーマ対策ミニ講義

	症状	治療、留意点
狭心症	●前胸部に締めつけられるような痛み、圧迫感 ●発作の持続時間が短い	●ニトログリセリン製剤で効果あり
心筋梗塞	●前胸部の長引く痛みやしめつけ感 ●呼吸困難や左肩から頸部の鈍痛、意識障害などを自覚することもある ●無痛性の心筋梗塞もある	●ニトログリセリン製剤で効果なし ●発症後短時間であれば、閉塞冠動脈の再疎通療法の適応 ●一刻も早い医療機関への受診
心不全	●一般的な症状は、呼吸困難、食欲低下、浮腫、尿量低下 ●高齢者は活動性の低下や失見当識、認知症のような症状として現れ、見過ごされやすい	●呼吸困難時には、仰臥位ではなく、起座位（身体を起こして座った状態）または半座位にすると症状が改善
不整脈	●脈が乱れて不規則になる ●徐脈性（脈が遅くなる）、頻脈性（脈が速くなる）がある ●心臓自体の異常のほか、ストレス、睡眠不足、過労、喫煙なども原因となる	●すべての不整脈が治療の対象となるわけではないが、血圧低下、意識障害、心不全を伴うものはすみやかな治療が必要 ●特に心房細動は、心原性脳塞栓の原因ともなるため抗凝固薬を投与
下肢閉塞性動脈疾患（LEAD）	●歩行時の下肢痛が出現し、立ち止まって休むと痛みが軽減する間欠性跛行が特徴	●薬剤の服用、血管拡張やバイパス手術 ●進行した病態では根治困難

□消化器の疾患

（1）肝炎・肝硬変

　さまざまな原因で肝臓に炎症を生じた状態で、急性肝炎と慢性肝炎に分類されます。
　肝炎ウイルスのうち、A型は経口感染、B型やC型は血液や体液で感染します。

■肝炎の原因と症状、肝硬変への移行

	原因	症状・留意点
急性肝炎	肝炎ウイルス（特にA型、E型）、自己免疫疾患、薬剤アレルギー	●全身倦怠感、食欲不振、腹痛 ●急激に進行するものを劇症肝炎といい、肝性脳症、黄疸なども出る
慢性肝炎	肝炎ウイルス、（B型、C型）が最も多い。そのほかアルコール、自己免疫疾患	初期には無症状。肝炎ウイルスによる慢性肝炎は、肝硬変や肝臓がんに移行することが多い
肝硬変	●肝硬変は、肝炎が持続し、肝臓全体が線維化した状態 ●肝硬変が進行すると、肝臓の機能が失われる肝不全となる	●食欲不振、全身倦怠感、進行すると黄疸、むくみや腹水、食道静脈瘤、血小板数が減少し、血が止まりにくい。低血糖を起こしやすい ●肝不全では、血中アンモニア濃度が高まり、肝性脳症となり意識障害が起こる

(65)

（2）そのほか消化器の疾患

■胃潰瘍・十二指腸潰瘍の特徴・原因・症状・対応

特徴	●消化液により、胃や十二指腸に潰瘍が生じる ●ワーファリンなど血液を固まりにくくする薬や痛み止めを内服していると潰瘍のリスクが高まることがある ●ピロリ菌（ヘリコバクター・ピロリ）の感染も原因になる
原因・症状	主症状は上腹部の痛みで、一般的に胃潰瘍では食後、十二指腸潰瘍では空腹時に痛みが増す。悪化すると出血し、吐血や下血（黒色便）となる
対応	軽症の場合は薬物療法で完治。出血や穿孔を生じた場合は入院、手術が必要

■潰瘍性大腸炎の特徴・原因・症状・対応

特徴	●直腸から連続的に大腸粘膜の炎症が生じ、大腸全体で潰瘍を起こす ●原因不明の難病
原因・症状	持続性・反復性のある血性下痢と粘血便。発症時に重症のものは予後が悪い
対応	●軽症、中等症度では薬物治療、重症では入院手術、場合により手術で大腸切除 ●症状があるときには、脂肪や繊維質の多い食事、刺激物を控える

□腎臓・尿路の疾患

■腎不全の原因・症状・留意点

	原因	症状・留意点
急性腎不全 慢性腎不全の急性増悪	脱水、心不全、薬剤の副作用など	乏尿、悪心、嘔吐、浮腫、体重増加、動悸、全身倦怠感など
慢性腎不全	腎機能を障害する疾患による腎炎の慢性化。特に糖尿病、高血圧、糸球体疾患など	全身倦怠感、動悸、頭痛、浮腫など。乏尿・多尿いずれも起こりうる

□がん

　高齢者と若年者で症状や治療方法は変わりませんが、高齢者の場合、発症頻度と多発がん（複数の臓器に同時にがんが生じること）の頻度が上昇します。臓器別では、胃がん、肺がん、大腸がんが多く、胃がんは減少傾向、肺がんと大腸がんは増加傾向です。

発症誘引	●喫煙習慣（特に肺がん、胃がん）、運動不足などの生活習慣 ●ウイルスや細菌 　肝炎ウイルス→B型肝炎、C型肝炎 　ピロリ菌→胃がん　　　など

症状	●症状は臓器により異なるが、終末期にはいずれのがんでも、全身倦怠感、食欲不振、痛みがみられる
治療	●手術、化学療法、放射線療法など ●がんの苦痛や痛みを緩和する緩和ケアは、状況に応じて、早期から開始する

□代謝異常の疾患

1 糖尿病

糖尿病はインスリンという血糖値の上昇を抑えるホルモンの不足や欠如により、高血糖の状態が続く疾患です。血糖コントロールをし、合併症を予防することが大切です。

■糖尿病の合併症・治療・留意点

合併症	三大合併症…神経症（神経障害）、網膜症、腎症
	動脈硬化による狭心症、心筋梗塞、脳梗塞
治療	食事療法、運動療法、コントロールが不可能な場合に薬物療法（血糖降下薬、インスリン注射）
留意点	薬物治療中の低血糖症状

2 低ナトリウム血症

低ナトリウム血症とは、血液中のナトリウム濃度が135mEq/L以下の状態のことをいいます。ナトリウムの絶対的な欠乏によるものと、心不全など何らかの原因で、体内の水分バランスが崩れて水分が過剰となり、相対的にナトリウム低下が進む場合とがあります。

■低ナトリウム血症の原因・おもな症状・予後・留意点

原因	大量飲水（1L/時以上）、下痢、嘔吐、過度の運動、高齢、心不全、肝不全、腎不全、薬物使用、不適切な点滴や服薬、塩分制限
おもな症状	嘔気、食欲低下、倦怠感、頭痛、無気力、興奮、見当識障害などから始まり、重度になると痙攣や昏睡、呼吸停止、死亡に至る
予後・生活上の留意点	原因により治療が異なるので医師の指示のもとに対応する。予防では、発汗量が多い時は、水分補給と一緒に塩分補給を忘れないようにする

3 熱中症

熱中症は、高温・多湿な環境下において、徐々に体内の水分や塩分のバランスが崩れ、体温調節機能がうまく働かなくなり、体内に熱がこもった状態です。高齢者では、屋内外を問わず、日常生活のなかでも起こり得ますので注意が必要です。

■熱中症の原因・おもな症状・予後・留意点

原因	●発汗に伴う脱水、末梢血管の拡張による全身臓器への循環不全、塩分不足による低ナトリウム血症 ●風邪薬に含まれる抗ヒスタミン薬や抗コリン薬（発汗抑制）が、熱中症の要因となることがある
おもな症状	めまい、失神、筋肉痛や筋肉の硬直、頭痛、気分不快、嘔気、倦怠感、高体温、重篤になると意識障害、中枢神経障害、最悪の場合は死に至る
対応・予後・生活上の留意点	●治療は早急に行う。意識がなければ救急車を呼ぶ ●首、腋窩、大腿などの太い血管を氷のうで集中的に冷やす ●一般に熱中症では発汗が多いため腋窩温よりも直腸温のほうが正確 ●予防には、水分、塩分、糖分の十分な摂取 ●高齢者は体温の調節機能が低下していて暑さを自覚しにくい。環境調整が大切

□皮膚・目の疾患

■皮膚疾患のおもな症状・対応など

疥癬	●ヒゼンダニの寄生による感染症。腋窩、外陰部、手に発疹が生じ、かゆみを伴う ●ふつうの疥癬と、ダニの数が非常に多いノルウェー疥癬に分けられる ●ノルウェー疥癬は感染力が非常に強く、高齢者施設などでは、隔離が必要
帯状疱疹	●水痘・帯状疱疹ウイルスの活性化による皮膚疾患 ●右半身あるいは左半身に、線状に水疱ができて、かなりの痛みを伴う ●軽症の場合は自然治癒するが、高齢者の場合、重症化して神経痛や潰瘍などを残すことがあるため、早期治療が肝心

■目の疾患のおもな症状・対応など

白内障	●眼球の水晶体が混濁し、視力が低下する ●多くは加齢によるもので、70歳代以上では90％が罹患しているといわれる ●紫外線、喫煙、ステロイドの内服などは発症の危険因子となる ●点眼で進行を予防し、日常生活に不便であれば手術治療が検討される
緑内障	●眼圧が正常でも発症する正常眼圧緑内障もあり、日本人に多い ●症状は、視野狭窄（視野が狭くなる）、暗点（見えない場所）の出現、視野欠損など、自覚のないまま進行することが多い ●治療は眼圧降下薬の点眼、効果がみられない場合はレーザー治療
加齢黄斑変性症	●網膜の中心にある黄斑が萎縮・変性して、視力障害を起こす、高齢者の失明を引き起こす難治性の疾患 ●症状は、視野の中心部のゆがみ（変視症）、中心暗点（中心部が黒くなる）、視力低下

分野別 頻出テーマ対策ミニ講義

□呼吸器の疾患

1 慢性閉塞性肺疾患（COPD）

慢性閉塞性肺疾患は、気道がせまくなることにより、肺の換気機能が低下して発症する、肺気腫と慢性気管支炎の総称です。有害物質を長期に吸入することで発症し、最大の原因は喫煙です。

■慢性閉塞性肺疾患の症状・治療・留意点

症状	●喘鳴、大量の痰、呼吸困難（特に運動時） ●進行性。全身の炎症、骨格筋の機能障害、栄養障害にかかりやすい
治療	禁煙指導、栄養指導、呼吸リハビリテーション
留意点	●気道感染、肺炎、右心不全などを契機に急激に呼吸不全を起こすことがある 　→感染予防（肺炎球菌ワクチン、インフルエンザワクチンの接種、口腔ケアなど） ●食欲不振、意識障害、ショック、脱水などの呼吸器症状以外の症状が初発症状として現れることがある

2 肺炎

肺炎は、細菌やウイルスの感染によって生じる肺の炎症です。高齢者では、口腔や咽頭の分泌物を繰り返し誤嚥することによって引き起こされる誤嚥性肺炎が増加します。

■肺炎の特徴・治療・予防

高齢者の特徴	●典型的な肺炎の症状（高熱など）が出ない ●食欲不振、倦怠感など非特異的な初発症状 ●せん妄など精神・神経症状が目立つ
治療・予防	●おもに抗菌薬。脱水に注意が必要 ●予防として、インフルエンザワクチン、肺炎球菌ワクチンの接種が推奨

バイタルサインと検査

□バイタルサイン

■バイタルサインと疑われる疾患など

体温	発熱	感染症、悪性腫瘍、脱水、膠原病、甲状腺機能亢進症
	低体温	低栄養、甲状腺機能低下症、薬剤の影響
血圧	高齢者の傾向	●収縮期血圧が高く、拡張期血圧が低い ●起立性低血圧に注意が必要
	測定	大動脈疾患や進行した動脈硬化では、左右の上肢で血圧に差がみられるため、左右での血圧測定も必要

(69)

脈拍	頻脈	感染症、脱水、うっ血性心不全、甲状腺機能亢進症など
	徐脈	脳出血による頭蓋内圧亢進に伴う迷走神経刺激、ジギタリス製剤などの薬剤の副作用、甲状腺機能低下症、洞不全症候群など。重度では意識障害や失神を伴うことがある
	不整脈	健康な人でもみられるが、心臓拍動の異常を疑う
呼吸	起座呼吸	●呼吸困難が臥位で増強し、起座位または半座位で軽減する状態 ●左心不全の主要徴候だが、気管支喘息、肺炎、気管支炎でもみられる
	下顎呼吸	●呼吸のたびに顎であえぐような呼吸。臨死期にみられる ●下顎呼吸が始まると1〜2時間で亡くなることが多い
	チェーンストークス呼吸	●頻呼吸、徐呼吸、無呼吸のサイクルが周期的に現れる呼吸 ●脳血管障害、心不全などの重症疾患時、臨死期にみられる
	クスマウル呼吸	●異常に深い規則正しい呼吸 ●糖尿病性ケトアシドーシスや尿毒症でみられる
	ビオー呼吸	●不規則な周期で、無呼吸の状態から急に4、5回の呼吸をしたあと、再び無呼吸となる ●髄膜炎や脳腫瘍などでみられる

□検査値

■検査値の異常値と考えられる状態

検査		増減	考えられる状態
体重		低値	（急激な減少は）低栄養
血清アルブミン		低値	低栄養
肝機能	AST	高値	肝・胆道疾患、心臓疾患、筋肉の疾患、溶血性疾患
	ALT	高値	肝・胆道疾患
	γ－GTP	高値	脂肪肝、アルコール性肝炎
クレアチニン		高値	腎機能障害
血中尿素窒素（BUN）		高値	腎機能が悪化、脱水、高たんぱく食、消化管出血、悪性腫瘍
白血球数		高値	細菌感染、炎症、喫煙、副腎皮質ホルモン、ストレス、悪性腫瘍、白血病
		低値	ウイルス感染、再生不良性貧血
血小板数		高値	炎症
		低値	肝硬変、血液疾患
CRP（C反応性たんぱく質）		高値	感染症、悪性腫瘍、膠原病、梗塞、組織崩壊 ※発症後12時間以降に上昇

分野別 頻出テーマ対策ミニ講義

■診断の指標

糖尿病	●血糖値は、糖尿病診断の基本検査 ●ヘモグロビンA1c（HbA1c）は糖がヘモグロビンと結合している割合を示し、その値は、過去1～2か月の平均的血糖レベルを反映する
心疾患	●心電図、エックス線検査 ●24時間心電図（ホルター心電図）は日常生活での24時間の心電図を測る
尿路感染症	尿検査

介護技術

□排尿障害とその対応

排せつ障害に対しては、その種類に応じた適切な対処が必要となります。

■排せつ障害とその対応

	原因	おもな支援内容
切迫性尿失禁	膀胱内に尿がたまり、急な強い尿意と頻尿で失禁	膀胱訓練で膀胱の容量をふやす
腹圧性尿失禁	骨盤底筋や尿道括約筋の機能低下により、急な腹圧の上昇によって失禁	骨盤底筋訓練など
溢流性尿失禁	前立腺肥大などにより膀胱から尿があふれて失禁	原因疾患の治療、薬物治療
機能性尿失禁	機能的な異常はなく、ADL低下や認知症によりトイレに間に合わずに失禁	排せつに関する一連の動作の問題点を分析し、介護や排せつ環境を見直す
頻尿	1日に10回以上、特に夜間にトイレに行く回数が多い	日中に水分をとり、夜間に控えるなどの水分コントロール
神経因性膀胱	神経障害により尿が出ない	自己導尿を検討

□褥瘡の発生要因と予防

褥瘡の直接的要因は、寝たきりによる皮膚に加わる持続的な圧迫（圧力）ですが、それに間接的要因として、全身的要因、局所的要因、社会的要因があり、それらが相互に影響して褥瘡を形成します。

（71）

■褥瘡の予防

体圧の分散	エアーマットなどの体圧分散寝具の活用。2時間（体圧分散寝具を使用する場合は4時間程度）で体位変換を行う
清潔保持	尿失禁、便失禁は、仙骨部褥瘡の感染リスクを高め、治癒を妨げる
栄養管理	褥瘡ができてしまった場合は、創面から滲出液などとして栄養分が失われる
家族・介護者への支援	褥瘡ケアを行う家族や介護者に対し、介護の知識やスキルの指導
多職種連携	医療職や看護職、介護福祉職、薬剤師や栄養士等の多職種が連携

□摂食・嚥下障害

　摂食・嚥下の過程において障害がある状態を摂食・嚥下障害といいます。摂食・嚥下障害があると、誤嚥や窒息の原因となります。どの過程で障害が生じているのかを分析し、支援をしていくことが大切です。

摂食の過程	①先行（認知）期	食物を認識して、どのように食べるか判断し、唾液の分泌を促す
	②準備（咀嚼）期	食物をかみ砕き（咀嚼）、飲み込みやすい形（食塊）にする
嚥下の過程	③口腔期	形成された食塊を舌で咽頭へ送り込む
	④咽頭期	咽頭を通過させ、食道へ送り込む
	⑤食道期	食塊を食道から胃に送り込む。食塊が送り込まれると、食道が閉鎖され咽頭への食塊の逆流を防ぐ

誤嚥した食物から細菌が繁殖すると、誤嚥性肺炎の原因になります。寝ている間に誤嚥していることもありますので、就寝前の口腔ケアは大切！

認知症

◻認知症の中核症状（認知症状）とBPSD

認知症の症状は、必ず生じる中核症状と、BPSD（認知症の行動・心理症状）に大きく分けられます。中核症状は脳の障害に直接起因する症状ですが、BPSDは、生い立ちなどの個人因子、住環境やケアの状況などの環境因子が背景となって現れる症状です。

■BPSDの発症誘引

中核症状
記憶障害、見当識障害、計算力・理解力・判断力の低下、言語障害、遂行機能障害、社会的認知の障害

個人因子
生い立ち、職歴、疾患、視力・聴力の低下など

環境因子
役割の喪失、独居、住環境、ケアの状況など

BPSD（認知症の行動・心理症状）
行動症状…暴言、暴力、叫び声、徘徊、異食、不潔行為など
心理症状…不安、抑うつ、幻覚、妄想など

> BPSDは、発症誘引を取り除き、適切な環境調整やケアを行うことで、予防や改善が可能です。

◻代表的な認知症

認知症の状態を引き起こす代表的なものに、脳の変性疾患（アルツハイマー型認知症、レビー小体型認知症、前頭側頭型認知症）と、脳血管疾患が原因となる血管性認知症があります。

■代表的な認知症の原因・症状の特徴

疾患	原因	症状の特徴
アルツハイマー型認知症	アミロイドβとタウたんぱく質が脳に蓄積し、脳が萎縮	●おもな症状はエピソード記憶の障害を中心とした記憶障害 ●初期から近時記憶（最近の記憶）の障害が著しい
レビー小体型認知症	レビー小体が大脳、脳幹、末梢自立神経系に異常に蓄積	●具体的で詳細な内容の幻視 ●全般的な認知機能の低下、パーキンソン症状やうつ、嗅覚低下、レム睡眠行動障害 ●起立性低血圧、失神、便秘などの自律神経症状は高い確率でみられ、いきなり転倒することもある

(73)

前頭側頭型認知症	大脳の前頭葉と側頭葉の萎縮	●病識がなく、すぐに怒り、反社会的な衝動的行動、同じ行動を繰り返す（常同行動） ●物の名前が出てこないなどの意味記憶障害、相貌失認
血管性認知症	脳血管疾患	●記憶障害が高度なわりに判断力や理解力が保たれ、知能の侵され方にむらがある（まだら認知症） ●近年では大脳白質の病変により起こるビンスワンガー型が多く、認知反応が遅くなり、アパシー（意欲や自発性低下）やうつ状態が引き起こされる

□治療可能な認知症

認知機能低下などを生じる疾患のなかには、治療で改善できるものもあります。

■治療可能なおもな認知症

疾患	原因・症状	治療
正常圧水頭症	●脳脊髄液が脳の周囲や脳室内に溜まって発症 ●認知機能障害、すり足で小股に歩く歩行障害、尿失禁が三大症状	髄液を消化管のほうに流すシャント術という手術により、治癒が見込まれる
慢性硬膜下血腫	●頭部打撲などにより、硬膜とくも膜との間にできた小さな出血が1～3か月かけて徐々に大きな血腫となり、脳を圧迫 ●意識障害、認知機能低下、歩行障害など	手術で血腫を除去すれば、数か月以内にもとの認知機能レベルに戻る

□認知症基本法

2023（令和5）年6月16日に、「共生社会の実現を推進するための認知症基本法」（認知症基本法）が制定され、2024（令和6）年1月1日に施行されました。認知症の人を含めた国民一人ひとりがその個性と能力を十分に発揮し、相互に人格と個性を尊重しつつ支え合いながら、共生する活力ある社会の実現を推進することができるよう、基本理念を定め、国・地公共団体等の責務を明らかにして、認知症施策を総合的かつ計画的に推進します。

■基本理念（要旨）

●認知症の人の基本的人権を享有する個人としての意思尊重
●国民への認知症に関する正しい知識および理解の促進
●認知症の人の意見を表明する機会、社会のあらゆる分野の活動に参画する機会の確保を通じた、認知症に人の個性と能力の十分な発揮
●切れ目のない保健医療サービス・福祉サービスの提供
●予防・診断・治療・リハビリテーション・介護方法の整備など
●教育・地域づくり・雇用・保健・医療・福祉その他関連分野における総合的な取り組み

■認知症の人を支える地域のサポート体制

認知症ケアパス	状態に応じた適切な医療・介護サービスの提供の流れを示すもので、地域資源マップとあわせての活用が勧められる
認知症初期集中支援チーム	原則として、40歳以上で、在宅で生活しており、かつ認知症が疑われる人または認知症の人を対象とし、複数の専門職が訪問してアセスメント、家族支援などの初期の支援を包括的、集中的に行う。地域包括支援センターや認知症疾患医療センターなどに配置される
認知症疾患医療センター	認知症疾患に関する鑑別診断と初期対応、急性期医療に関する対応、専門医療相談などの実施、地域保健医療・介護関係者への研修などを行う。都道府県・政令指定都市に設置
認知症カフェ（オレンジカフェ）	認知症の人と家族、地域住民、専門職のだれもが参加でき集う場で、市町村が運営する
若年性認知症支援コーディネーター	若年性認知症の人の自立支援にかかわる関係者のネットワークの調整役。都道府県ごとに相談窓口に配置
認知症地域支援推進員	地域包括支援センター、市町村、認知症疾患医療センターなどに配置され、医療機関や介護サービス・地域の支援機関の間の連携を図るための支援や、認知症の人やその家族への相談支援などを行う
SOSネットワーク	認知症の人が行方不明になったときに、警察だけではなく地域の生活関連団体などが捜索に協力してすみやかに行方不明者を見つけるしくみ
認知症サポーター	認知症サポーター養成講座を受講し、認知症を正しく理解して、認知症の人やその家族を見守り支援する民間のサポーター
チームオレンジ	ステップアップ講座を受講した認知症サポーターが中心となる支援チーム。認知症の人やその家族に対し、支援ニーズに応じた外出支援、見守り、声かけ、話し相手などの具体的な支援をつなげる
若年性認知症支援コーディネーター	都道府県ごとに設置される若年性認知症の相談窓口に配置。①本人や家族、企業などからの相談支援、②市町村や関係機関とのネットワークの構築、③若年性認知症の理解の普及・啓発を行う

精神障害

　高齢期の精神疾患は、❶症状が非定型的で、訴えが多彩であいまい、❷身体の予備力の低下により、ささいな不調が精神症状に影響、❸適応力の衰えにより、わずかな環境変化が混乱をもたらし、精神症状が生じる、といった特徴があります。

■うつ病の発症要因と高齢期の特徴

原因	脳の神経伝達物質の異常や血流障害、身体疾患、社会的役割の喪失などの喪失体験、孤独、薬剤の影響など
一般的な症状	憂鬱感、悲哀感が高まり、全身倦怠感、違和感を伴い、自発性を失う疾患である。全身倦怠感、思考と行動の抑制、不眠などが現れる

(75)

高齢期の特徴	●集中力や判断力の低下だけがめだつことがあり、認知症と判断され、診断や治療が遅れることがある ●気分の落ち込みよりも、不安、緊張感、焦燥感が目立つ ●症状が悪化すると、罪業妄想、貧困妄想、心気妄想を抱く ●希死念慮が高まり、自死を図ることがあるので自殺予防が重要
治療	薬物療法を中心に、支持的な精神療法と家族関係の調整を行う

在宅医療管理

□在宅医療管理

　在宅で医療器具を使用して生活する人を支援するために、介護支援専門員として知っておくべき在宅医療管理の内容や実施上の留意点を押さえておきましょう。

■在宅自己注射

実施	在宅で多く行われているのは、糖尿病治療のためのインスリン自己注射
方法	利用者または介護者が注射
留意点	●食欲不振などで食事摂取量が少ないときや体調不良時（シックデイ）の対処法 ●製剤の種類、1日の回数、1回の量など、医師の指示を確認

■悪性腫瘍疼痛管理

実施	がんの痛みへの対応
方法	医療用の麻薬がよく使用される。経口薬、貼り薬、座薬、舌下錠、バッカル錠、注射薬のほか、自動注入ポンプを用いて、注射薬を持続的に投与していく方法
留意点	●麻薬の副作用には吐き気、嘔吐、便秘、口渇、眠気、まれにせん妄があり、注意が必要 ●薬の内服を確実にできるようにし、副作用が出ても早期対応できる体制をつくる ●自動注入ポンプを用いる際は、トラブル発生時の対応方法（連絡先）を明確にし、利用者、介護者、支援するスタッフで共有しておく

■血液透析と腹膜透析

	血液透析	腹膜透析
方法	●透析施設に週2〜3回通院して、透析器により4〜5時間かけて血液を浄化する方法 ●血液の通過口であるシャントを手首に作る	●在宅で、利用者・家族が腹膜を通して老廃物や水分を除去する方法。1回あたり30分程度で毎日4〜5回、または就寝中に機械が自動的に行う。通院は月1〜2回程度

| 留意点 | ●シャント側への圧迫を避ける
●食事内容の制限が腹膜透析よりも多い（水分、塩分、カリウム、リンを制限） | ●心臓への負担が少なく、食事や水分制限は血液透析に比べてゆるい
●食事内容の制限が血液透析よりゆるい
●長期間行うことは難しい
●細菌への感染で合併症を起こす可能性に留意し、感染予防対策（清潔操作） |

■在宅中心静脈栄養法・経管栄養法

	在宅中心静脈栄養法	経管栄養法
方法	血管（心臓に近い太い静脈）にカテーテルを入れ、点滴栄養剤を注入する方法	胃や腸などの消化管に栄養を注入する方法。経鼻胃管、食道ろう、胃ろう、腸ろう
留意点	●入浴は可能だが、特別な配慮が必要 ●感染対策、点滴の接続・交換などの処置や管理	●入浴は可能だが、特別な配慮が必要 ●注入時は上半身を30度以上起こし、適切な速度で注入する

■在宅酸素療法・人工呼吸療法

	在宅酸素療法	人工呼吸療法
方法	低酸素血症をきたしている患者に、在宅で酸素投与を行う	人工呼吸器を使って呼吸を補助。マスクなどを使用する方法と、気管カニューレを挿入する方法がある
留意点	●酸素の吸入量や時間は、医師の指示に基づいて行う ●火気厳禁。使用中は機器の周囲2m以内に火気を置かず、禁煙を必ず守る	●停電や災害時に備えた連絡体制 ●必要な場合、喀痰吸引の手技を習得 ●感染対策

■喀痰吸引

実施	自力で痰を吐き出すことができない場合、気管切開をしている場合
方法	口腔や鼻腔、気管カニューレなどからチューブを入れ、吸引器で痰等を除去する 口腔内吸引、鼻腔内吸引、気管吸引がある
留意点	●介護職が行える医療的ケアの範囲に含まれる ●感染防止 ●吸引器は介護保険の給付対象にならないが、難病等の場合は補助が受けられることがある

■バルーンカテーテル法と在宅自己導尿

	バルーンカテーテル法（膀胱留置カテーテル法）	在宅自己導尿
方法	尿道口からカテーテルを膀胱内に挿入・留置し、持続的に尿を排出させる。尿は蓄尿バッグを装着してためる	利用者自ら膀胱内にカテーテルを挿入し、尿を排せつする。蓄尿バッグは不要

(77)

留意点	●蓄尿バッグは膀胱より低い位置を保つ（逆流を防ぐため） ●尿路感染のリスクが高いため、清潔操作 ●入浴は可能	●本人が手技に慣れる必要がある ●外出時に導尿が行える場所の確認 ●バルーンカテーテル法よりも感染のリスクは低いが、導尿時には感染予防に留意

薬の知識

□薬剤の作用・副作用

高齢者では、薬の代謝が低下し、**薬の効果や副作用が強く出る**場合があるため、注意が必要です。

■高齢者の問題点

●**栄養状態**が悪化するとたんぱく質と結合できない薬が増え、薬の血中濃度が上昇
●**肝機能**の低下→薬物代謝が遅くなり、薬の血中濃度が上昇
●**腎機能**の低下→薬の排出が遅くなり、薬の血中濃度が上昇

薬の作用増大

■おもな副作用

薬	副作用
降圧薬	起立性低血圧、めまい、ふらつき、転倒、抑うつ
血糖降下薬	低血糖
利尿薬	口渇、脱水症状
非ステロイド性消炎鎮痛薬	胃の不快感、食欲不振、上部消化管出血、腎機能障害
抗凝血薬、抗血小板薬	出血傾向　※ワルファリンはビタミンKを含む食品（納豆、緑色野菜、クロレラなど）の飲食で効果が弱まる
抗不安薬、抗うつ薬、抗パーキンソン病薬	眠気、ふらつき、口渇、便秘、頻脈、排尿障害

■食品との相互作用

食品	注意する薬	相互作用
納豆、緑色野菜	抗凝固薬（ワーファリン）	ビタミンKが、抗凝固薬の血液を固まりにくくする作用を妨げる
グレープフルーツジュース	降圧薬（カルシウム拮抗薬）、免疫抑制薬、抗真菌薬、抗がん薬（ゲフィチニブ）	グレープフルーツジュースが薬の代謝を妨げるため、薬の作用が増強
牛乳	角化症治療薬	牛乳により、薬の体内の吸収量が増加し、薬の作用が増強

分野別 頻出テーマ対策ミニ講義

■服薬時の留意点

留意点	対応
服用時の飲み込み	●上半身を起こした状態で多めの水かぬるま湯で服用する ●薬の錠剤やカプセル剤の剤形変更は自己判断でしない。必ず専門家に相談する
飲み忘れ・誤薬の防止	薬の一包化、服薬カレンダーの活用

栄養・食生活からの支援と介護

　食べることは毎日の楽しみであり、利用者のQOL向上、自己実現につながる行為です。高齢者自らが他者との食事の場、買い物や食事作りに参画することを通じて、食事にかかわる生活機能の回復や高齢者の社会参加への意欲が向上するように支援します。

　特に後期高齢者では、健康寿命延伸のためフレイル予防が重要です。

■栄養アセスメントで確認するデータ

●身体計測（体重、身長、BMI）　●上腕周囲長（骨格、内臓、筋肉の総和を反映）
●下腿周囲長（体重を反映、浮腫の有無の判断目安となる）　●体重減少　●食事摂取量
●水分摂取量　●栄養補給法　●褥瘡の有無　●服薬状況　など

■状態別課題と支援

状態	課題	対応
低栄養	さまざまな背景で食事摂取量が低下	食欲がないときには間食、補食も検討
糖尿病など生活習慣病	過栄養、低栄養	医師の指示に基づく食事療法、栄養療法、多職種でのサービス担当者会議の開催により課題把握と情報共有
認知症高齢者	BPSDなどで適切な食行動ができない	食事摂取の促しと安全面への配慮
口腔の問題がある	誤嚥と窒息の危険回避	安全確保のうえで自力による食事摂取の促し、食事姿勢の調整（頭部を前屈させ下顎を引く）、食器や食具の変更、食形態の変更（とろみをつける）など
独居	心身の不活発、閉じこもり、食事の質低下	地域資源の紹介（共食の確保）、配食の活用など

(79)

感染予防

◻感染予防対策

1 標準予防策

標準予防策(スタンダード・プリコーション)は、利用者が感染症にかかっているかどうかにかかわらず、「あらゆる人の血液、すべての体液、分泌物(汗を除く)、排泄物、創傷のある皮膚、粘膜には感染性があるとして取り扱う」ことを基本として、すべての人に実施する感染予防策です。

■標準予防策の基本

手指衛生	流水とせっけんによる手洗い、手指消毒
うがい	病原菌を洗い流す
個人防護具	使い捨ての手袋、マスク、ゴーグル
咳エチケット	感染症と診断されていなくても咳やくしゃみなどの症状のある人はマスク着用

2 感染経路別予防策

感染症に罹患している利用者には、合わせて感染経路別予防策を実施します。

感染経路	おもな感染症	感染予防策
接触感染	ノロウイルス感染症、腸管出血性大腸菌感染症、疥癬、多剤耐性菌感染症	●手指衛生の励行 ●嘔吐物など処理時に個人防護具を着用
飛沫感染	インフルエンザ、流行性耳下腺炎、風疹、ノロウイルス感染症(嘔吐物などの処理時)、新型コロナウイルス感染症	使い捨てマスク着用
空気感染	結核、麻疹、水痘(帯状疱疹)	免疫をもつ人が介護・看護にあたる。それ以外の職員では、高性能マスクを着用

嘔吐物処理の際は、アルコールではあまり消毒効果はないため、次亜塩素酸ナトリウムを使います。

急変時の対応

◻高齢者に起こりやすい急変

高齢者は、病態や症状が急変することがあります。高齢者の身体の特徴や事故への対応を押さえておきましょう。

分野別
頻出テーマ対策ミニ講義

■高齢者の特徴

●慢性疾患・複数疾患がある
●症状が非定型的
●自覚症状が少ない
●疾患が重症化しやすい
●薬の副作用が出現しやすい

■急変時の対応

事故	転倒	出血	●傷口を清潔なガーゼやタオルで圧迫して止血 ●激しい出血などでは、出血部位よりも心臓に近い側を圧迫し、出血部位を心臓の位置より高くする
		頭部打撲	●記憶障害や頭痛、嘔吐などがみられる場合は、頭蓋内の出血が疑われる
		骨折	●骨折が疑われたら、動かさないように固定
	誤嚥		●側臥位にさせ、口の中の異物をかきだす。取り出せない場合は、背部叩打法、腹部突き上げ法（ハイムリック法）を行うことがある
	誤薬		●意識があるときは胃の内容物を吐かせる ●認知症の人などで洗剤や漂白剤を飲みこんでしまった場合は、水を飲ませたり吐かせたりすると窒息や誤嚥性肺炎を起こす可能性があるため無理に吐かせない
	熱傷（やけど）		●衣服の下をやけどしている場合は、脱がせずに衣服の上から流水をあてて冷やす
	溺水		●血圧変動が大きくなる入浴中に、浴槽内で発生することが多い。ただちに浴槽から出し、心肺蘇生を行う
身体変化	意識レベルの低下、心停止		●呼吸が停止している場合は、119番通報とAEDの手配をし、胸骨圧迫を開始、1分間に100〜120回繰り返す。AEDが到着したら電源を入れ、音声ガイドのとおりに行う
	腹痛・嘔吐		●のどが詰まらないよう、側臥位にする ●意識や呼吸状態が悪い、血が混じっている場合には緊急受診が必要
	吐血・下血		●鮮紅色の下血は、肛門側に近い下部消化管からの出血 ●タール便（黒っぽいドロドロした便）がある場合は、胃がん、胃潰瘍、十二指腸潰瘍など上部消化管からの出血
	胸痛		●高齢者では、特徴的な胸痛の症状がない場合もある ●冷や汗や吐き気、呼吸困難が主症状のこともある
	呼吸不全		●喘息や心不全による呼吸困難では、あお向けよりも姿勢を座位にすると症状が楽になる

ターミナルケア

　臨死期の兆候や対応について押さえておきましょう。
　また、終末期において利用者がどのような形で最期を迎えたいか、事前に意思確認をしておくことが求められます。近年では、アドバンス・ケア・プランニング（ACP）が推奨されていますので、よく理解しておきましょう。

●アドバンス・ケア・プランニング
　アドバンス・ケア・プランニングは、自らが望む人生の最終段階における医療・ケアについて、本人が家族などや医療・介護従事者からなるケアチームと繰り返し話し合い、これからの医療・ケアの目標や考え方を明確にし、共有するプロセスをいいます。2018（平成30）年に作成された厚生労働省の「人生の最終段階における医療・ケアの決定プロセスに関するガイドライン」も、ACPの取り組みを踏まえて作成されています。

■ガイドラインのポイント
- 医療・ケアチームの対象に、介護従事者が定められた
- 関係者での話し合いは繰り返し行い、そのつど文書化して共有することが重要である
- 本人が意思を伝えられない状態になる前に、本人の意思を推定できる者として、家族など（親しい友人等を含む）の信頼できる者を定めておくことが重要である

厚生労働省では、ACPに「人生会議」という愛称を定めて、その普及に努めています。

　なお、利用者が自宅で亡くなったときには、救急車を呼ぶのではなく医師に連絡し、死亡診断書を交付してもらう必要があります。

■臨死期の対応

利用者の状態	支援・対応
食事量減少 意識がもうろうとしてくる	●反応がなくなり、意思の疎通が難しくなっても、普段通りの対応を心がける ●聴覚は最期まで保たれるといわれるため、いつも通りの声かけをするようにする
息苦しさ	●楽になる姿勢をくふうし、部屋の温度や湿度を調整 ●場合によっては医師の指示のもと酸素の使用を検討
下顎呼吸	臨終が近い状態。家族にはそばで見守ってもらう

分野別
頻出テーマ対策ミニ講義

保健医療サービス

□訪問看護

（１）医療保険の訪問看護が優先する場合

　訪問看護は、訪問看護ステーションや病院・診療所の看護師等が、要介護者の居宅を訪問して、療養上の世話や必要な診療の補助を行うサービスです。医療保険と介護保険の両方の給付がありますが、要介護者については、原則として介護保険の訪問看護が優先します。ただし、次の場合は、例外的に医療保険の訪問看護から行われます。

■医療保険の訪問看護が行われる場合

- ●末期の悪性腫瘍、神経難病など厚生労働大臣の定める疾病等の患者への訪問看護
- ●急性増悪時に、主治医が特別訪問看護指示書の交付を行った場合の訪問看護（原則として月１回14日間を上限）
- ●精神科訪問看護（認知症を除く）

（２）事業の基準・介護報酬

■従業者・管理者

従業者	看護職員、理学療法士・作業療法士・言語聴覚士
管理者	原則として保健師か看護師

■運営基準のポイント（固有の事項）

- ●訪問看護の開始時には、主治医による訪問看護指示書（有効期間は１〜６か月）が必要
- ●看護師等が訪問看護計画書、サービスの実施後に訪問看護報告書を作成
- ●事業者は、看護師等の同居家族である利用者へのサービス提供をさせてはならない
- ●看護師等は、利用者に病状の急変等が生じた場合には、必要に応じて臨時応急の手当てを行い、すみやかに主治医に連絡して指示を求める

■介護報酬のポイント

緊急時訪問看護加算	24時間の訪問看護の対応をしている事業所が緊急時訪問を必要に応じて行った場合
ターミナルケア加算	死亡日および死亡日前14日以内に２日以上ターミナルケアを行った場合
退院時共同指導加算	医療提供施設からの退院・退所にあたり、医師等と連携して指導を行い、初回の訪問看護を行った場合（初回加算を算定している場合は算定しない）
初回加算	新規の利用者に対し、初回の訪問看護を行った場合
特別管理加算	在宅酸素療法など特別な医療管理を必要とする利用者に計画的な管理を行った場合

(83)

□介護老人保健施設・介護医療院

1 介護老人保健施設

次のような小規模な形態も認められています。

■小規模介護老人保健施設の類型

サテライト型 小規模介護老人保健施設	**本体施設**（介護老人保健施設、介護医療院、病院など）との密接な連携を保ちつつ別の場所で運営される、定員29人以下の小規模介護老人保健施設
医療機関併設型 小規模介護老人保健施設	**介護医療院、病院・診療所**に併設される定員29人以下の小規模介護老人保健施設
分館型介護老人保健施設	大都市や過疎地域などに限り設置が認められる。基本型介護老人保健施設の分館として運営される
介護療養型老人保健施設	療養病床などのある病院・診療所から転換した介護老人保健施設
ユニット型	入所者を原則として10人以下とし、15人を超えないもののユニットに分け、少人数の家庭的な雰囲気を生かしたケアを行う

2 介護老人保健施設のおもな運営基準

- 診療の方針→**検査、投薬、注射、処置**などは、入所者の病状に照らして妥当適切に行う
- 必要な医療の提供が困難な場合等の措置等→施設の医師は、**協力医療機関**その他適当な病院・診療所への**入院**のための措置を講じたり、ほかの医師の**対診**を求めたりするなど診療について適切な措置を講じなければならない
- 入所者に対して、入所者の負担により、**施設の従業者以外の者**による看護および介護を受けさせてはならない
- 適宜入所者のためのレクリエーションを行うよう努める
- 常に、入所者の家族との連携を図るとともに、入所者とその家族との交流などの機会を確保するよう努める

3 介護医療院の特徴

介護医療院は、2017（平成29）年の介護保険法改正により、2018（平成30）年4月に新設されました。介護老人保健施設と同様に、地方公共団体、医療法人、社会福祉法人などの非営利法人等が、介護保険法上の都道府県知事の許可を得て開設することができます。また、医療法上は医療提供施設に位置づけられます。

分野別
頻出テーマ対策ミニ講義

■ 介護医療院の特徴

	I型療養床	II型療養床
特徴	慢性期の医療と介護ニーズへの対応のため、医療機能に加え、生活施設としての機能を備える	
設置根拠	介護保険法　※医療を提供するため、医療法上は医療提供施設	
開設主体	地方公共団体、医療法人、社会福祉法人など	
利用者	主として長期にわたり療養が必要である者であって、重篤な身体疾患を有する者、身体合併症を有する認知症高齢者等	I型入所者と比べて、比較的容態が安定した者
人員基準	介護療養病床相当の基準で配置	介護老人保健施設相当以上の基準で配置
療養室	介護老人保健施設と同様、8㎡以上 多床室でもプライバシーに配慮し、家具やパーテンション、カーテンなどで明確に区分（カーテンのみの区分は不可）	

□ 介護保険施設に共通の運営基準

■ 運営基準のポイント（介護保険施設共通）

●計画担当介護支援専門員による施設サービス計画の作成

●提供拒否の禁止…正当な理由なく、サービス提供を拒んではならない。特に、要介護度や所得の多寡を理由にサービスの提供を拒否することが禁止されている

●身体的拘束等の禁止。緊急やむを得ず行う場合は、その態様、時間、入所者の心身の状況、緊急やむを得ない理由を記録するほか、身体的拘束等の適正化を図るために、下記を行う
　❶身体的拘束等の適正化のための対策を検討する委員会を3月に1回以上開催し、その結果について、介護職員その他従業者に周知徹底を図る
　❷身体的拘束等の適正化のための指針を整備する
　❸介護職員その他の従業者に対し、身体的拘束等の適正化のための研修を定期的に実施する

●サービスの必要性が高いと認められる入所申込者を優先する
●在宅での日常生活が可能か定期的に検討する

●感染症または食中毒の予防のため、その対策を検討する委員会をおおむね3月に1回以上開催し、その結果の周知徹底、指針の整備、研修および訓練の定期的な実施
　※訓練については、2024（令和6）年3月31日までは努力義務

●業務継続計画の策定…感染症や非常災害の発生時において、利用者にサービスを継続的に提供するためなどの業務継続計画を策定して従業者に周知し、必要な研修・訓練を定期的に実施する

●虐待の防止…虐待の発生またはその再発を防止するため、虐待の防止のための対策を検討する委員会を定期的に開催、結果を従業者へ周知徹底し、虐待の防止のための指針の整備、研修の定期的な実施などの措置を講じ、これら措置を適切に実施するための担当者を置く

●栄養管理…入所者の栄養状態の維持・改善を図り、自立した日常生活を営むことができるよう、各入所者の状態に応じた栄養管理を計画的に行う

(85)

- **口腔衛生の管理**…入所者の口腔の健康の保持を図り、自立した日常生活を営むことができるよう、口腔衛生の管理体制を整備し、各入所者の状態に応じた口腔衛生の管理を計画的に行う

- **協力医療機関**など…あらかじめ、一定の要件を満たす協力医療機関を定めておかなければならない。複数の医療機関を協力医療機関として定め、各要件を満たすこととしても差しつかえない（※2027〈令和9〉年3月31日までは努力義務）。また、協力歯科医療機関を定めるよう努める

- **非常災害対策**…非常災害に対する具体的計画の立案、非常災害時の関係機関への通報・連絡体制の整備とそれらの定期的な周知および避難などの訓練の実施。訓練の実施にあたっては地域住民の協力が得られるようにする

- **事故発生**の防止…事故発生防止のための**指針**を整備し、事故発生の報告、分析、改善策の従業者への**周知**徹底、定期的な事故発生防止のための**委員会**（事故防止検討委員会）開催と従業者への研修を実施、これらの措置を実施する安全対策の**担当者**を定める

- **定員**の遵守…**災害**、**虐待**、その他やむを得ない事情がある場合を除き、定員数以上に入所させてはならない

■介護保険施設のおもな設備基準

	介護老人福祉施設	介護老人保健施設	介護医療院
居室等	居室に原則個室	療養室は定員4人以下	
床面積	10.65㎡以上／人	床面積は8㎡以上／人	
おもな設備	静養室、医務室（医療法に規定する診療所）、食堂・機能訓練室（支障なければ同一の場所とできる）	機能訓練室、談話室、食堂、レクリエーション・ルーム	診察室、処置室、機能訓練室、談話室、食堂、レクリエーション・ルーム

分野別
頻出テーマ対策ミニ講義

□その他の保健医療サービス

■各サービス別固有の基準・特徴、おもな介護報酬 （介護予防サービスも同様）

訪問リハビリテーション	●サービス提供は病院・診療所、介護老人保健施設、介護医療院のみ、サービスは理学療法士、作業療法士、言語聴覚士が行う ●事業所に医師が常勤で必置 ●サービス提供にあたり、リハビリテーション会議を開催し、利用者の状況などに関する情報を共有するよう努める（通所リハビリテーションも同様） ●リハビリテーションマネジメント加算（通所リハビリテーションも同様）
居宅療養管理指導	●通院が困難な利用者に対して行う ●サービス担当者は医師・歯科医師、薬剤師、管理栄養士、歯科衛生士等

居宅療養管理指導	医師・歯科医師・薬剤師が行う場合	●利用者・家族にサービス利用上の留意点や介護方法、療養上必要な事項について、文書を交付して指導・助言を行う ●原則としてサービス担当者会議に参加して、居宅介護支援事業者等に必要な情報提供・助言を行う

通所リハビリテーション	●サービス提供は病院・診療所、介護老人保健施設、介護医療院のみ ●医師は常勤で1人以上 ●従業者のうち、専従の理学療法士、作業療法士、言語聴覚士は利用者が100人またはその端数を増すごとに1人以上 ●診療や検査に基づき、医師および理学療法士等が通所リハビリテーション計画を作成 ●管理者は、医師、理学療法士、作業療法士、言語聴覚士またはサービスの提供にあたる看護師のうちから選任した者に、必要な管理を代行させることができる
短期入所療養介護	●医療ニーズに対応し、疾病に対する医学的管理、医療機器の調整や交換、リハビリテーション、認知症患者への対応、緊急時の受入などを行う ●空床利用型の運用。あらかじめ、短期入所用のベッドを確保しておく必要はない ●利用期間がおおむね4日以上の利用者に短期入所療養介護計画を作成 ●診療の方針…検査・投薬・注射・処置などは、病状に照らして妥当適切に行う ●緊急短期入所受入加算（緊急利用が必要と介護支援専門員が認めた利用者に算定）
定期巡回・随時対応型訪問介護看護	●計画作成責任者が定期巡回・随時対応型訪問介護看護計画を作成。サービス提供日時については、居宅サービス計画の日時にかかわらず、計画作成責任者が決定することができる ●介護・医療連携推進会議を設置し、おおむね6か月に1回以上開催 ●合鍵はその管理を厳重に行うとともに、管理方法、紛失した場合の対処方法などを記載した文書を利用者に交付する
看護小規模多機能型居宅介護	●事業所の介護支援専門員は、居宅サービス計画の作成に加え、保健師または看護師と密接に連携して看護小規模多機能型居宅介護計画を作成する

● 福祉サービス分野（福祉サービスの知識等）
ソーシャルワーク

□ソーシャルワーク

　ソーシャルワークは、何らかの困難を抱える人に対する、専門職による社会援助活動の総称です。❶ミクロ・レベル（個人・家族）に対するソーシャルワーク（個別援助、ケースワーク）、❷メゾ・レベル（グループ、地域住民、身近な組織）に対するソーシャルワーク（集団援助、グループワーク）、❸マクロ・レベル（地域社会、制度・政策など）に対するソーシャルワーク（地域援助、コミュニティワーク）に分けられます。

■ソーシャルワークの方法と活動例

ミクロ・レベルのソーシャルワーク（個別援助）	
方法	相談ニーズを抱える人に対し、多様な社会資源の活用や調整などを通して生活課題を個別的に解決する
活動例	●地域包括支援センターの主任介護支援専門員による家族介護者への相談面接 ●福祉事務所で行われる、社会福祉主事による生活保護の相談面接 ●地域で生活に困っている外国人に対して、自治体職員が個別に訪問して行う相談面接
メゾ・レベルのソーシャルワーク（集団援助）	
方法	集団での活動などを通し、一人ひとりの成長・発達や抱えている問題の解決を目指す
活動例	●精神科クリニックで行われる、アルコール依存症の当事者による分かち合いの体験 ●地域包括支援センターに登録された虚弱高齢者向けの健康教室でのプログラム活動 ●通所介護で計画的に実施する誕生会でのゲーム等の活動
マクロ・レベルのソーシャルワーク（地域援助）	
方法	地域社会、組織、国家、制度・政策、社会規範、地球環境などへの働きかけを通して、個人や集団のニーズを充足し、課題の解決を図る
活動例	●社会福祉協議会による地域住民向けの生活支援サポーター養成講座の開催 ●精神障害者の地域移行のための病院や障害福祉サービス事業者、不動産会社等のネットワークの構築 ●社会福祉協議会による一人暮らし高齢者への声かけ活動のための住民の組織化 ●老人クラブによる子どもに対する昔遊びなどを通じた世代間交流の促進

上表にある「活動例」は、実際に試験で出題されたものです。試験では、地域援助に該当するものはどれか？　と例を出して問われます。よく理解しておきましょう。

相談・面接における理念

　相談援助者は、クライエントのアセスメントをして援助計画を作成・実施し、その実施状況の管理および評価を行います。この過程で行われるのが相談面接であり、クライエントと家族を含めた関係者との信頼関係に基づく共同作業が必要となります。

　相談面接を行うにあたり、基本的な視点や実践原則となるバイステックの7原則を理解しておく必要があります。

■バイステックの7原則を踏まえた実践原則

個別化	クライエントを個別の存在として理解し、個々のニーズに合わせて対応する
意図的な感情の表出	クライエントの感情表現の機会を意図的につくり、客観的な事実や経過だけではなく、事実に伴うクライエントの感情を理解する
統制された情緒的関与	クライエントの感情を受け止め、共感的理解を伝えながら情緒的に関与する。同時に、自分の感情をコントロールする
受容	クライエントの行動や認識、行動の結果などを、背後にある感情も含めて承認する
非審判的態度	クライエントの意見や行動を、援助者の価値観や社会通念によって、一方的に批判したり、評価したりしてはならない
自己決定	クライエントの意思を尊重し、クライエントが適切な自己決定ができるよう、環境や条件を整え、支援する
秘密保持	クライエントに関する情報は、クライエントの許可なく外部に漏らしてはならない。相談援助者には、所属機関から退職したあとでも守秘義務がある

■レヴィによる専門職の価値観

社会的価値	人権の保障、人間の尊厳、健康で安全な生活を手に入れる権利、個人のプライバシーなど
組織および機関の価値	各組織や機関の役割・機能・目的に即した適切で、時機を逃さない、偏見・差別の排除、平等・民主的
専門職としての価値	営利追求ではなく、人間的サービスが焦点、専門職としての公平性、社会的な政策にかかわるクライエントの意向の代弁
対人援助サービスの価値	バイステックの7原則と多くが共通

□相談・面接におけるコミュニケーション技術

1 言語的コミュニケーション・非言語的コミュニケーション

コミュニケーションの方法は、大きく2つに分けられます。

- **言語的**コミュニケーション → 言葉や文字を使って感情や情報を伝える
- **非言語的**コミュニケーション → 言語以外の話すときの表情やしぐさ、視線、言葉の抑揚、話す速さなどで感情や情報を伝える

2 傾聴

最も基本的なコミュニケーション技法は**傾聴**で、3つの技術から支えられます。

予備的共感	事前の情報から、クライエントの立場に立って、一定の予測をもち、クライエントへの**共感的**な姿勢を準備する
観察	面接でのクライエントや家族の反応、部屋の様子をよく**観察**する
波長合わせ	クライエントの意思や感情などの反応を**確認**しながら、自らの理解、態度、言葉づかい、質問の形式などを**修正**する

3 かかわりを示すソーラーの5つの基本動作

相手の話に、関心をもって耳を傾けていることが伝わるようにする技法として、イーガンの示すSOLER（ソーラー）という考え方があります。これは話を聞くときの姿勢を示した5つの英単語の頭文字をとったものです。

■イーガンのソーラー

S	Squarely	相手とまっすぐに向かい合う
O	Open	開放的な姿勢をとる
L	Lean	相手に向かって少しからだを傾ける
E	Eye Contact	適度に視線を合わせる
R	Relaxed	適度にリラックスした態度で話を聴く

4 焦点を定める技術

問題の焦点を絞り込んでいくための技術には、次のようなものがあります。

■焦点を定める技術

励まし	クライエントの話を肯定的にとらえ、うなずいたり、励ましたりする
明確化	クライエントの考えや感情を具体的に言葉にして明確にする
要約	話された内容の要点を整理し、端的に伝える
反映	クライエントの話の背後にある思いや感情を理解し、言葉にして返す。また、クライエントの言葉を反復する

訪問介護

☐訪問介護のサービス内容

訪問介護のサービス内容には、**身体介護**と**生活援助**があります。

身体介護	●食事、排せつ、入浴の介助 ●嚥下困難者のための流動食、糖尿病食など特段の専門的配慮をもって行う調理 ●身体の清拭・洗髪・整容　　●更衣の介助 ●移乗・移動介助　●就寝・起床介助　●体位変換 ●服薬介助 ●通院・外出の介助 ●自立生活支援・重度化防止のための見守り援助（自立支援、ADL・IADL・QOL向上の観点から、安全を確保しながら常時介助できる状態で行う見守り） ●特別な医療的ケア（喀痰吸引、経管栄養）
生活援助	●掃除、ごみ出し、片づけ　　●衣類の洗濯・補修 ●一般的な調理・配下膳　●ベッドメイク　●買い物　●薬の受け取り

☐生活援助の算定

1　利用要件

　一人暮らしか、同居家族に障害や疾病がある場合、または同様のやむを得ない事情があり、要介護者や家族が家事を行うことができない場合にのみ、算定することができます。

2　生活援助として算定できない行為

　次の行為は、生活援助として算定できません。

●直接本人の援助に該当しない行為
　→ 利用者以外の人に対する洗濯、調理、買い物、利用者が利用しない居室の掃除、来客の対応
●日常生活の援助に該当しない行為
　→ 草むしり、花木の水やり、ペットの世話、家具の移動、家具や器具の修繕、模様替え、大掃除

☐医療行為

　訪問介護では、特別な医療的ケア（喀痰吸引、経管栄養）を除いて医療行為を行うことはできませんが、次の行為は医療行為とはみなされず、身体介護として行うことが可能です。

●体温測定　●自動血圧測定器による血圧測定　●軽微な切り傷ややけどなどの処置
●新生児以外で入院治療の必要のない者に対するパルスオキシメータ装着
●湿布の貼付　●軟膏塗布（褥瘡の処置は除く）
●点眼薬の点眼　●一包化された内用薬の服用　●爪切り　●耳垢塞栓を除く耳垢除去

福祉用具

■福祉用具の給付範囲

貸与	車いすおよびその付属品 　●自走用標準型車いす　●介助用標準型車いす　●普通型電動車いす 　●パワーアシスト機能がついた介助用電動車いすも対象	
	特殊寝台および特殊寝台付属品	
	床ずれ防止用具	
	体位変換器	
	手すり　※工事を伴わないもの	
	スロープ　※工事を伴わないもの	
	歩行器 　●自動制御機能が付加された電動歩行器も対象	
	歩行補助杖　※T字杖（いわゆる一本杖）は対象外	
	認知症老人徘徊感知機器（外部との通信機能を除いた部分）	
	移動用リフト（つり具の部分を除く）	
	自動排泄処理装置（本体部分）	
購入	腰掛便座　●水洗式ポータブルトイレも対象	
	入浴補助用具	
	簡易浴槽	
	移動用リフトのつり具の部分	
	自動排泄処理装置の交換可能部品	
	排泄予測支援機器	
	スロープ	
	歩行器	
	歩行補助杖	

固定用スロープ（携帯用スロープは除く）、歩行器（歩行車は除く）、単点杖・多点杖（松葉杖は除く）については、2024（令和6）年度から貸与か購入かを選択できることになりました。

□その他の福祉サービスのポイント

■各サービス別固有の基準・特徴、おもな介護報酬 （介護予防サービスも同様）

訪問入浴介護	●医療処置をしている人、感染症にかかっている人、終末期の人も利用できる ●サービスは看護職員1人と介護職員2人（1人）で行うが、利用者の身体状況等に支障がない場合は、主治の医師の意見を確認したうえで、介護職員3人（2人）で実施することができる ※（　）内は介護予防訪問入浴介護の場合 ●利用者の身体に接触する設備、器具は、サービス提供ごとに消毒したものを使用する
通所介護	●管理者による通所介護計画の作成、利用定員の遵守、非常災害対策 ●個別機能訓練加算（専従の機能訓練指導員を配置し、利用者の居宅を訪問したうえで多職種が共同して作成した個別機能訓練計画に基づき、計画的に機能訓練を行った場合） ●送迎を行わない場合、同一建物居住者に対する場合は減算 ●サービス利用時間が9時間以上の場合は、5時間を限度として延長加算を算定
短期入所生活介護	●単独型、併設型、空床利用型がある ●管理者による短期入所生活介護計画の作成（おおむね4日以上） ●医療連携強化加算（一定の要件を満たした事業所が、喀痰吸引や人工呼吸器を使用しているなど重度の利用者にサービスを実施した場合） ●緊急対応の加算→認知症行動・心理症状緊急対応加算、緊急短期入所受入加算（同時に算定はできない） ●若年性認知症利用者受入加算（認知症行動・心理症状緊急対応加算を算定している場合は算定しない）
特定施設入居者生活介護	●サービス開始にあたっての契約書による契約の締結 ●事業所の計画作成担当者（介護支援専門員）による特定施設サービス計画の作成 ●特定施設が委託契約した外部のサービス事業者が提供する外部サービス利用型がある ●一定の手厚い人員配置による介護サービス、個別の外出介助、個別的な買い物代行、施設が定める標準的な入浴回数を超えた入浴などの支払いを受けることができる
療養通所介護	●地域密着型サービスの一類型 ●難病などを有する重度の要介護者、またはがん末期の要介護者が対象 ●利用定員は18人以下（2018年度から） ●管理者は、常勤専従の看護師でなければならない ●管理者（看護師）が療養通所介護計画を作成、居宅サービス計画の内容に沿い、訪問看護計画の内容とも整合を図る ●安全・サービス提供管理委員会をおおむね6か月に1回は開催
小規模多機能型居宅介護	●事業所の登録定員は29人以下で、1か所の事業所にかぎり利用登録可能 ●運営推進会議の設置（夜間対応型訪問介護、定期巡回・随時対応型訪問介護看護以外の地域密着型サービスに共通） ●事業所の介護支援専門員が居宅サービス計画と小規模多機能型居宅介護計画を作成（訪問看護・訪問リハビリテーション・居宅療養管理指導・福祉用具貸与は組み合わせて利用できる）

(93)

認知症対応型 共同生活介護	●事業所に設けることのできる共同生活住居は1以上3以下（サテライト事業所は1以上2以下） ●入居定員は5〜9人 ●計画作成担当者は、事業所ごとに1人以上配置。1人は介護支援専門員とする
介護老人福祉 施設	●入所者が入院し、3か月以内に退院することが明らかなときは、退院後、円滑に再入所できるようにする ●必要な行政手続きの代行など、社会生活上の便宜を提供 ※その他、介護保険施設の共通事項を参照

障害者総合支援法

1 対象者

　制度の対象となるのは、身体障害者、知的障害者、精神障害者（発達障害者を含む）、難病患者等です。

2 サービスの概要

　サービスは、大きく自立支援給付と、地域の実情に応じて柔軟に実施する地域生活支援事業から構成されます。自立支援給付は、介護給付、訓練等給付や地域相談支援給付費、計画相談支援給付費、自立支援医療費、補装具費などを給付するものです。

■介護給付と訓練等給付の対象となる障害福祉サービス

介護給付	❶居宅介護　（ホームヘルプ） ❷重度訪問介護 ❸同行援護（視覚障害で移動に困難のある人への外出支援） ❹行動援護（知的・精神障害の人の行動支援、外出支援） ❺療養介護（医療機関での機能訓練、療養上の管理、日常生活の世話） ❻生活介護（昼間の介護など、創作的活動、生産活動の機会の提供） ❼短期入所（ショートステイ） ❽重度障害者等包括支援（複数のサービスを包括的に支援） ❾施設入所支援
訓練等給付	❶自立訓練（機能訓練・生活訓練） ❷就労選択支援（就労アセスメントの手法を活用して支援） 　※2025（令和7）年10月施行 ❸就労移行支援（就労を希望する人への一定期間、必要な訓練） ❹就労継続支援（働く場の提供、訓練。A型＝雇用型、B型＝非雇用型） ❺就労定着支援（一般企業に就労した人への支援） ❻自立生活援助（一人暮らしを希望する人に、定期的な巡回訪問や随時相談） ❼共同生活援助（グループホーム）

3　利用の手続き

障害福祉サービスの利用を希望する人は、市町村の支給決定を受ける必要があります。

■支給決定プロセス

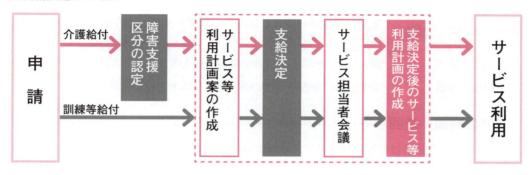

生活保護制度

□生活保護の原理・原則

生活保護制度は、日本国憲法第25条「生存権の保障」の理念に基づく制度です。その困窮の程度に応じて、生活に困窮している人に対し国が必要な保護を行い、健康で文化的な生活水準を維持するための最低限度の生活を保障するものです。

受給に際しては、本人の資産・能力の活用が前提とされるほか、親族の扶養義務や他法の扶助が優先され、それでもなお最低生活が維持できない場合にはじめて保護を受給できます。

 外国人は対象外ですが、適法に日本に在住し、生活に困窮する外国人は、生活保護の取扱いに準じて必要な保護を受けることができます。

■生活保護法の4つの原理

国家責任の原理	生活に困窮する国民の最低生活の保障を、国がその責任において行う
無差別平等の原理	生活困窮者の信条や性別、社会的身分、また生活困窮に陥った原因にかかわりなく、経済的状態にのみ着目して保護を行う
最低生活保障の原理	最低限度の生活とは、健康で文化的な生活水準を維持できるものでなければならない
補足性の原理	保護は、資産や働く能力などのすべてを活用しても、なおかつ最低限度の生活が維持できない場合に行われ、ほかの法律による扶助などが優先する（他法優先の原則）

(95)

■**生活保護法の４つの基本原則**

申請保護の原則	原則として保護の申請により保護の手続きが開始。ただし、要保護者が急迫した状況にあるときは申請がなくても必要な保護を行うことができる
基準および**程度**の原則	生活保護基準による要保護者の需要を基に、その不足分を補う程度に行う
必要即応の原則	個人または世帯の実際の必要の相違を考慮して、有効かつ適切に行う
世帯単位の原則	生活保護の要否や程度の決定は、世帯を単位で行う

□扶助の種類・範囲

医療扶助・介護扶助は原則現物給付で、それ以外は金銭給付です。

■**生活保護の８種類の扶助**

生活扶助	●食費、光熱水費などの日常生活の需要を満たすための費用 ●介護保険の被保険者では介護保険料（第１号保険料）と介護保険施設での日常生活費（介護施設入所者基本生活費）
教育扶助	義務教育に伴って必要な学用品費、給食代など
住宅扶助	家賃、地代、補修に必要な費用など
医療扶助	指定医療機関による医療サービスの給付
出産扶助	分娩介助料、分娩前後の処置量、衛生材料の費用など
生業扶助	生業にかかる資金、技能習得の費用、高校就学に必要な費用
葬祭扶助	火葬、埋葬、納骨など葬祭のために必要な費用
介護扶助	●介護サービスに関する扶助。移送（介護サービス利用時の交通費など）を除き、介護保険と同じ内容 ●介護保険の被保険者では、介護保険サービスの１割負担分、介護保険施設での食費、居住費の負担限度額までの費用

生活困窮者自立支援法

生活困窮者自立支援法は、近年の生活保護受給者の増加を踏まえ、生活困窮者に対し、生活保護に至る前の自立支援策の強化を図ることを目的としています。2015（平成27）年４月に施行されました。実施主体は、都道府県、市および福祉事務所を設置する町村です。

■「生活困窮者」の定義

この法律において「生活困窮者」とは、就労の状況、心身の状況、地域社会との関係性その他の事情により、現に経済的に困窮し、最低限度の生活を維持することができなくなるおそれのある者をいう。

**分野別
頻出テーマ対策ミニ講義**

■概要

必須事業	自立相談支援事業	生活困窮者の相談を受けて抱えている課題を評価・分析し、ニーズを把握して自立支援計画を策定し、計画に基づく支援を実施
	住居確保給付金	離職により住宅を失った、またはそのおそれが高い生活困窮者に対して、有期で家賃相当額を支給
任意事業	実施努力義務	就労準備支援事業 家計改善支援事業 居住支援事業 ｝自立相談支援事業と一体的に実施
	子どもの学習・生活支援事業	

高齢者住まい法

「高齢者の居住の安定確保に関する法律」（高齢者住まい法）に基づき、2011（平成23）年にサービス付き高齢者向け住宅が制度化されました。

■サービス付き高齢者向け住宅のおもな登録基準など

入居対象	●単身高齢者または高齢者の同居者 ●60歳以上、または要介護・要支援認定を受けている40歳以上60歳未満
設備	●各居室の床面積は原則25㎡以上、構造・設備が一定の基準を満たすこと ●バリアフリー構造であること
サービス	少なくとも状況確認（安否確認）サービス、生活相談サービスを提供 例）食事の提供、清掃・洗濯等の家事援助　など
契約内容	●書面による契約 ●権利金その他の金銭を受領しない（敷金、家賃、前払金を除く） ●前払金の保全義務　など

後期高齢者医療制度

後期高齢者医療制度は、2008（平成20）年4月から、高齢者の医療の確保に関する法律に基づき実施されている医療保険制度です。

■後期高齢者医療制度の概要

保険者（運営主体）	都道府県ごとにすべての市町村・特別区が共同で設立する後期高齢者医療広域連合 ※保険料徴収や届出などの受付窓口は市町村
被保険者	75歳以上の人（後期高齢者）または65歳以上75歳未満で一定の障害のある人 ※生活保護受給世帯の者は適用除外

(97)

給付内容	療養の給付（医療サービスの現物給付）、療養費の支給（入院時食事療養費、入院時生活療養費、保険外併用療養費、訪問看護療養費、特別療養費、高額療養費、高額介護合算療養費、移送費）、条例で定める給付
利用者の自己負担	●原則1割 ●一定以上所得者（現役並み所得者以外）は2割、現役並み所得者は3割
保険料	●各広域連合が条例で定める ●介護保険と同様に、特別徴収と普通徴収が行われる
財源 （患者自己負担分以外）	被保険者の保険料1割、後期高齢者支援金（現役世代の保険料）4割、公費5割

育児・介護休業法

「育児休業、介護休業等育児又は家族介護を行う労働者の福祉に関する法律」（育児・介護休業法）は、育児や介護を行うものが、仕事と家庭を両立できるように、1991（平成3）年に成立しました。

1　育児休業

育児休業は、基本的にすべての労働者を対象に、労働者が原則として1歳に満たない子を養育するために取得する休業で、原則として子が1歳に達する日までの期間をとることができます。父母ともに育児休業を取得する場合は、1歳2か月まで延長することができます（パパ・ママ育休プラス）。また、保育所に入所できないなど一定の要件を満たす場合は、最長2歳までの延長が可能です。

さらに、2021（令和3）年の法改正により、男性労働者が事業主に原則2週間前までに申請することで、子の出生後8週間以内に4週間まで育児休業を取得することができます（産後パパ育休）。また、育児休業は、2回までの分割取得が可能となりました（2022（令和4）年10月1日施行）。

産後パパ育休は、男性の育児休業取得を促進するため創設されました。

2　介護休業

介護休業は、基本的にすべての労働者を対象に、労働者が要介護状態にある家族を介護するために取得する休業です。

■介護休業

対象となる家族の範囲	配偶者、父母、子、配偶者の父母、祖父母、兄弟姉妹および孫
介護休業期間	対象家族1人につき通算93日まで、3回を上限として分割取得可
介護休業給付金	休業開始時の賃金の67％の水準

分野別　頻出テーマ対策ミニ講義

個人情報保護法

　「個人情報の保護に関する法律」（個人情報保護法）は、個人情報の適切な取り扱いについて、基本理念や国・地方公共団体の責務等を明らかにするとともに、個人情報を取り扱う事業者および行政機関等の遵守すべき義務などを定めています。個人情報の有用性に配慮しつつ、個人の利益を保護することが目的です。

■個人情報の定義

生存する個人に関する情報であって、氏名や生年月日等により特定の個人を識別することができるものまたは個人識別符号（❶指紋データや顔認識データのような個人の身体の特徴をコンピュータの用に供するために変換した文字、番号、記号等の符号、❷旅券番号や運転免許証番号のような個人に割り当てられた文字、番号、記号等の符号）が含まれるもの

■個人情報取扱事業者の定義

個人情報データベース等を事業の用に供している者。ただし、国の機関や地方公共団体、独立行政法人等は除外される

■個人情報取扱事業者のおもな義務

- 個人情報を取り扱うにあたり、その利用目的をできる限り特定しなければならない
- 利用目的を変更する場合には、変更前の利用目的と関連性を有すると合理的に認められる範囲を超えて行ってはならない
- 特定した利用目的の達成に必要な範囲を超えて個人情報を取り扱う場合は、本人の同意を得なければならない※
- 違法または不当な行為を助長し、または誘発するおそれがある方法により個人情報を利用してはならない
- 偽りその他不正の手段により個人情報を取得してはならない
- 個人情報を取得した場合は、あらかじめその利用目的を公表している場合を除き、すみやかに、その利用目的を本人に通知し、または公表しなければならない
- 利用目的の達成に必要な範囲において、個人データを正確かつ最新の内容に保つとともに、利用する必要がなくなったときは、すみやかにその個人データを消去するよう努める
- 個人データの漏えい、滅失などが発生して個人の権利利益を害するおそれが大きいとされる場合は、個人情報保護委員会への報告および本人への通知を行わなければならない
- あらかじめ本人の同意を得ないで、個人情報を第三者に提供してはならない※
- 本人から保有個人データの開示請求を受けたときは、原則として開示する

※法令に基づく場合、生命・身体・財産保護などに必要で、本人の同意を得ることが困難な場合、学術研究の用に供する目的の場合などは同意は不要

成年後見制度

□法定後見制度

　本人、配偶者、四親等内の親族などの申立てに基づき、家庭裁判所が成年後見人等を選任します。市町村長も、その福祉を図るために特に必要と認めるときは、後見開始等の審判の請求をすることができます。補助開始の審判の請求では、本人の同意が必要です（後見・保佐では不要）。

■後見・保佐・補助人の権限

類型	後見	保佐	補助
対象者の判断能力	欠けているのが通常の状態	著しく不十分	不十分
権限の範囲	代理権…本人の財産に関する法律行為を、包括的に実施 ※本人の居住用の不動産の処分をするときは、家庭裁判所の許可が必要 取消権…本人が自ら行った契約で本人に不利益な場合は原則取り消し可能	同意権…本人が行おうとしている一定の行為について、同意を与えることができる 取消権…本人が自ら行った契約で本人に不利益な場合は原則取り消し可能 代理権…特定の法律行為について行うことができる（本人の同意 → 申立人の請求 → 家庭裁判所の審判を経て与えられる）	同意権、取消権、代理権…（本人の同意 → 申立人の請求 → 家庭裁判所の審判を経て与えられる）

□任意後見制度

　任意後見制度は、制度を利用したい本人が、判断能力が不十分になる前に、任意後見人になってくれる人と後見事務の内容をあらかじめ公正証書による契約で定めておく制度です。

　本人の判断能力が不十分になったときに、本人等の請求により、家庭裁判所が任意後見監督人を選任することによって、任意後見が開始されます。

日常生活自立支援事業

　日常生活自立支援事業は、社会福祉法で第2種社会福祉事業として規定される福祉サービス利用援助事業です。実施主体は都道府県・指定都市社会福祉協議会で、事業の一部は市町村社会福祉協議会に委託することができます。

分野別 頻出テーマ対策ミニ講義

■日常生活自立支援事業の概要

対象者	❶認知症、知的障害、精神障害などにより、判断能力が不十分で、❷事業の利用契約を締結する能力がある、の2つの要件を満たす人	
実施体制	専門員	初期相談から支援計画の策定、利用契約の締結
	生活支援員	支援計画に基づいて具体的な支援を行う
	運営適正化委員会	実施主体に設置。利用者からの苦情に対する調査・解決や、事業全体の運営監視、助言、勧告を行う
	契約締結審査会	実施主体に設置。利用希望者に契約する能力があるかどうかの審査や契約内容の確認などを行う
支援内容	福祉サービスの利用援助	
	日常的金銭管理サービス	
	書類等の預かりサービス	
利用料	●利用料の額は実施主体が定め、利用者が負担する●生活保護受給者には、公的な補助があり利用料の負担はない	

高齢者虐待防止法

2006（平成18）年4月から「高齢者虐待の防止、高齢者の養護者に対する支援等に関する法律」（高齢者虐待防止法）が施行されました。高齢者虐待の防止とともに、養護者を支援し、その負担の軽減を図ることを目的とし、市町村が第一に責任を有する主体とされています。

■高齢者虐待防止法

定義	●高齢者とは、65歳以上の者をいう●養護者とは、高齢者を現に養護する者で、養介護施設従事者等以外の者をいう●養介護施設従事者等とは、養介護施設または養介護事業の業務に従事する者、または老人福祉法に規定する養介護事業の業務に従事する者をいう●高齢者虐待とは、養護者および養介護施設従事者等により行われる、身体的虐待、ネグレクト（介護・世話の放棄、放任）、心理的虐待、性的虐待、経済的虐待のいずれかに該当する行為をいう
市町村への通報等	●養護者により虐待を受けたと思われる高齢者を発見した者は、高齢者の生命または身体に重大な危険が生じている場合は、すみやかに、市町村に通報しなければならない●養介護施設従事者等が、その施設の業務に従事する養介護施設従事者等により虐待を受けたと思われる高齢者を発見した場合は、すみやかに市町村に通報しなければならない●上記以外の場合で、虐待を受けたと思われる高齢者を発見した者は、すみやかに、市町村に通報するよう努める（努力義務）●虐待を受けた高齢者は、自ら市町村に届け出ることができる

（101）

■虐待の例

身体的虐待	高齢者の身体に外傷が生じ、または生じるおそれのある暴行を加えること。殴る、つねる、おさえつけるなどの暴力的行為、外部との接触を意図的、継続的に遮断するなど
ネグレクト	高齢者を衰弱させるような著しい減食または長時間の放置、養護者以外の同居人による虐待の放置など養護を著しく怠ること
心理的虐待	高齢者に対する著しい暴言または著しく拒絶的な対応その他の高齢者に著しい心理的外傷を与える言動を行うこと
性的虐待	高齢者にわいせつな行為をすることまたは高齢者をしてわいせつな行為をさせること
経済的虐待	養護者または高齢者の親族が高齢者の財産を不当に処分すること、高齢者から不当に財産上の利益を得ること

2023（令和5）年度の厚生労働省の調査によると、養護者の高齢者虐待で多いのは身体的虐待（65.1％）、心理的虐待（38.3％）、介護等放棄（19.4％）、虐待者で多いのは息子（38.7％）となっています。どのような行為が虐待に該当するのか？　を把握しておきましょう。

別冊1

【問題冊子ご利用時の注意】

「問題冊子」は、この**色紙**を残したまま、ていねいに**抜き取り**、ご利用ください。

- 抜き取り時のケガには、十分お気をつけください。
- 抜き取りの際の損傷についてのお取替えはご遠慮願います。

第1回　予想問題

介護支援分野　　　　　　　　　　問題 1 ～25
保健医療サービスの知識等　　　　問題26～45
福祉サービスの知識等　　　　　　問題46～60

（注意）
1　試験問題数は、上記の60問です。
2　解答時間は、120分です。
3　出題形式は5つの選択肢から正しいものを2つまたは3つ選ぶ五肢複
　択形式となっています。各問題には1から5まで5つの答えがあります
　ので、そのうち、問題に対応した答えを解答用紙に解答してください。

介護支援分野

問題　1　重層的支援体制整備事業について正しいものはどれか。**3つ選べ。**

1　地域生活課題の解決に資する包括的な支援体制を整備することを目的とする。

2　生活保護法に規定する事業内容が含まれる。

3　経済的に困窮している人への給付金制度が含まれる。

4　参加支援事業が含まれる。

5　事業を実施する市町村に対しては、国・都道府県による重層的支援体制整備事業交付金が
　交付される。

問題　2　2022（令和4）年度の介護保険給付の状況として正しいものはどれか。**3つ選べ。**

1　利用者負担を除いた保険給付の費用総額は、2000（平成12）年度の5倍以上になっている。

2　保険給付費の内訳では、施設サービスよりも居宅サービスにかかる給付費のほうが多い。

3　1か月平均のサービス受給者数は、前年度より増加している。

4　施設介護サービス受給者数では、要介護3の受給者数が最も多い。

5　第1号被保険者の1人あたり給付費は、全国平均で30万円を超えていない。

問題　3　介護保険法第1条(目的)に規定されている文言として正しいものはどれか。**3つ選べ。**

1　国民の保健医療の向上及び福祉の増進
2　活力ある経済社会及び豊かな国民生活の実現
3　国民の共同連帯の理念
4　地域住民の心身の健康の保持及び生活の安定
5　自立した日常生活を営む

問題　4　介護保険制度における住所地特例の対象となるものとして正しいものはどれか。**3つ選べ。**

1　地域密着型介護老人福祉施設
2　認知症対応型共同生活介護
3　介護医療院
4　有料老人ホームに該当するサービス付き高齢者向け住宅
5　養護老人ホーム

問題　5　高額介護サービス費について正しいものはどれか。**3つ選べ。**

1　一定以上所得のある要介護者は、対象とならない。
2　高額介護サービス費の負担上限額は、1か月単位で定められる。
3　支給限度基準額を超えた自己負担分は、対象とならない。
4　住宅改修費の定率の利用者負担分は対象とならない。
5　社会福祉法人等による利用者負担額軽減制度が適用されている場合は、高額介護サービス費は適用されない。

問題　6　保険給付について正しいものはどれか。**3つ選べ。**

1　特定福祉用具販売は、居宅サービスのひとつである。
2　要介護認定の申請前に緊急に指定居宅サービスを受けた者に対し、市町村はいかなる場合も保険給付を行うことはできない。
3　認知症対応型共同生活介護におけるおむつ代は、保険給付の対象とならない。
4　地域密着型介護予防サービスとして、現在9つのサービスが規定されている。
5　特定入所者介護サービス費の支給要件には、対象者の預貯金額が勘案される。

問題　7　指定居宅サービス事業者の指定について正しいものはどれか。**2つ選べ。**

1　公募による指定が認められている。
2　都道府県知事は、特定施設入居者生活介護の指定をしようとするときは、関係市町村長の意見を求めなければならない。
3　指定居宅サービス事業者に対する立入検査は、市町村長が行うことはできない。
4　介護老人保健施設は、通所リハビリテーションにつき、指定居宅サービス事業者の指定があったとみなされる。
5　指定は、5年ごとに更新を受けなければ効力を失う。

問題　8　介護保険施設について正しいものはどれか。**3つ選べ。**

1　市町村は、介護老人保健施設を開設できる。
2　国は、介護老人保健施設を開設できない。
3　介護医療院は、医療法上の病院・診療所である。
4　指定介護老人福祉施設の入所定員は、30人以上でなければならない。
5　感染症および食中毒の予防およびまん延の防止のための対策を検討する委員会をおおむね3か月に1回以上開催しなければならない。

問題　9　指定居宅介護支援事業者について正しいものはどれか。**3つ選べ。**

1　事業所には、常勤の介護支援専門員を1人以上置かなければならない。
2　指定居宅介護支援の提供の開始に際し、利用者またはその家族に、利用者の入院時には担当介護支援専門員の氏名等を入院先に伝えるよう求めなければならない。
3　指定居宅介護支援の提供の開始に際し、利用者は優先的に特定の指定居宅サービス事業者等の紹介を受けることができることについて説明し、理解を得なければならない。
4　利用者が正当な理由なく指示に従わず要介護状態の程度を悪化させたと認める場合は、市町村に通知しなければならない。
5　書面で行うと規定または想定される説明や同意、交付、承諾については、電磁的方法により行うことはできない。

問題　10　要介護認定について正しいものはどれか。**2つ選べ。**
1　指定訪問介護事業者は、認定の申請を代行できる。
2　市町村は、新規の申請にかかる認定調査を介護支援専門員に委託できる。
3　市町村は、更新の申請にかかる認定調査を指定市町村事務受託法人に委託できる。
4　被保険者に主治医がいない場合は、都道府県の指定する医師の診断を受けなければならない。
5　被保険者が正当な理由なしに、認定に必要な調査に応じない場合は、市町村は、認定を取り消すことができる。

問題　11　要介護認定について正しいものはどれか。**3つ選べ。**
1　主治医意見書の項目には、認知症の行動・心理症状が含まれる。
2　主治医意見書の項目には、訪問診療の必要性の有無が含まれる。
3　主治医意見書の項目には、栄養・食生活についてが含まれる。
4　要介護認定等基準時間には、被保険者の居宅での移動時間が含まれる。
5　要介護認定等基準時間には、診療の補助は含まれない。

問題　12　要介護認定の決定について正しいものはどれか。**2つ選べ。**
1　市町村が、被保険者が要介護認定に該当しないと認めた場合、その理由を通知するが被保険者証は返還されない。
2　新規認定の効力は、市町村長が認定した日から生じる。
3　新規認定の原則の有効期間は、12か月間である。
4　市町村は職権により、被保険者の申請がなくても要介護状態等区分の変更認定ができる。
5　市町村は、介護認定審査会の意見に基づき、サービスの種類の指定をすることができる。

問題　13　地域支援事業の任意事業として正しいものはどれか。**2つ選べ。**
1　地域ケア会議推進事業
2　地域リハビリテーション活動支援事業
3　介護給付等費用適正化事業
4　介護サービス相談員派遣等事業
5　生活支援体制整備事業

－5－　　　　　　　　　　　　　　第1回

問題 14 地域包括支援センターについて正しいものはどれか。**3つ**選べ。

1 第1号介護予防支援事業を実施する。

2 地域包括支援センターの設置・運営に関しては、地域包括支援センター運営協議会の議を経なければならない。

3 市町村は、認知症総合支援事業について、地域包括支援センターの設置者以外の者に委託することができる。

4 市町村は、地域包括支援センターを直接設置することはできない。

5 地域包括支援センターは、自ら事業の質の評価を行い、事業の質の向上を図るよう努めなければならない。

問題 15 市町村介護保険事業計画について正しいものはどれか。**3つ**選べ。

1 要介護者等の人数、要介護者等のサービス利用の意向等を勘案して作成される。

2 認知症対応型共同生活介護の必要利用定員総数が必ず定められる。

3 介護医療院の必要入所定員総数が必ず定められる。

4 市町村高齢者居住安定確保計画と調和が保たれたものでなければならない。

5 医療計画と一体のものとして作成されなければならない。

問題 16 介護サービス情報の公表制度について正しいものはどれか。**2つ**選べ。

1 事業者のサービス質の平均化を図るために設けられた制度である。

2 介護サービス事業者は、介護サービス情報を都道府県知事に報告しなければならない。

3 都道府県知事は、介護サービス情報の報告内容の調査事務を市町村ごとに指定する指定調査機関に行わせることができる。

4 都道府県知事は、必要と認めた場合には、報告内容を公表することができる。

5 公表される介護サービス情報には、情報管理・個人情報保護のために講じている措置が含まれる。

問題　17　介護保険財政について正しいものはどれか。**2つ選べ。**

1　第1号被保険者と第2号被保険者の保険料負担割合は、人口比に応じて毎年見直される。

2　国の調整交付金は、すべての市町村について同率ではない。

3　医療保険者は、第2号被保険者の保険料として、各市町村に介護給付費交付金・地域支援事業支援交付金を交付する。

4　介護保険事業にかかる事務費は、市町村の特別会計で賄われる。

5　生活保護受給者の第1号保険料は、保護の実施機関が直接市町村に支払うことが認められている。

問題　18　第2号被保険者の保険料で負担されるものについて正しいものはどれか。**2つ選べ。**

1　市町村特別給付に要する費用

2　介護予防・日常生活支援総合事業に要する費用

3　介護給付費・地域支援事業支援納付金

4　財政安定化基金の財源

5　保健福祉事業の財源

問題　19　国民健康保険団体連合会が行う介護保険事業関係業務として正しいものはどれか。**3つ選べ。**

1　介護給付費等審査委員会の設置

2　指定基準違反が判明した事業所への強制権限を伴う立入検査

3　市町村からの委託による第三者行為求償事務

4　介護医療院の運営

5　財政安定化基金の設置・運営

問題 20 居宅サービス計画の作成について正しいものはどれか。**2つ選べ。**

1 利用者自身がサービスを選択することを基本に、適正にサービス内容や利用料の情報を提供する。

2 利用者が通所リハビリテーションの利用を希望している場合、介護支援専門員の判断で居宅サービス計画に位置づけることができる。

3 介護保険の給付対象外のサービスは、居宅サービス計画には含めない。

4 特定福祉用具販売を居宅サービス計画に位置づける場合は、市町村に確認を求めなければならない。

5 介護支援専門員は、居宅サービス計画に訪問介護を位置づけた場合、訪問介護事業者に訪問介護計画の提出を求めるものとする。

問題 21 居宅介護支援におけるサービス担当者会議について正しいものはどれか。**3つ選べ。**

1 居宅サービス計画作成のために、原則として利用者やその家族の参加を基本とする。

2 やむを得ない理由がある場合は、サービス担当者への照会等により意見を求めることができる。

3 サービス担当者会議は、介護支援専門員が開催する。

4 サービス担当者会議の記録は、その完結の日から5年間保存しなければならない。

5 利用者の更新認定・区分変更認定時は、開催しなくてもよい。

問題 22 指定介護予防支援事業者について、正しいものはどれか。**3つ選べ。**

1 事業所の管理者は、非常勤でもよい。

2 指定居宅介護支援事業者は、市町村長から指定介護予防支援事業者の指定を受けることができる。

3 介護予防サービス計画は、指定介護予防支援事業所の管理者が作成するものとする。

4 あらかじめ、利用者は複数の指定介護予防サービス事業者を紹介するよう求めることができることなどについて説明を行い、理解を得なければならない。

5 サービス提供困難時には、ほかの事業者を紹介するなど必要な措置を講じなければならない。

問題　23　施設介護支援について、正しいものはどれか。2つ選べ。

1　施設サービス計画にかかる業務は、施設の管理者が作成するものとする。

2　インテーク段階で利用者の情報を十分に把握していれば、施設入所後に、面接によるアセスメントを行わなくてよい。

3　施設サービス計画には、施設の介護給付等対象サービス以外のサービスも盛り込むよう努める。

4　モニタリングは、1か月に1回は、必ず行う。

5　日課計画表は、週間サービス計画表が作成されていれば、必ずしも作成しなくてもよい。

問題　24　Aさん(78歳、男性)は妻と一軒家で二人暮らしをしている。脳卒中の後遺症で片麻痺があるほか、5年前に右目を失明し、左目もぼんやり見える程度である。公的なサービスは受けておらず、妻が介助をしている。1年ほど前から、近所から「異臭がする」とたびたび苦情が出るようになった。室内に生ゴミが放置され、家の外にも大量の物が散乱している。遠方に住む長女から相談を受けた介護支援専門員の対応として、より適切なものはどれか。3つ選べ。

1　Aさんが認定を受ければ、介護保険の訪問介護で、大量の物の片付けや掃除ができることを助言する。

2　Aさんと妻の心身の状態について詳細なアセスメントを行うことにする。

3　Aさんの場合、介護保険と障害者総合支援法のサービスの併給が可能であることを伝える。

4　Aさんの長女に、週に1回は片付けにきてほしいと強く要請する。

5　地域包括支援センターに、今後の支援について相談する。

問題　25　一人暮らしのAさん(75歳、女性、要介護1)は、軽度の認知症がある。最近では、趣味の料理でも、コンロの火を消し忘れたり、手順を忘れたりすることがあり、気分がふさぎがちである。今後の支援について相談を受けた介護支援専門員の対応として、適切なものはどれか。3つ選べ。

1　危険なのでできる限り自分で料理は行わないよう助言する。

2　自動消火機能のついたコンロなど、安全に料理を行うための機器の情報を提供する。

3　訪問介護で、食事の支度を訪問介護員と一緒に行うことを提案する。

4　認知症が進行している可能性があるため、Aさんに簡易認知症スケールを行い、現状の事実確認をする。

5　Aさんは、家事のどの部分ができて、どの部分に困難を感じているかを詳細にアセスメントする。

保健医療サービスの知識等

問題　26　高齢者に多い症状として適切なものはどれか。**3つ**選べ。

1　廃用症候群は、日常生活での活動性の低下に伴って生じる身体的・精神的機能の全般的低下をいう。

2　せん妄は、特に夜間に多くみられる。

3　脱水が強くなると全身倦怠感や吐き気、食欲不振などを伴う。

4　良性発作性頭位めまい症では、多くの場合、浮動感を伴うめまいがみられる。

5　フレイルは、骨格筋量が著しく減少した状態をいう。

問題　27　バイタルサインについて適切なものはどれか。**2つ**選べ。

1　徐脈は、脳出血などによる脳圧の高まりで生じることがある。

2　心室性期外収縮は、正常な人でも現れ、すべてが治療の対象とはならない。

3　高齢者の場合、収縮期血圧が低くなり、拡張期血圧が高くなる傾向がみられる。

4　血圧には、左右差はみられないため、どちらか一方を決めて血圧測定を行う。

5　起立性低血圧がある場合は、血管拡張薬を服用すると症状が軽減する。

問題　28　検査値について適切なものはどれか。**3つ**選べ。

1　ASTは、心疾患でも上昇する。

2　腎機能が低下すると、血清クレアチニン、血中尿素窒素ともに低値になる。

3　感染症などの炎症性疾患により、CRPの数値が上昇する。

4　ヘモグロビン A_1c の値は、過去1年間の平均的な血糖レベルを反映している。

5　24時間心電図(ホルター心電図)検査は、入院して行う必要はない。

問題　29　神経難病について適切なものはどれか。**3つ**選べ。

1　筋萎縮性側索硬化症(ALS)では、知覚神経が早期から障害される。

2　脊髄小脳変性症は、上肢運動の拙劣、ろれつが回らないなどの症状がみられる。

3　パーキンソン病が進行すると、うつ状態や認知症などの精神症状や排尿障害などの自律神経症状が現れる。

4　進行性核上性麻痺は、認知機能は、比較的末期まで保たれる。

5　大脳皮質基底核変性症では、パーキンソン病に似た症状が現れる。

第1回

問題　30　次の記述について適切なものはどれか。**3つ選べ。**

1　高齢者の肺炎では、咳、痰、発熱などの症状が激しく現れやすい。

2　心不全の呼吸困難時には、起座呼吸で症状が楽になることが多い。

3　高血圧症を放置すると、腎硬化症などの続発症を引き起こすことがある。

4　慢性閉塞性肺疾患(COPD)では、栄養障害などの全身症状を伴う。

5　慢性閉塞性肺疾患(COPD)の治療では、禁酒が基本である。

問題　31　高齢者の栄養について適切なものはどれか。**3つ選べ。**

1　高齢者では、代謝能力が低下するため、一般成人よりもたんぱく質の量は控えるようにする。

2　血清アルブミンは、高齢者の長期にわたる栄養状態をみるための指標として最も有用である。

3　寝たきりで体重測定が難しい場合などでは、上腕周囲長、下腿周囲長が低栄養の判定に用いられる。

4　低栄養では、頻脈となりやすい。

5　亜鉛の欠乏が、食欲低下の原因となることがある。

問題　32　高齢者の急変について適切なものはどれか。**2つ選べ。**

1　激しく出血している場合は、出血部位を心臓より低くすると、出血量を減らすことができる場合がある。

2　固形物がのどに詰まった場合には、仰向きにして口を大きく開けて異物を取り除く。

3　洗剤や漂白剤を飲み込んでしまった場合は、ただちに水を飲ませたり吐かせたりする。

4　寝たきりの状態が続くと、肺血栓塞栓症を発症することがある。

5　脱水の特徴的な所見のひとつに、手の甲の皮膚をつまみ上げると、すぐには元に戻らないという皮膚の緊張の低下がある。

問題　33　在宅医療管理について適切なものはどれか。**3つ選べ**。

1　在宅悪性腫瘍の疼痛管理では、医療用麻薬は使用できない。

2　介護職員等が行う喀痰吸引では、気管カニューレの内部吸引は行うことができない。

3　在宅酸素療法では、酸素濃縮器や酸素ボンベから2m以内に火気を置かないようにする。

4　膀胱留置カテーテル(バルーンカテーテル)を利用している場合、尿路感染のリスクが高くなる。

5　在宅において中心静脈栄養法を行っている場合でも、入浴は可能である。

問題　34　睡眠について適切なものはどれか。**2つ選べ**。

1　入眠途中に目覚め、そのあと眠りにつきにくいことを入眠困難という。

2　熟眠障害は、睡眠時間がある程度とれていても、眠りが浅く、すっきりと目覚めることができないものをいう。

3　うつ病の症状として、不眠症が現れることはない。

4　十分な睡眠がとれない場合は、就寝時や起床時のみに対応するのではなく、生活全般のアセスメントが必要である。

5　寝る前の飲酒は、睡眠を深くする効果がある。

問題　35　医学的診断について適切なものはどれか。**2つ選べ**。

1　医学的な診断のプロセスでは、主訴や現病歴のほか、既往歴や家族歴も確認する。

2　インフォームド・コンセントは、医師の診断が確定したあとに必要とされる手続きである。

3　利用者に精神疾患があり、判断力が低下している場合には、医師が治療方針を決定する。

4　EBMは、医師の経験だけに頼るのではなく、科学的な根拠に基づく医療をいう。

5　高齢者の疾患の予後が悪い場合は、医師は、基本的に本人にではなく家族に説明する。

問題 36 褥瘡について適切なものはどれか。**2つ**選べ。

1 褥瘡は局所的要因により発生し、低栄養は、褥瘡の発生にかかわらない。

2 仰臥位での褥瘡の好発部位は仙骨部で、後頭部、肩甲骨部にもできやすい。

3 浮腫がある場合は皮膚が薄く傷つきやすいため、褥瘡のリスクが高くなる。

4 寝たきりの人でも、エアマットのような除圧効果のある予防用具を利用することで、体位交換を行う必要がなくなる。

5 褥瘡がみられる場合は、入浴は厳禁である。

問題 37 看護小規模多機能型居宅介護について正しいものはどれか。**3つ**選べ。

1 事業所の管理者は、事業所などで3年以上認知症ケアに従事した経験があり、厚生労働大臣が定める研修を修了した者でなくてはならない。

2 看護サービスの提供開始時には、主治医の指示を文書で受けなければならない。

3 事業所の介護支援専門員が看護小規模多機能型居宅介護計画を作成しなければならない。

4 看護小規模多機能型居宅介護と訪問リハビリテーションは同時に算定することができる。

5 看護小規模多機能型居宅介護費は、1日あたりの額が定められている。

問題 38 訪問看護について正しいものはどれか。**2つ**選べ。

1 要介護者への訪問看護は、急性増悪時でも介護保険からの給付対象である。

2 訪問看護事業所の開設者は、医療法人に限られている。

3 主治医の指示がない場合、臨時応急の手当てを行うことはできない。

4 在宅での看取りも支援する。

5 理学療法士、作業療法士または言語聴覚士もサービスを提供することができる。

問題　39　通所リハビリテーションについて正しいものはどれか。**3つ選べ。**

1　管理者は、理学療法士に必要な管理の代行をさせることができる。

2　活動や社会参加など、生活機能全般を向上させるために必要なリハビリテーションを行う。

3　通所リハビリテーション計画は、医師および理学療法士、作業療法士などリハビリテーションの提供に携わる従業者が共同して作成する。

4　通所リハビリテーション事業者は、病院、診療所に限られる。

5　言語障害などで対人的コミュニケーションに問題のある人は、通所リハビリテーションの対象にはならない。

問題　40　居宅療養管理指導について正しいものはどれか。**3つ選べ。**

1　薬局の薬剤師は、居宅療養管理指導を行うことができる。

2　医師・歯科医師および薬剤師が行う居宅療養管理指導では、原則としてサービス担当者会議に参加して、居宅介護支援事業者などへの必要な情報提供、助言を行う。

3　管理栄養士または栄養士は、医師の指示に基づき、栄養指導を行う。

4　要介護者に対して歯科医師が行う訪問歯科診療は、介護保険で算定できる。

5　居宅療養管理指導の提供にあたっては、通常の事業の実施地域内であっても、交通費の支払いを受けることができる。

問題　41　感染症および感染症の予防策について適切なものはどれか。**3つ選べ。**

1　標準予防策は、感染の有無にかかわらず、すべての人が対象となる。

2　手袋をしていれば、はずしたあとに手指消毒をする必要はない。

3　高齢者を対象とする肺炎球菌ワクチンの定期接種の機会は1回のみである。

4　麻疹は、おもに空気感染する。

5　水痘は、おもに飛沫感染する。

第1回

問題　42　高齢者の精神障害について適切なものはどれか。**3つ**選べ。

1　統合失調症は、高齢期に発症することが多い。

2　高齢者のうつ病では、認知機能の低下を示しやすく、認知症とまちがえられやすい。

3　高齢者のうつ病では、若年者と比べ気分の落ち込みがあまり現れないので、自殺企図には
　つながりにくい。

4　高齢者のアルコール依存症は、認知症やうつ病を合併する割合が高い。

5　高齢者のアルコール依存症は、退職や近親者との死別などが原因になることが多い。

問題　43　ターミナルケアについて適切なものはどれか。**3つ**選べ。

1　食欲が落ち、食事量を維持できない場合は、摂取量や栄養バランスよりも楽しみや満足感
　を優先する。

2　臥床がちになった場合は、体力の消耗を避けるため、入浴ではなく清拭を行うようにする。

3　サービス付き高齢者向け住宅では、ターミナルケアを提供できないため、入院を検討する。

4　亡くなる数日前には、尿量が減少する。

5　臨死期には、肩や顎を動かすだけの呼吸がみられる。

問題　44　認知症について適切なものはどれか。**3つ**選べ。

1　遂行機能障害は、認知症の中核症状に含まれる。

2　アルツハイマー型認知症の初期症状として、嗅覚低下が出現することがある。

3　アルツハイマー型認知症では、エピソード記憶は比較的保たれる傾向がある。

4　レビー小体型認知症では、自律神経症状はほとんどみられない。

5　MCI(軽度認知障害)のすべてが認知症に移行するわけではない。

問題　45　介護医療院について正しいものはどれか。**3つ**選べ。

1　病状が安定期にあり、主に長期にわたり療養が必要な要介護者を対象にしている。

2　療養室は、原則として個室である。

3　医療機関併設型の介護医療院が認められている。

4　重篤な身体疾患を有する者、身体合併症を有する者は対象とならない。

5　介護医療院の開設者は、原則として、都道府県知事の承認を受けた医師に、介護医療院を
　管理させなければならない。

福祉サービスの知識等

問題 46 面接の場面における、相談援助者の姿勢について適切なものはどれか。**3つ選べ。**

1 あらかじめ課題ごとに対応方法を分類し、援助方法がクライエントの個別性に左右されないように配慮する。

2 相談面接の過程において、クライエントが感情的になったり取り乱したりしないように配慮する。

3 クライエントの言動が、相談援助者の社会通念として許容できないとしても、非審判的態度をとる必要がある。

4 援助者とクライエントは対等であることを、態度や言葉で示す必要がある。

5 クライエントの秘密は、親子や夫婦の間であっても、本人の事前の承諾なく漏らしてはならない。

問題 47 面接の場面における、コミュニケーション技術について適切なものはどれか。**3つ選べ。**

1 クライエントの話すときの表情や言葉の速さや抑揚、視線などの非言語的コミュニケーションからもクライエントの伝えたいことを受け止める。

2 コミュニケーションを円滑に進めるためには、部屋の雰囲気や相談援助者の服装にも配慮する必要がある。

3 先入観をもつおそれがあるので、面接前にクライエントの情報を入手し、一定の予測をもつのは好ましくない。

4 面接における課題に焦点を定める際には、クライエントの情緒面の反応についても反復し、確認することが大切である。

5 面接では、傾聴を行うため、時間配分にこだわる必要はない。

問題 48 ソーシャルワークにおける集団援助として、適切なものはどれか。**2つ選べ。**

1 ソーシャルワーカーが行う一人暮らしの高齢者への訪問活動
2 地域支援事業において行われる介護予防のためのプログラム活動
3 認知症高齢者の家族の会での介護体験報告会
4 有料老人ホームの入居者に散歩補助を行うボランティアの募集
5 一人暮らし高齢者を対象とした会食サービスを行うボランティアグループの組織化

問題 49 ソーシャルワークにおける地域援助として、適切なものはどれか。**3つ選べ。**

1 地域の住民が、市町村の福祉サービスを利用しやすくなるよう、サービス利用のための相談窓口を設置する。
2 通所介護の利用者全員が参加できるレクリエーションを行う。
3 地域の高齢者を対象とした茶話会を手伝ってくれるボランティアスタッフを募集する。
4 介護老人福祉施設の高齢者と地域の小学生の交流をする機会を設ける。
5 地域の高齢者を個別訪問し、困ったことがないか相談対応する。

問題 50 介護保険における訪問介護について正しいものはどれか。**3つ選べ。**

1 利用者が利用していない居室の掃除は、生活援助として算定できない。
2 利用者と一緒に手助けや声かけ、見守りをしながら行う掃除は、生活援助として算定できる。
3 通院のための乗車または降車の介助には、病院での受診手続きも含まれている。
4 自動血圧計での血圧測定は、身体介護として算定できる。
5 病院に行き薬の受け取りをすることは、身体介護として算定できる。

問題 51 介護保険における短期入所生活介護について正しいものはどれか。**3つ**選べ。

1 併設型の場合は、利用定員20人未満でもサービスを提供できる。

2 1つの居室の定員は、4人以下である。

3 栄養士または管理栄養士1人以上を必ず配置しなくてはならない。

4 3日間の利用予定の利用者に対しては、短期入所生活介護計画を作成しなくてもよい。

5 家族の旅行などの私的な理由で利用することはできない。

問題 52 介護保険における通所介護について正しいものはどれか。**3つ**選べ。

1 事業所ごと、サービス提供時間に応じて、1人以上の専従の生活相談員を配置しなければ
ならない。

2 事業所の設備を利用して宿泊サービスを提供する場合には、あらかじめ市町村長に届け出
なければならない。

3 同一事業所において、利用者ごとにサービス利用時間の異なるサービスを提供することが
できる。

4 おむつ代は、利用料とは別に利用者から支払いを受けることができる。

5 通所介護費は、事業所の規模にかかわらず、所要時間別、要介護度別に単位が定められる。

問題 53 特定施設入居者生活介護について正しいものはどれか。**2つ**選べ。

1 特定施設入居者生活介護は、施設サービスの一つである。

2 特定施設入居者生活介護を利用している間でも、福祉用具貸与を算定できる。

3 外部サービス利用型特定施設入居者生活介護では、委託する外部の居宅サービス事業者が
介護保険にかかわるすべてのサービスを提供する。

4 計画作成担当者として、介護支援専門員を1人以上配置しなければならない。

5 契約にあたっては、入居者の権利を不当に狭めるような契約解除の条件を定めてはならな
い。

問題 54 介護保険の特定福祉用具販売の対象となるものとして正しいものはどれか。**2つ**
選べ。

1 水洗式のポータブルトイレ

2 排泄予測支援機器

3 認知症老人徘徊感知機器

4 体位変換器

5 車いす

問題 55 小規模多機能型居宅介護について正しいものはどれか。**2つ選べ**。

1　サテライト事業所は、本体事業所と同一敷地内でなければならない。

2　夜勤・宿直従業者は、必ず置かなければならない。

3　宿泊サービスの利用定員（サテライト型を除く）は、通いサービスの利用者の定員の3分の1から9人までの間とする。

4　小規模多機能型居宅介護を利用している場合でも、訪問リハビリテーションを利用できる。

5　事業所の管理者は、居宅サービス計画の作成に関する業務を行う。

問題 56 療養通所介護について、より適切なものはどれか。**2つ選べ**。

1　事業所の利用定員は、18人以下である。

2　管理者には、特に資格要件は定められていない。

3　療養通所介護計画は、居宅サービス計画とともに、訪問看護計画の内容との整合を図り作成される。

4　要介護4以上の人を対象とする。

5　運営推進会議を設置する必要はない。

問題 57 指定介護老人福祉施設について正しいものはどれか。**2つ選べ**。

1　介護老人福祉施設の医師は、常勤でなければならない。

2　要介護3以上の者を申込順に入所させるように努める。

3　地域住民またはその自発的活動等との連携および協力を行うなど、地域との交流を図らなければならない。

4　終の住処と位置づけられ、利用者が在宅での生活に復帰できるかどうかの検討をすることは、求められていない。

5　入所者が入院し、およそ3か月以内の退院が見込まれる場合は、退院後、円滑に再入所できるようにしておかなければならない。

問題 58 生活保護制度について正しいものはどれか。**3つ選べ。**

1 民法に定める扶養義務者の扶養および他の法律に定める扶助は、すべて生活保護に優先して行われる。

2 介護扶助の範囲に住宅改修は含まれない。

3 介護扶助による介護の給付は、介護保険法と生活保護法の指定を受けた指定介護機関に委託して行われる。

4 介護保険施設に入所している生活保護受給者の日常生活費は、介護扶助から給付される。

5 葬祭扶助は、原則として金銭給付である。

問題 59 成年後見制度について正しいものはどれか。**3つ選べ。**

1 法定後見制度の家庭裁判所への申立ては、市町村長も行うことができる。

2 成年被後見人は、自ら行った契約等について取り消すことはできない。

3 任意後見契約は、公正証書により契約を締結しなければならない。

4 任意後見は、任意後見監督人が選任されることによって開始される。

5 保佐人は、被保佐人の財産に関する法律行為について、包括的な代理権を有する。

問題 60 生活困窮者自立支援法について正しいものはどれか。**2つ選べ。**

1 生活保護に至る前の自立支援策を強化することを目的としている。

2 都道府県、市、福祉事務所を設置する町村が実施主体となり、事業の委託をすることはできない。

3 自立相談支援機関には、基本的に主任相談支援員、相談員、就労支援員が配置される。

4 生活困窮者住居確保給付金は、任意事業である。

5 生活困窮者就労準備支援事業は、必須事業である。

MEMO

MEMO

第1回　予想問題　解答用紙

※実際の解答用紙とは異なります。切り取ってコピーしてご利用ください。

※問題は、「介護支援分野」「保健医療サービスの知識等」「福祉サービスの知識等」に分かれていますが、合否は「**介護支援分野**」と「保健医療サービスの知識等」と「福祉サービスの知識等」を合わせた「**保健医療福祉サービス分野**」の2分野それぞれの得点で判定されます。

介護支援分野

問題	1	①	②	③	④	⑤
問題	2	①	②	③	④	⑤
問題	3	①	②	③	④	⑤
問題	4	①	②	③	④	⑤
問題	5	①	②	③	④	⑤
問題	6	①	②	③	④	⑤
問題	7	①	②	③	④	⑤
問題	8	①	②	③	④	⑤
問題	9	①	②	③	④	⑤
問題	10	①	②	③	④	⑤
問題	11	①	②	③	④	⑤
問題	12	①	②	③	④	⑤
問題	13	①	②	③	④	⑤
問題	14	①	②	③	④	⑤
問題	15	①	②	③	④	⑤
問題	16	①	②	③	④	⑤
問題	17	①	②	③	④	⑤
問題	18	①	②	③	④	⑤
問題	19	①	②	③	④	⑤
問題	20	①	②	③	④	⑤
問題	21	①	②	③	④	⑤
問題	22	①	②	③	④	⑤
問題	23	①	②	③	④	⑤
問題	24	①	②	③	④	⑤
問題	25	①	②	③	④	⑤

保健医療福祉サービス分野

保健医療サービスの知識等

問題	26	①	②	③	④	⑤
問題	27	①	②	③	④	⑤
問題	28	①	②	③	④	⑤
問題	29	①	②	③	④	⑤
問題	30	①	②	③	④	⑤
問題	31	①	②	③	④	⑤
問題	32	①	②	③	④	⑤
問題	33	①	②	③	④	⑤
問題	34	①	②	③	④	⑤
問題	35	①	②	③	④	⑤
問題	36	①	②	③	④	⑤
問題	37	①	②	③	④	⑤
問題	38	①	②	③	④	⑤
問題	39	①	②	③	④	⑤
問題	40	①	②	③	④	⑤
問題	41	①	②	③	④	⑤
問題	42	①	②	③	④	⑤
問題	43	①	②	③	④	⑤
問題	44	①	②	③	④	⑤
問題	45	①	②	③	④	⑤

福祉サービスの知識等

問題	46	①	②	③	④	⑤
問題	47	①	②	③	④	⑤
問題	48	①	②	③	④	⑤
問題	49	①	②	③	④	⑤
問題	50	①	②	③	④	⑤
問題	51	①	②	③	④	⑤
問題	52	①	②	③	④	⑤
問題	53	①	②	③	④	⑤
問題	54	①	②	③	④	⑤
問題	55	①	②	③	④	⑤
問題	56	①	②	③	④	⑤
問題	57	①	②	③	④	⑤
問題	58	①	②	③	④	⑤
問題	59	①	②	③	④	⑤
問題	60	①	②	③	④	⑤

別冊2

【問題冊子ご利用時の注意】

「問題冊子」は、この**色紙**を残したまま、ていねいに**抜き取り**、ご利用ください。

- 抜き取り時のケガには、十分お気をつけください。
- 抜き取りの際の損傷についてのお取替えはご遠慮願います。

TAC出版

第2回　予想問題

介護支援分野　　　　　　　　　　　問題 1 ～25
保健医療サービスの知識等　　　　　問題26～45
福祉サービスの知識等　　　　　　　問題46～60

(注意)

1　試験問題数は、上記の60問です。

2　解答時間は、120分です。

3　出題形式は 5 つの選択肢から正しいものを 2 つまたは 3 つ選ぶ五肢複
　択形式となっています。各問題には 1 から 5 まで 5 つの答えがあります
　ので、そのうち、問題に対応した答えを解答用紙に解答してください。

介護支援分野

問題　1　2023（令和5）年の介護保険制度改正について正しいものはどれか。**2つ**選べ。

1　都道府県は、介護サービスを提供する事業所または施設における生産性の向上に資する取り組みが促進されるよう努めなければならないこととされた。

2　市町村は、地域支援事業を行うにあたり、介護保険等関連情報を活用することが努力義務となった。

3　要介護1、2の高齢者を対象とした通所介護を、市町村による介護予防・日常生活支援総合事業に移行することになった。

4　市町村による地域ケア会議の設置努力義務が、法定化された。

5　介護サービス事業者は、介護サービス経営情報を、定期的に都道府県知事に報告しなければならないこととされた。

問題　2　国および地方公共団体の責務として規定されているものはどれか。**2つ**選べ。

1　国および地方公共団体は、参加し、共生する地域社会の実現に資するよう努めなければならない。

2　国および地方公共団体は、認知症に関する施策の総合的な推進にあたり、認知症である者およびその家族の意向の尊重に配慮するよう努めなければならない。

3　国は、介護保険事業の運営が健全かつ円滑に行われるように、必要な助言および適切な援助をしなければならない。

4　都道府県は、市町村介護保険事業計画策定の基盤となる基本指針を策定しなければならない。

5　都道府県は、保健医療サービスおよび福祉サービスを提供する体制の確保に関する施策を講じなければならない。

問題　3　介護保険法において都道府県が条例で定めることとして正しいものはどれか。**3つ**選べ。

1　介護保険審査会の公益代表委員定数

2　種類支給限度基準額の設定

3　指定居宅介護支援の人員・運営基準の設定

4　指定介護老人福祉施設の入所定員

5　介護支援専門員実務研修受講試験問題作成事務にかかる手数料

第2回

問題　4　介護保険の被保険者とならない者について正しいものはどれか。**2つ選べ。**

1　保険料の滞納期間が2年以上となった者

2　日本国籍があるが、日本に住民票のない海外長期滞在者

3　刑事施設に拘禁されている者

4　被保険者資格の届出をしていない65歳以上の者

5　医療型障害児入所施設の入所者

問題　5　介護保険審査会について正しいものはどれか。**3つ選べ。**

1　介護保険料の決定処分については、審査請求の対象となる。

2　第1号保険料の滞納にかかる処分は、審査請求の対象に含まれない。

3　介護保険審査会には、専門調査員を設置することができる。

4　被保険者が、審査請求の対象となる処分の取り消しを裁判所に訴える場合は、介護保険審査会による裁決を経たあとでなければならない。

5　要介護認定の処分にかかる審査請求事件については、被保険者代表委員3人からなる合議体において審査を行う。

問題　6　包括的支援事業の生活支援体制整備事業において配置することとされている専門職として正しいものはどれか。**2つ選べ。**

1　チームオレンジコーディネーター

2　若年性認知症支援コーディネーター

3　就労的活動支援コーディネーター（就労活動支援員）

4　介護サービス相談員

5　生活支援コーディネーター（地域支え合い推進員）

問題　7　保険給付について正しいものはどれか。**3つ選べ。**

1　国家公務員災害補償法による療養補償と介護保険の給付が重なる場合は、介護保険の給付が優先する。

2　介護保険の被保険者には、老人福祉法に基づく措置によるサービスは行われない。

3　介護保険施設の入所者に対する歯の治療は、医療保険からの給付になる。

4　介護保険の給付を受けていても、障害者総合支援法の自立支援給付を受けられることがある。

5　初回の要介護認定の効力は、申請日にさかのぼって生じる。

問題　8　社会福祉法人等による利用者負担額軽減制度について正しいものはどれか。**2つ選べ。**

1　生活保護受給者は、制度の対象外である。

2　居住費は、対象とならない。

3　訪問看護は、対象外となるサービスである。

4　福祉用具貸与は対象となるサービスである。

5　特定入所者介護サービス費支給後の利用者負担額に対して、適用される。

問題　9　区分支給限度基準額が適用されるサービスについて正しいものはどれか。**3つ選べ。**

1　福祉用具貸与

2　特定福祉用具販売

3　居宅療養管理指導

4　小規模多機能型居宅介護

5　訪問入浴介護

問題　10　指定居宅介護支援事業者の指定取り消し、または効力を停止することができる事由として正しいものはどれか。**3つ選べ。**

1　不正の手段により事業者の指定を受けた。
2　居宅介護支援費について過誤請求をした。
3　事業所の管理者が社会保険料の滞納を続けている。
4　申請者が、市町村の条例で定める者でない。
5　市町村長による報告・帳簿書類提出等の命令に従わない。

問題　11　介護保険制度における共生型サービスについて正しいものはどれか。**3つ選べ。**

1　地域密着型通所介護は指定の対象となる。
2　小規模多機能型居宅介護は指定の対象となる。
3　短期入所生活介護は指定の対象となる。
4　共生型サービスの指定は、すべて都道府県知事が行う。
5　共生型サービスの人員・設備・運営基準は条例委任される。

問題　12　介護支援専門員について正しいものはどれか。**3つ選べ。**

1　介護支援専門員の登録を受ければ、介護支援専門員として業務を行うことができる。
2　介護支援専門員証が交付されたあとにほかの都道府県に登録を移転した場合は、移転先の都道府県で改めて介護支援専門員証の交付を受ける必要がある。
3　介護支援専門員が業務禁止処分に違反した場合は、勤務地の市町村長が登録を消除しなければならない。
4　介護支援専門員の名義は、介護支援専門員の業務のために他人に使用させてはならない。
5　介護支援専門員には、公正・誠実な業務遂行義務がある。

問題 13 介護保険法上、都道府県介護保険事業支援計画に定めるべき事項として正しいものはどれか。**3つ選べ。**

1 地域密着型特定施設入居者生活介護の必要利用定員総数
2 介護医療院の必要入所定員総数
3 認知症対応型共同生活介護の必要利用定員総数
4 介護サービス情報の公表に関する事項
5 市町村による自立支援等施策への支援に関し、都道府県が取り組むべき施策とその目標に関する事項

問題 14 介護保険料について正しいものはどれか。**3つ選べ。**

1 第1号被保険者の保険料率は、各市町村が3年ごとに条例で定める。
2 第2号被保険者の保険料は、医療保険者が徴収する。
3 普通徴収において、第1号被保険者の配偶者および世帯主は、保険料を連帯して納付する義務を負う。
4 障害年金の受給者は、第1号被保険者の保険料にかかる特別徴収の対象とならない。
5 普通徴収の収納事務について、市町村はコンビニエンスストアに委託することができない。

問題 15 財政安定化基金事業について正しいものはどれか。**3つ選べ。**

1 見込みを上回る給付費の増大等のため、介護保険財政に不足があった場合に、市町村に必要な資金を貸し付ける。
2 保険料未納により、介護保険財政の収入不足が生じた場合に、市町村に不足額の2分の1を交付する。
3 貸付額について、市町村は次の期の介護保険事業計画期間に、3年間の分割で返済を行う。
4 貸付額の返済は、市町村の一般財源から賄われる。
5 財政安定化基金の財源の負担割合は、国が2分の1、都道府県と市町村が4分の1ずつである。

問題 16 認定調査票の基本調査項目に含まれる内容について正しいものはどれか。**3つ選べ。**

1 被保険者が属する世帯の収入
2 金銭管理
3 過去14日間に受けた特別な医療
4 障害高齢者の日常生活自立度
5 介護者の心身の状況

問題 17 介護認定審査会について正しいものはどれか。**3つ選べ。**

1 市町村は、介護認定審査会の審査・判定業務について都道府県に委託できる。

2 委員定数は、政令により定められる。

3 委員は、市町村長の任命する学識経験者である。

4 介護認定審査会の意見は、介護保険被保険者証に記載される。

5 審査・判定にあたっては、直接、被保険者の意見を聴くことはできない。

問題 18 要介護認定について正しいものはどれか。**2つ選べ。**

1 認定申請に対する処分は、原則として申請日から60日以内に行われる。

2 認定の原則有効期間は、市町村の条例により定められる。

3 被保険者は、有効期間満了日の60日前から満了日までの間に、更新認定の申請を行うことができる。

4 市町村は、要介護認定の有効期間中に、被保険者の認定を取り消すことはできない。

5 認定を受けている被保険者が他市町村に移転した場合は、移転先の市町村であらためて認定を受ける必要がある。

問題 19 指定居宅介護支援等の事業の人員および運営に関する基準第13条の具体的取扱方針に示されている内容として、正しいものはどれか。**3つ選べ。**

1 介護支援専門員は、指定居宅サービス事業者等から得た利用者の服薬状況、口腔機能などに関する情報を、利用者の同意を得て主治医や歯科医師または薬剤師に提供するものとする。

2 介護支援専門員は、居宅サービス計画に厚生労働大臣が定める回数以上の生活援助を位置づける場合には、その居宅サービス計画を市町村に届け出なければならない。

3 介護支援専門員は、介護保険施設等から退院または退所しようとする要介護者から依頼があった場合でも、退院または退所前に居宅サービス計画の作成等を行うことはできない。

4 サービス担当者会議であれば、利用者の個人情報を本人の同意なしに用いることができる。

5 地域ケア会議から、資料または情報の提供、意見の開陳その他必要な協力の求めがあった場合には、これに協力するよう努める。

問題　20　施設サービス計画における課題分析および課題分析標準項目について、適切なものはどれか。**2つ**選べ。

1　課題分析は、入所者およびその家族に面接して行わなければならない。
2　課題分析標準項目には、家族等の状況に関する項目は含まれない。
3　課題分析標準項目には、コミュニケーションにおける理解と表出の状況に関する項目は含まれない。
4　課題分析標準項目には、社会との関わりに関する項目は含まれない。
5　課題分析標準項目には、利用者の資産に関する項目は含まれない。

問題　21　居宅介護支援におけるモニタリングについて正しいものはどれか。**3つ**選べ。

1　モニタリングの結果は、少なくとも3か月に1回は記録しなければならない。
2　サービスの提供状況について、1か月に1回は、各事業者等と面接して報告を受けなければならない。
3　一定の条件下で、テレビ電話装置等を活用したモニタリングも認められている。
4　モニタリングの結果、居宅サービス計画の変更の必要性が生じた場合は、原則としてサービス担当者会議を開催するものとする。
5　モニタリングの結果の記録は、2年間保存しなければならない。

問題　22　介護予防サービス計画の関連様式について、正しいものはどれか。**2つ**選べ。

1　利用者基本情報には、利用者の経済状況は記載しない。
2　利用者基本情報には、利用者の住居環境を記載する。
3　介護予防サービス・支援計画書のアセスメント領域には、健康管理は含まれない。
4　介護予防サービス・支援計画書には、総合的課題を記載する。
5　介護予防サービス・支援計画書には、セルフケアは記載しない。

問題　23　地域包括支援センターにおける指定介護予防支援について、正しいものはどれか。**2つ**選べ。

1　サービスの提供開始月の翌月から起算して、1か月に1回は利用者に面接しなければならない。
2　サービス担当者会議は、必要に応じて定期的に開催する。
3　モニタリングの結果の記録は、3か月に1回行う。
4　目標の達成状況の評価は、介護予防サービス計画に位置づけた期間が終了するときに行う。
5　モニタリングに関する業務は、担当職員が行わなければならない。

第2回

問題 24 関節リウマチがあるＡさん（82歳、女性、要介護１）は、戸建てで50代の長男と２人暮らしである。長男は、20年前に心身の調子を崩して退職して以来、対人恐怖があり、就労ができず自室にひきこもりがちである。Ａさんは今後も自宅での生活を望んでいるが、長男の将来に不安がある。地域包括支援センターの介護支援専門員の対応として、より適切なものはどれか。**２つ選べ**。

1 Ａさんの長男が就労しないのは、家族が甘やかしているからであり、就労するようもっと強く働きかけるべきだとＡさんに伝える。

2 長男を自立させるためには、Ａさんは家を売って有料老人ホームに入居したほうがよいと助言する。

3 地域のひきこもりの家族の会の情報を集め、紹介する。

4 Ａさんの長男については、支援対象外なので相談に乗ることはできないと断る。

5 Ａさんの了承を得て、市町村の窓口でＡさんの長男を含めた相談対応や支援ができるか確認する。

問題 25 Ｂさん（71歳、男性）は片麻痺があり、週に１回通所リハビリテーションを利用している。糖尿病があるが、飲酒や喫煙をやめようとせず、好きなものを食べたいという気持ちが強い。妻は、持病の腰痛が悪化し、気持ちも沈みがちで、夫の糖尿病の食事管理をしていく自信がないという。妻から相談を受けた介護支援専門員の対応として、より適切なものはどれか。**３つ選べ**。

1 訪問介護の身体介護で、糖尿病食の調理ができることについて情報提供した。

2 サービス担当者会議を開催して、Ｂさんと妻にも参加してもらい、主治医から食事療法についての説明をしてもらう。

3 Ｂさんの同意を得て、短期入所療養介護の利用が適切かどうかを医師に相談した。

4 Ｂさんの妻に、料理が上手なのだから、このまま頑張ってほしいと励ます。

5 Ｂさんは自己管理ができないため、しばらく病院に入院してもらったらどうかと提案する。

保健医療サービスの知識等

問題　26　高齢者に多い症状や疾患について適切なものはどれか。**3つ**選べ。

1　加齢に伴う筋肉量の減少にかかわりなく、筋力低下または身体能力低下のいずれかの症状があればサルコペニアと診断される。

2　2型糖尿病は、インスリンの働きが低下し、慢性の高血糖状態となる疾患である。

3　熱中症は、室内で過ごしていれば発症することはない。

4　心筋梗塞の主症状は、前胸部痛や胸部圧迫感だが、背中に痛みを訴えることもある。

5　むくみや体重増加が、心不全の兆候として現れることがある。

問題　27　バイタルサインについて適切なものはどれか。**2つ**選べ。

1　高齢者の場合、体温は一般成人より高くなる。

2　呼吸状態が悪くなると、皮膚や粘膜にチアノーゼがみられる。

3　チェーンストークス呼吸は、異常に深大な呼吸が規則正しく続く状態である。

4　高齢者の場合、不明熱はあまりみられない。

5　下顎呼吸が始まると、1〜2時間で亡くなることが多い。

問題　28　検査について適切なものはどれか。**3つ**選べ。

1　高齢者の場合、身長の測定値は見かけ上は低下していくため、BMIは本来の値よりも大きめの値となる。

2　肝硬変があると、血小板数は上昇する。

3　腹囲が男性で85cm以上、女性で90cm以上の場合に、腹部型の肥満とされる。

4　白血球数は、細菌感染や炎症のほか、喫煙やストレスでも高値になる。

5　尿検査は、糖尿病を診断するための基本となる検査である。

問題 29 精神障害について適切なものはどれか。**3つ選べ**

1 妄想症（妄想性障害）は統合失調症とは異なり、妄想のみが長期間持続する。

2 統合失調症の陰性症状のひとつに、幻聴がある。

3 うつ病では、頭痛や肩こりなどの身体症状も現れる。

4 アルコールや危険ドラッグなどへの依存は、行動依存である。

5 アルコール依存症の治療では、アルコールリハビリテーションプログラムが行われる。

問題 30 次の記述について適切なものはどれか。**3つ選べ。**

1 ノルウェー疥癬はウイルス感染で起こる。

2 帯状疱疹は、身体の左右両方に、比較的広い範囲に水疱が現れることに特徴がある。

3 眼圧が正常範囲内でも、緑内障になることがある。

4 脊柱管狭窄症の間欠性跛行では、座位や前屈位で症状が軽快することが多い。

5 後縦靱帯骨化症は、転倒などの外傷で急激に悪化することがある。

問題 31 次の記述について適切なものはどれか。**2つ選べ。**

1 加齢黄斑変性症の早期の症状として、視野の周辺部のゆがみがあげられる。

2 大腿骨頸部骨折は、寝たきりの原因となりやすく、早期離床が目標となる。

3 膝関節症は、高齢者、女性、膝の外傷、手術歴などがリスク要因となる。

4 関節リウマチでは、関節腫脹が左右どちらかに出現する。

5 たんぱく質の摂取が過剰になると、胆石を起こしやすくなる。

問題　32　在宅医療管理について適切なものはどれか。**3つ**選べ。

1　人工透析を実施している場合、血圧はシャント側の腕で測らないようにする。

2　人工呼吸療法には、気管に管を入れる方法とマスクなどを装着して行う方法がある。

3　在宅酸素療法を実施している間は、外出はできない。

4　パルスオキシメーターは、操作が複雑であるため、医療職が取り扱う必要がある。

5　インスリンの自己注射中は、食事摂取量の低下により低血糖を起こす可能性に留意する。

問題　33　ターミナルケアについて適切なものはどれか。**3つ**選べ。

1　ターミナルケアが提供される場は、自宅とは限らない。

2　医療や介護の方針について、本人の意思確認が難しい場合は、家族の意思を最も優先する。

3　反応がなくなり、意思の疎通が難しくなっても、聴覚は最後まで保たれるため声かけを続ける。

4　呼吸停止となり、医師の立ち会いがない場合は、病院に緊急要請をする。

5　利用者が死亡したあとも、家族に対するグリーフケアが行われる。

問題　34　感染症について適切なものはどれか。**3つ**選べ。

1　高齢者に多い感染症の一つに膀胱炎や腎盂炎などの尿路感染症がある。

2　慢性肝炎の原因としては、肝炎ウイルスによるものが最も多い。

3　ノロウイルス感染症の場合、下痢症状が消えて2〜3日経過すれば便からの感染はなくなる。

4　施設においてMRSA（メチシリン耐性黄色ブドウ球菌）を保菌している入所者がいる場合でも、接触感染予防策を徹底すれば隔離する必要はない。

5　若年期に肺結核に罹患した場合、結核菌に対する免疫ができているので、高齢期になって再び肺結核になることはない。

問題 35 食事の介護、口腔ケアなどについて適切なものはどれか。**3つ**選べ。

1 唾液には多くの細菌が含まれるため、口腔の自浄作用が期待できない。

2 嚥下困難がある場合、食品はできるかぎりサラサラの液体状のものにすると誤嚥しにくい。

3 高齢者の場合、食事の摂取量低下が脱水につながることがある。

4 口腔ケアにより、口腔内の細菌を減少させることは、誤嚥性肺炎の予防に効果がある。

5 高齢者では、むせがなく誤嚥の自覚がないことがある。

問題 36 リハビリテーションについて適切なものはどれか。**3つ**選べ。

1 ADLの自立だけでなく、IADLに対してもできるだけ自立できるように支援する。

2 脳血管障害の患者に対しては、症状が完全に改善してからリハビリテーションを開始する。

3 歩行が不可能な人に対しては、環境整備による生活支援が中心になり、関節可動域訓練や
　筋力増強訓練を行う必要はない。

4 四肢の運動が可能であり、理解も良好であるのにもかかわらず、目的に沿った運動や動作
　が困難な状態を失行という。

5 左半側空間無視では、失認している側を認識できるように援助する。

問題 37 尿失禁について適切なものはどれか。**2つ**選べ。

1 排尿コントロールにおいては、飲水、食事の時間帯や摂取量、排尿時間や排尿量の把握が
　必要である。

2 排尿障害がある場合は、家族の介護負担の軽減のため、おむつ使用を最優先に考える。

3 機能性尿失禁は、適切な排泄用具や排泄場所の選択により改善することが可能である。

4 腹圧性尿失禁は、前立腺肥大などによる尿閉が原因となって起こる。

5 切迫性尿失禁は、尿が連続して少量ずつ漏れるものである。

問題 38 訪問看護について正しいものはどれか。**3つ選べ。**

1 訪問看護指示書の有効期間は3か月以内である。

2 緊急時訪問看護加算を算定するには、利用者または家族が電話などで24時間連絡できる体制でなければならない。

3 認知症の要介護者に対する訪問看護は、医療保険からの給付となる。

4 療養上の世話として食事援助を行うことができる。

5 訪問看護ステーションが訪問看護を実施する場合、事業所の管理者は原則として常勤の保健師または看護師でなければならない。

問題 39 短期入所療養介護について正しいものはどれか。**3つ選べ。**

1 居宅サービス計画にない、緊急時の利用をすることはできない。

2 法人格があれば、短期入所療養介護事業者としての指定を受けることができる。

3 おおむね4日以上の入所が予定されている利用者の場合、短期入所療養介護計画を作成しなければならない。

4 空床利用型の運用が行われている。

5 日帰りのサービスを行うことができる。

問題 40 急変時の対応について適切なものはどれか。**3つ選べ。**

1 タール便がみられる場合、上部消化管出血が疑われる。

2 異物によって上気道が閉塞した場合、口腔内の異物を除去し、胸部を強く圧迫することで異物を除去する。

3 心室細動があるときは、AEDの使用が有効で、だれでも使用できる。

4 うっ血性心不全や胸水では、座位よりも臥位のほうが呼吸は楽になることが多い。

5 意識レベルの評価に使われるジャパン・コーマ・スケールでは数字が大きいほど、重症の意識障害があることを示す。

問題 41 認知症のケアや支援体制について適切なものはどれか。**2つ選べ。**

1 ユマニチュードのケアの実施にあたっては、「見る」「話す」「触れる」「立つ」の4つが柱となる。

2 若年性認知症の場合、障害年金の受給はできないため、介護保険制度利用についての情報提供が重要である。

3 認知症初期集中支援チームは、複数の医師がチームを組んで、専門的な治療や指導を行うチーム体制である。

4 認知症地域支援推進員は、認知症ケアパスの作成や認知症カフェなどの地域支援体制づくりの役割を担う。

5 チームオレンジは、高齢者が行方不明になった場合に警察の捜索に協力するボランティア団体である。

問題 42 定期巡回・随時対応型訪問介護看護について正しいものはどれか。**3つ選べ。**

1 定期巡回サービスでは、毎日訪問を行わなければならない。

2 事業者は、介護・医療連携推進会議をおおむね6か月に1回以上開催しなければならない。

3 サービス提供日時は、居宅サービス計画に位置づけられた日時にかかわらず、計画作成責任者が決定することができる。

4 介護福祉士は、随時対応サービスのオペレーターになることはできない。

5 随時訪問サービスは、随時対応サービスのオペレーターからの要請によって行われる。

問題 43 訪問リハビリテーションについて適切なものはどれか。**3つ選べ。**

1 サービスは、医師の指示のもとに行われる。

2 利用者に対する福祉用具の利用や住宅改修に関する助言や指導は、サービス内容に含まれない。

3 リハビリテーション会議には、基本的に利用者とその家族が参加する。

4 診療記録は、サービスを提供する理学療法士等が作成し、すみやかに医師に報告する。

5 訪問リハビリテーション費は、要介護状態区分別に、時間単位で設定されている。

問題　44　薬の管理等について適切なものはどれか。**3つ選べ。**

1　解熱鎮痛剤など刺激性のある薬が食道にとどまると、食道潰瘍を引き起こすことがある。

2　飲み忘れ防止のため、薬は一包化しておくとよい。

3　栄養状態の悪い高齢者では、薬の作用が低下する。

4　ワルファリンなどの抗凝固薬は、ビタミンKを含む食品の飲食で作用が増大する。

5　抗パーキンソン病薬の副作用に、口渇、便秘がある。

問題　45　介護老人保健施設について正しいものはどれか。**3つ選べ。**

1　サテライト型小規模介護老人保健施設とは、病院・診療所または介護医療院に併設されている小規模な介護老人保健施設をいう。

2　入所定員が100人に満たない施設では、支援相談員の配置は非常勤でよい。

3　災害などやむを得ない事情がある場合には、施設の定員を超えて入所させることができる。

4　あらかじめ、協力歯科医療機関を定めるよう努めなければならない。

5　施設で緊急的な医療行為を行うことができる。

福祉サービスの知識等

問題 46 相談面接におけるコミュニケーション技術について適切なものはどれか。**3つ**選べ。

1 面接の過程でクライエントが沈黙して話が進まない場合は、援助者が積極的に話しかけて対話を促すようにする。

2 傾聴では、クライエントの価値観に基づき、全容をあるがままに受け止める。

3 第一次共感は、基本的共感といわれ、クライエントの言葉をそのまま短く繰り返す技法である。

4 開かれた質問(オープンクエスチョン)では、「なぜ」や「どうして」はあまり用いないほうがよい。

5 焦点化の技能は応用的な技能であり、相手の話す内容を援助者が要約してクライエントに戻し、相手が気づいていくプロセスを促す。

問題 47 インテーク面接について、より適切なものはどれか。**3つ**選べ。

1 相談援助者は、所属する機関の機能やサービスについて説明する必要がある。

2 インテーク面接は、必ずしも1回で終わらせる必要はない。

3 インテーク面接の段階では、援助計画は作成しない。

4 インテーク面接の経過や内容については、記録する必要はない。

5 所属する機関の機能で問題解決が難しい場合は、他機関を紹介する。

問題　48　Aさんは一人暮らしで訪問介護の利用を始めたばかりである。ある日、訪問介護員が訪問すると、隣町に住むAさんの長男が出てきて、「サービスを利用する必要はない。帰れ」と言ってきた。Aさんはおどおどとして何も言えない様子である。訪問介護員から相談を受けた介護支援専門員の対応としてより適切なものはどれか。**3つ選べ。**

1　訪問介護事業所にすぐに連絡をし、訪問介護の利用をひとまず中止したいと連絡する。

2　隣の家を訪問し、長男がAさんを虐待しているような様子はないか、話を聞く。

3　別の日にAさん宅を訪問し、体調を聞くなどしながら、Aさんの状況を観察する。

4　今後どのような対応をしていくのが良いか、地域包括支援センターに対応を相談した。

5　Aさんの長男とじっくり話す機会を設ける。

問題　49　介護保険における訪問介護について正しいものはどれか。**3つ選べ。**

1　事業所の管理者は介護支援専門員でなければならない。

2　一包化された薬の準備、服薬の声がけ、飲み残しがないかの確認をし、本人が薬を正しく飲めるよう手伝う援助は、身体介護として算定する。

3　利用者が主に使用していない居室の掃除は、生活援助として行うことはできない。

4　サービス提供責任者は、訪問介護計画を作成し、訪問介護員等に対する研修、技術指導などを実施する。

5　利用者が家族と同居している場合は、生活援助を利用することはできない。

問題　50　介護保険における短期入所生活介護について正しいものはどれか。**3つ選べ。**

1　利用者20人未満の併設型の事業所では、生活相談員は常勤で1人以上必要である。

2　食堂と機能訓練室は、同一の場所とすることができる。

3　家族の旅行などの私的な理由であっても、利用することができる。

4　利用者の負担であれば、指定短期入所生活介護事業所の職員以外の者による介護を受けさせることができる。

5　介護支援専門員が緊急やむを得ないと認めた場合には、専用の居室以外の静養室での受け入れができる。

問題　51　介護保険における通所介護について正しいものはどれか。**3つ選べ。**

1　通所介護の目的の一つとして、利用者の社会的孤立感の解消がある。

2　通所介護計画の取りまとめは、管理者が行わなければならない。

3　入浴は保険給付の対象外で、利用した場合はその全額を利用者が負担する。

4　送迎時に要した居宅内での介助は、一定の要件を満たせば、1日30分以内を限度として通所介護の所要時間に含めることができる。

5　通所介護は、小規模多機能型居宅介護を利用している間は利用できない。

問題　52　介護保険における訪問入浴介護について正しいものはどれか。**2つ選べ。**

1　事業所に配置する看護職員および介護職員は、いずれも非常勤でよい。

2　人工呼吸器を利用している場合は、入浴できない。

3　利用者宅の浴槽を使用する場合は、減算する。

4　訪問時に、利用者の希望により、部分浴に変更することができる。

5　利用者が選定した特別な浴槽水等にかかる費用は、別途利用者から徴収することができる。

問題　53　介護保険における住宅改修の対象として正しいものはどれか。**3つ選べ。**

1　段差解消機を設置する工事

2　引き戸などへの扉の取り替え

3　和式便器から洋式便器への変更

4　玄関から道路までの通路の段差解消

5　便器の水洗化工事

問題 54 認知症対応型共同生活介護について正しいものはどれか。**2つ選べ。**

1 認知症対応型共同生活介護は、入浴、排泄、食事等の介護その他の日常生活の世話が目的のサービスであって、機能訓練は行わない。

2 共同生活住居(ユニット)の定員は、5～9人である。

3 計画作成担当者は、介護支援専門員でなくてはならない。

4 居間とは別に食堂を設けなくてはならない。

5 定期的に外部の者による評価または運営推進会議による評価を受けてその結果を公表しなければならない。

問題 55 夜間対応型訪問介護について正しいものはどれか。**3つ選べ。**

1 利用者が通報するための機器は、ケアコール端末でなければならない。

2 定期巡回サービス、オペレーションセンターサービス、随時訪問サービスが一括して提供される。

3 利用者から合鍵を預かる場合には、紛失した場合の対処方法等を記載した文書を利用者に交付する。

4 日中のオペレーションセンターサービスを実施することが認められている。

5 オペレーターは事業所に常駐で、定期巡回サービス等に従事することはできない。

問題 56 指定介護老人福祉施設について正しいものはどれか。**3つ選べ。**

1 やむを得ない事由があれば、要介護1または2の者を入所させることができる。

2 医務室は、医療法に規定する診療所としなければならない。

3 身体的拘束等の適正化のための対策を検討する委員会を3か月に1回以上開催しなければならない。

4 施設に介護支援専門員がいない場合は、生活相談員が施設サービス計画を作成する。

5 教養娯楽設備等を備える必要はない。

第2回

問題 57 次の記述のうち、正しいものはどれか。**3つ選べ。**

1 災害対策基本法において、市町村に避難行動要支援者名簿を作成する努力義務が課されている。

2 高齢者虐待防止法において、養介護施設従事者等は、施設内において虐待を受けたと思われる高齢者を発見した場合は、速やかにこれを市町村に通報しなければならない。

3 個人情報とは生存する個人の情報であり、亡くなった人の個人情報は保護の対象とならない。

4 育児・介護休業法に基づく介護休業は、対象家族1人につき93日までを限度とし、分割して取得することができる。

5 サービス付き高齢者向け住宅では、食事の提供が義務づけられている。

問題 58 成年後見制度について正しいものはどれか。**3つ選べ。**

1 本人以外の者が補助開始の審判の申立てをする場合は、本人の同意が必要である。

2 成年後見人が本人の居住用の不動産を処分する場合は、家庭裁判所の許可が必要である。

3 補助人には、同意権や代理権は与えられない。

4 任意後見受任者の選任は、家庭裁判所が行う。

5 成年後見人等は、一定の研修を受けた第三者の市民が選任されることもある。

問題 59 生活保護制度について正しいものはどれか。**2つ選べ。**

1 保護の決定においては、生活困窮に陥った原因も勘案される。

2 保護は、原則として世帯を単位としてその要否や程度を決定する。

3 要保護者が急迫した状況にあるときは、保護の申請がなくても、必要な保護を行うことができる。

4 福祉事務所の査察指導員と現業員は、社会福祉士でなければならない。

5 被保護者の介護保険料は、介護扶助として給付される。

問題 60 障害者総合支援法に基づく制度について正しいものはどれか。**3つ**選べ。

1 障害者総合支援法が対象とする障害者には、難病患者等も含まれる。

2 自立支援給付には、補装具費が含まれる。

3 成年後見制度利用支援事業は、都道府県地域生活支援事業の必須事業として行われる。

4 介護給付および訓練等給付を利用したい人は、市町村による障害支援区分の認定を経て、支給決定を受ける必要がある。

5 介護保険のサービスを利用していても、同時に障害福祉サービスの就労移行支援の利用が可能である。

第2回　予想問題　解答用紙

※実際の解答用紙とは異なります。切り取ってコピーしてご利用ください。

※問題は、「介護支援分野」「保健医療サービスの知識等」「福祉サービスの知識等」に分かれていますが、合否は「**介護支援分野**」と「**保健医療サービスの知識等**」と「**福祉サービスの知識等**」を合わせた「**保健医療福祉サービス分野**」の2分野それぞれの得点で判定されます。

介護支援分野

問題	1	①	②	③	④	⑤
問題	2	①	②	③	④	⑤
問題	3	①	②	③	④	⑤
問題	4	①	②	③	④	⑤
問題	5	①	②	③	④	⑤
問題	6	①	②	③	④	⑤
問題	7	①	②	③	④	⑤
問題	8	①	②	③	④	⑤
問題	9	①	②	③	④	⑤
問題	10	①	②	③	④	⑤
問題	11	①	②	③	④	⑤
問題	12	①	②	③	④	⑤
問題	13	①	②	③	④	⑤
問題	14	①	②	③	④	⑤
問題	15	①	②	③	④	⑤
問題	16	①	②	③	④	⑤
問題	17	①	②	③	④	⑤
問題	18	①	②	③	④	⑤
問題	19	①	②	③	④	⑤
問題	20	①	②	③	④	⑤
問題	21	①	②	③	④	⑤
問題	22	①	②	③	④	⑤
問題	23	①	②	③	④	⑤
問題	24	①	②	③	④	⑤
問題	25	①	②	③	④	⑤

保健医療福祉サービス分野

保健医療サービスの知識等

問題	26	①	②	③	④	⑤
問題	27	①	②	③	④	⑤
問題	28	①	②	③	④	⑤
問題	29	①	②	③	④	⑤
問題	30	①	②	③	④	⑤
問題	31	①	②	③	④	⑤
問題	32	①	②	③	④	⑤
問題	33	①	②	③	④	⑤
問題	34	①	②	③	④	⑤
問題	35	①	②	③	④	⑤
問題	36	①	②	③	④	⑤
問題	37	①	②	③	④	⑤
問題	38	①	②	③	④	⑤
問題	39	①	②	③	④	⑤
問題	40	①	②	③	④	⑤
問題	41	①	②	③	④	⑤
問題	42	①	②	③	④	⑤
問題	43	①	②	③	④	⑤
問題	44	①	②	③	④	⑤
問題	45	①	②	③	④	⑤

福祉サービスの知識等

問題	46	①	②	③	④	⑤
問題	47	①	②	③	④	⑤
問題	48	①	②	③	④	⑤
問題	49	①	②	③	④	⑤
問題	50	①	②	③	④	⑤
問題	51	①	②	③	④	⑤
問題	52	①	②	③	④	⑤
問題	53	①	②	③	④	⑤
問題	54	①	②	③	④	⑤
問題	55	①	②	③	④	⑤
問題	56	①	②	③	④	⑤
問題	57	①	②	③	④	⑤
問題	58	①	②	③	④	⑤
問題	59	①	②	③	④	⑤
問題	60	①	②	③	④	⑤

（切り取ってご利用下さい）

別冊３

【問題冊子ご利用時の注意】

「問題冊子」は、この**色紙**を残したまま、ていねいに**抜き取り**、ご利用ください。

- 抜き取り時のケガには、十分お気をつけください。
- 抜き取りの際の損傷についてのお取替えはご遠慮願います。

介護支援専門員実務研修受講試験（第27回試験）

問　　　題

◎指示があるまで開かないでください。

（注）

1　文中の「市町村」は、「市町村及び特別区」の意味となります。
2　本問題の選択肢のうち以下の厚生労働省令で定める事項に関する
ものは、当該省令の定める内容によります。
　・指定居宅サービス等の事業の人員、設備及び運営に関する基準（平
成11年厚生省令第37号）
　・指定介護予防サービス等の事業の人員、設備及び運営並びに指定
介護予防サービス等に係る介護予防のための効果的な支援の方法
に関する基準（平成18年厚生労働省令第35号）
　・指定地域密着型サービスの事業の人員、設備及び運営に関する基
準（平成18年厚生労働省令第34号）
　・指定地域密着型介護予防サービスの事業の人員、設備及び運営並
びに指定地域密着型介護予防サービスに係る介護予防のための効
果的な支援の方法に関する基準（平成18年厚生労働省令第36号）
　・指定居宅介護支援等の事業の人員及び運営に関する基準（平成11
年厚生省令第38号）
　・指定介護予防支援等の事業の人員及び運営並びに指定介護予防支
援等に係る介護予防のための効果的な支援の方法に関する基準
（平成18年厚生労働省令第37号）
　・指定介護老人福祉施設の人員、設備及び運営に関する基準（平成
11年厚生省令第39号）
　・介護老人保健施設の人員、施設及び設備並びに運営に関する基準
（平成11年厚生省令第40号）
　・介護医療院の人員、施設及び設備並びに運営に関する基準（平成
30年厚生労働省令第5号）
3　「障害者総合支援法」は、「障害者の日常生活及び社会生活を総合
的に支援するための法律（平成17年法律第123号）」のことをいいま
す。
4　「高齢者虐待防止法」は、「高齢者虐待の防止、高齢者の擁護者に
対する支援者に関する法律」（平成17年法律第124号）のことをいい
ます。

介 護 支 援 分 野

問題1 ～ 問題25

問題　1　わが国の近年の介護を取り巻く状況の説明として適切なものはどれか。**3つ選べ**。

1　介護を要する高齢者を同居している高齢者が介護する「老老介護」は、減少傾向にある。

2　育児と介護を同時に担う「ダブルケア」が課題となっている。

3　「ヤングケアラー」への支援が課題となっている。

4　介護者が仕事と介護を両立できるよう、法律により介護休暇及び介護休業が制度化されている。

5　特別養護老人ホームなどの老人ホームでの死亡者数は、減少傾向にある。

問題　2　（改題）　2022（令和4）年度末における全国の要介護（要支援）認定者数の状況として正しいものはどれか。**2つ選べ**。

1　要介護（要支援）認定者のうち、第2号被保険者の占める割合は、30％を超えている。

2　第1号被保険者に占める要介護（要支援）認定者の割合は、40％を超えている。

3　85歳以上の被保険者のうち、要介護（要支援）認定者の占める割合は、50％を超えている。

4　要介護（要支援）認定者数は、男性より女性の方が多い。

5　要介護（要支援）状態区分別でみると、認定者数が最も多いのは、要介護5である。

問題　3　介護保険法に定める医療保険者の事務として正しいものはどれか。**2つ選べ**。

1　第1号被保険者の保険料の特別徴収を行う。

2　第2号被保険者の保険料を徴収する。

3　社会保険診療報酬支払基金に対し、介護給付費・地域支援事業支援納付金を納付する。

4　市町村に対し、介護給付費交付金を交付する。

5　市町村に対し、地域支援事業支援交付金を交付する。

問題　4　介護保険法に定める都道府県の責務として正しいものはどれか。**2つ選べ**。

1　介護報酬の算定基準を適切に設定しなければならない。

2　介護保険事業の運営が健全かつ円滑に行われるように、必要な助言及び適切な援助をしなければならない。

3　介護保険事業が効率的に行われるように、年金保険者を指導・監督しなければならない。

4　認知症に関する知識の普及及び啓発に努めなければならない。

5　高齢者が経済活動に参加することを促さなければならない。

問題　5　介護保険の第1号被保険者について正しいものはどれか。**2つ選べ。**

1　市町村の区域内に住所を有する65歳以上の者をいう。

2　保険給付の対象となるのは、特定疾病を原因として要支援・要介護状態になった者に限られる。

3　保険料は、地域支援事業の任意事業の財源に充当される。

4　居住する市町村から転出した場合は、その翌月から転出先の市町村の被保険者となる。

5　医療保険加入者でなくなった日から、第1号被保険者の資格を喪失する。

問題　6　区分支給限度基準額が適用されるサービスとして正しいものはどれか。**3つ選べ。**

1　訪問介護

2　地域密着型通所介護

3　居宅療養管理指導

4　認知症対応型通所介護

5　地域密着型介護老人福祉施設入所者生活介護

問題　7　市町村長が指定する事業者が行うサービスとして正しいものはどれか。**3つ選べ。**

1　居宅介護支援

2　通所介護

3　認知症対応型共同生活介護

4　介護予防短期入所生活介護

5　介護予防支援

問題　8　介護保険制度の給付と利用者負担について正しいものはどれか。**3つ選べ。**

1　被保険者が災害により住宅に著しい損害を受けた場合には、市町村は、定率の利用者負担を減免することができる。

2　施設介護サービス費に係る利用者負担は、一律2割の定率負担となっている。

3　区分支給限度基準額を超えてサービスを利用した場合には、その超えた部分は3割負担となる。

4　介護保険施設入所者の理美容代は、保険給付の対象とならない。

5　居宅介護サービス計画費については、利用者負担はない。

問題　9　高額介護サービス費について正しいものはどれか。**2つ選べ。**

1　世帯単位で算定される。

2　地域密着型サービスの利用に係る利用者負担額は、支給の対象とならない。

3　同一世帯に住民税が課税されている者がいる場合には、支給の対象とならない。

4　利用者の負担上限額は、6月単位で設定されている。

5　利用者の負担上限額は、所得によって異なる。

問題　10　介護保険法に定める市町村介護保険事業計画について正しいものはどれか。**3つ選べ。**

1　市町村老人福祉計画と一体のものとして作成されなければならない。

2　市町村地域福祉計画と調和が保たれたものでなければならない。

3　介護保険施設の種類ごとの必要入所定員総数の見込みを定めなければならない。

4　各年度における地域支援事業の量の見込みを定めるものとする。

5　計画期間は、5年を1期とする。

問題　11　介護保険の財政について正しいものはどれか。**3つ選べ。**

1　施設等給付の公費負担割合は、国30％、都道府県10％、市町村10％である。

2　調整交付金の総額は、介護給付及び予防給付に要する費用の総額の5％に相当する額である。

3　介護給付及び予防給付に要する費用は、公費と保険料によりそれぞれ50％ずつ賄われる。

4　第1号被保険者と第2号被保険者の保険料負担の按分割合は、制度施行以来変わっていない。

5　市町村特別給付に要する費用は、その市町村の第1号被保険者の保険料により賄われる。

問題　12　介護保険における第2号被保険者の保険料について正しいものはどれか。**3つ選べ。**

1　介護予防・日常生活支援総合事業の費用にも充てられる。

2　所得段階別定額保険料である。

3　被用者保険の被保険者の場合には、事業主負担がある。

4　被用者保険の被保険者である生活保護受給者は、保険料を支払う。

5　被用者保険の被保険者の保険料は、市町村が条例で定める。

第27回本試験　　　　　　　－6－

問題　13　認知症総合支援事業において配置の対象とされているものとして正しいものはどれか。**3つ選べ**。

1　福祉用具専門相談員
2　認知症地域支援推進員
3　チームオレンジコーディネーター
4　認知症初期集中支援チーム
5　介護サービス相談員

問題　14　介護予防ケアマネジメント（第1号介護予防支援事業）について正しいものはどれか。**2つ選べ**。

1　事業の受託者への費用の審査及び支払に係る事務は、国民健康保険団体連合会に委託できない。
2　介護予防ケアマネジメントの利用者負担は、1割又は2割である。
3　医療機関が行わなければならない。
4　住所地特例適用被保険者については、入所又は入居する施設が所在する市町村が行う。
5　要支援者は、対象である。

問題　15　介護保険審査会について正しいものはどれか。**2つ選べ**。

1　市町村に設置される。
2　委員には、被保険者を代表する者が含まれる。
3　介護報酬の審査・支払についての不服は、審査請求の対象となる。
4　指定介護老人福祉施設の指定についての不服は、審査請求の対象となる。
5　保険料の滞納処分についての不服は、審査請求の対象となる。

問題　16　介護保険に関して市町村が有する権限について正しいものはどれか。**2つ選べ**。

1　被保険者に対する老齢等年金給付の支給状況について、年金保険者に対し資料の提供を求める。
2　要介護認定に関する審査請求事件について、医療保険者に対し必要な報告を求める。
3　被保険者の保険料に関し、被保険者の収入について調査する。
4　介護サービス情報の公表制度に係る報告に関し、指定居宅サービス事業者を調査する。
5　不正の手段により登録を受けた介護支援専門員の登録を消除する。

問題　17　要介護認定の認定調査票(基本調査)に含まれる項目として正しいものはどれか。**3つ選べ。**

1　座位保持

2　整髪

3　預貯金の額

4　学歴

5　買い物

問題　18　要介護認定の一次判定について正しいものはどれか。**2つ選べ。**

1　要介護認定等基準時間は、1日当たりの時間として推計される。

2　要介護認定等基準時間は、実際に居宅等で行われている介護時間そのものである。

3　全国共通の基準に基づき行われる。

4　都道府県が行わなければならない。

5　一次判定の結果は、申請した被保険者に対し通知されなければならない。

問題　19　要介護認定に係る主治医意見書の項目として正しいものはどれか。**3つ選べ。**

1　栄養・食生活

2　感染症の有無

3　医学的管理の必要性

4　趣味

5　職歴

問題　20　指定居宅介護支援におけるケアマネジメント業務として、より適切なものはどれか。**3つ選べ。**

1　課題分析標準項目に基づくアセスメントの実施

2　利用者によるサービスの選択に資するための情報提供

3　地域ケア会議の主催

4　住民による自発的活動の開発

5　モニタリングの実施

問題 21 居宅サービス計画の作成について正しいものはどれか。**3つ選べ。**

1　被保険者証に認定審査会意見の記載がある場合には、利用者にその趣旨を説明し、理解を得た上で、その内容に沿って作成しなければならない。

2　地域密着型通所介護を位置付ける場合には、認知症の専門医の意見を求めなければならない。

3　厚生労働大臣が定める回数以上の訪問介護は、位置付けることができない。

4　短期入所生活介護を位置付ける場合には、原則として利用する日数が要介護認定の有効期間のおおむね半数を超えないようにしなければならない。

5　福祉用具貸与を位置付ける場合には、その利用の妥当性を検討し、必要な理由を記載しなければならない。

問題 22 指定居宅介護支援事業者の記録について正しいものはどれか。**3つ選べ。**

1　居宅介護支援経過は、時系列で誰もが理解できるように記載する。

2　サービス担当者会議の記録は、支援が完結すればその時点で廃棄してもよい。

3　自ら提供した指定居宅介護支援とは明らかに関係がない苦情を受け付けた場合でも、すべて記録し保存しなければならない。

4　指定居宅介護支援の提供により発生した事故の状況及び事故に際して採った処置について、記録しなければならない。

5　不正の行為によって保険給付を受けた利用者については、市町村に遅滞なく通知するとともに、その記録を整備しなければならない。

問題 23 指定介護予防支援について適切なものはどれか。**3つ選べ。**

1　地域支援事業及び介護給付と連続性及び一貫性を持った支援を行うように配慮する。

2　介護予防通所リハビリテーションを介護予防サービス計画に位置付ける場合には、当該サービスに係る主治の医師の指示は必要ない。

3　介護予防サービス計画の策定に当たっては、利用者の個別性を重視した効果的なものとする。

4　利用者による主体的な取組を支援し、常に利用者の生活機能の向上に対する意欲を高めるよう支援する。

5　介護福祉士を配置しなければならない。

問題　24　Ａさん(8)歳、女性、要介護２、認知機能は低下していない)は、長男と二人暮らしで、通所介護を利用している。その通所介護事業所の職員から、入浴時にＡさんの体に直径３cmくらいのあざが数か所あることを見つけ、Ａさんが「長男に怒鳴られて、叩かれた」と話していたことについての相談があった。高齢者虐待防止法を踏まえた介護支援専門員の対応として、より適切なものはどれか。**２つ選べ**。

1　一時的なものと考え、しばらく様子を見ることにする。

2　速やかに市町村に通報する。

3　直ちにＡさんが長期間養護を受けるために必要となる居室を確保するための措置を決める。

4　長男がいない場で、Ａさんと今後の介護サービスや対応について話をする機会を設ける。

5　長男に対し、なぜ怒鳴ったり叩いたりしたのかを厳しく問いただす。

問題　25　Ａさん(85歳、女性)は、長女と二人暮らしである。Ａさんは自宅で転倒して腰椎を圧迫骨折し、１か月入院した。退院後、筋力低下が著しく、要支援２の認定を受けた。介護支援専門員が訪問したところ、Ａさんは以前のように自分で家事や入浴をしたいと希望しているが、長女は転倒を心配してデイサービスでの入浴介助を希望していて折り合わない。自立支援・重度化防止の観点に立った介護支援専門員の対応として、より適切なものはどれか。**３つ選べ**。

1　長女の希望だけに沿ったケアプランを作成する。

2　筋力低下の原因や回復方法等の確認のため、医師、理学療法士、管理栄養士などに相談する。

3　自宅での転倒リスクを軽減し、できるだけ自宅での自立した生活を営めるように、生活環境全般を把握する。

4　様子を見るため、あえて目標や期間を定めずに介護予防通所リハビリテーションの利用を位置付ける。

5　Ａさんと長女を交えて、自立支援・重度化防止に向けた話し合いの場を設ける。

保健医療サービスの知識等

問題26 ～ 問題45

問題　26　せん妄に関する次の記述のうち適切なものはどれか。**3つ**選べ。

1　日常生活における活動性が低下することがある。

2　認知症を有する人は、せん妄を起こしやすい。

3　治療は、誘因にかかわらず薬物治療を最優先とする。

4　せん妄の程度は、時間の経過とともに変化することがある。

5　夜間にせん妄を起こす高齢者には、日中の睡眠を十分にとらせる。

問題　27　バイタルサインについて適切なものはどれか。**3つ**選べ。

1　生命の維持にかかわる最も基本的な情報である。

2　感染症にかかっても、発熱しないことがある。

3　やせているため体温計を腋下部（腋の下）に密着できない場合には、正確に体温を測定できないことがある。

4　不整脈の有病率は、年齢層が高くなるにつれて減少する。

5　医師や看護師が血圧を測定すると低値になることが多い。

問題　28　口腔のケアについて適切なものはどれか。**3つ**選べ。

1　口腔内・口腔周囲を動かすことは、口腔機能の維持・向上に資する。

2　胃ろうによる経管栄養を行っている高齢者では、口腔のケアは必要ない。

3　寝たきりで片麻痺がある人の場合には、誤嚥を防ぐため、麻痺側を下にして口腔のケアを行う。

4　食後は義歯をはずして口腔内を清掃し、義歯はブラシを使用して流水で洗う。

5　高齢者では唾液の分泌量が減り、う蝕や歯周病が起こりやすい。

問題　29　リハビリテーションについて適切なものはどれか。**3つ**選べ。

1　利用者の残存能力をできる限り活かす。

2　急性期及び回復期に獲得された機能をできるだけ長く維持することも重要である。

3　廃用による筋力低下や筋萎縮の予防には、趣味や余暇活動への参加は効果がない。

4　本人が苦痛を感じなければ、同じ姿勢で安静臥床を続けることが望ましい。

5　変形性膝関節症は、歩行障害の原因となることがある。

問題 30 高齢者の精神疾患について、より適切なものはどれか。**3つ**選べ。

1 要因の一つに、脳の加齢性変化がある。

2 うつ病では、自殺リスクはない。

3 配偶者や近親者の死が、うつ病の要因となることがある。

4 アルコール依存症は、うつ病を合併することはない。

5 精神症状が定型的でなく、訴えは多彩かつ曖昧であることがある。

問題 31 次の記述のうち、より適切なものはどれか。**3つ**選べ。

1 入院中から退院後の生活に向けた準備を進めることが望ましい。

2 退院前カンファレンスには、利用者・家族は出席できない。

3 介護支援専門員には、退院前カンファレンスにおいて、病院関係者と在宅支援の関係者の橋渡し役になることが求められる。

4 介護支援専門員は、常に医学的立場に立って治療法について助言すべきである。

5 退院後の利用者を担当する介護支援専門員は、退院後の状況を入院していた病院に報告することが望ましい。

問題 32 栄養と食事について適切なものはどれか。**3つ**選べ。

1 体重測定は、栄養状態を把握するために有用である。

2 低栄養を予防するためには、摂取するエネルギー量を減らす。

3 水を飲んでむせる場合は、汁物やお茶に適度なとろみをつけることも一つの方法である。

4 スプーンはできるだけ深く大きいものとし、1回量を多くすることで食事の所要時間を短くする。

5 配食サービスは、栄養改善の目的だけでなく、一人暮らし高齢者の見守りとしても活用できる。

問題 33 次の記述のうち適切なものはどれか。**3つ**選べ。

1 糖尿病の治療法の一つとして、インスリンの在宅自己注射がある。

2 人工透析は、腎臓の働きを補うために行う。

3 中心静脈栄養法では、必ず腕や手の細い静脈から点滴する。

4 経管栄養法では、胃や腸に管を用いて栄養を注入する。

5 人工呼吸療法は、体内への二酸化炭素の取り込みを促すために行う。

問題 34 感染予防について適切なものはどれか。**3つ**選べ。

1 すべての人が感染症の病原体を保有している可能性があると考え、感染予防に努める。

2 高齢者には、肺炎球菌ワクチンの接種を毎年1回受けることが推奨されている。

3 高齢者における結核の初期症状としては、食欲不振、全身倦怠、体重減少などもある。

4 手洗いでは、指先、指の間、親指、手首も洗い忘れないようにする。

5 ノロウイルスの消毒には、低濃度のエタノールを用いる。

問題 35 次の記述のうち適切なものはどれか。**3つ**選べ。

1 パルスオキシメーターは、一般に手や足の指先に装着する。

2 自己導尿に用いるカテーテルの消毒は不要である。

3 ネブライザーは、薬剤の投与や気道の加湿のために使われる。

4 在宅酸素療法では、携帯用酸素ボンベを使用して外出することができる。

5 ストーマとは、気管切開口のことである。

問題 36 次の記述のうち、より適切なものはどれか。**3つ**選べ。

1 倒れている高齢者を発見したときは、意識の有無を確認する。

2 吐物を処理する場合は、使い捨て手袋を使用し塩素系の消毒剤を使用する。

3 止血した腕は、心臓より低い位置で保持する。

4 心肺蘇生時の胸骨圧迫は、うつ伏せにして行う。

5 高齢者が発熱したときは、全身状態の変化も併せて観察する。

問題 37 次の記述のうち適切なものはどれか。**3つ**選べ。

1 後期高齢者に対する健康診査では、フレイル状態のチェックも重要である。

2 握力の低下は、サルコペニア(筋肉減弱症)の目安となる。

3 慢性閉塞性肺疾患(COPD)を有する高齢者では、禁煙が重要である。

4 喫煙は、心筋梗塞の危険因子ではない。

5 多量の飲酒習慣は、脳卒中のリスクとは無関係である。

問題 38 次の記述のうち、より適切なものはどれか。**3つ**選べ。

1 皮脂欠乏症では、患部を清潔に保つことが悪化予防になることから、ナイロンタオルなどを使ってよく洗う。

2 めまいやふらつきの原因となる疾患の一つに脳梗塞がある。

3 糖尿病の治療で薬を飲んでいる場合は、食事に気を付ける必要はない。

4 関節リウマチの患者には、身体に負担をかけないためにベッドの使用が望ましい。

5 高齢者の大腿骨頸部骨折は、寝たきりの原因となりやすい。

問題 39 死亡診断書を交付することができる資格として正しいものはどれか。**2つ**選べ。

1 介護支援専門員　　2 介護福祉士　　3 医師　　4 歯科医師　　5 薬剤師

問題 40 指定訪問看護ステーションについて正しいものはどれか。**3つ**選べ。

1 管理者は、医師でなければならない。

2 主治の医師に、訪問看護計画書及び訪問看護報告書を提出しなければならない。

3 理学療法士を配置することができる。

4 訪問看護は、利用者の心身の機能の維持回復を図るよう妥当適切に行う。

5 看護職員は、すべて常勤で配置しなければならない。

問題 41 指定訪問リハビリテーションについて正しいものはどれか。**3つ**選べ。

1 サービス提供には、医師の指示が必要である。

2 理学療法、作業療法その他必要なリハビリテーションを行うことにより、利用者の心身の機能の維持回復を図るものでなければならない。

3 事業者は、従業者、設備、備品及び会計に関する諸記録を整備しておかなければならない。

4 特定の研修を受けた介護福祉士であれば、サービスを提供することができる。

5 訪問看護ステーションの言語聴覚士がサービスを提供した場合は、訪問リハビリテーション費が算定される。

問題 42 指定短期入所療養介護について適切なものはどれか。**2つ**選べ。

1 家族の疾病を理由とした利用はできない。

2 短期入所療養介護計画は、おおむね4日以上連続して利用する場合に作成する必要がある。

3 要介護1又は要介護2と認定された者は、利用できない。

4 介護老人福祉施設で提供される。

5 酸素療法を必要とするなど医療ニーズが高い要介護者も利用できる。

問題　43　指定定期巡回・随時対応型訪問介護看護について適切なものはどれか。**2つ**選べ。

1　要支援者は利用できない。

2　利用者の心身の状況にかかわらず、毎日、訪問しなければならない。

3　訪問看護サービスの提供の開始に際し、主治の医師による指示を口頭で受ければよい。

4　日常生活上の緊急時の対応は想定されていない。

5　自らその提供するサービスの質の評価を行い、結果を公表しなければならない。

問題　44　介護老人保健施設について適切なものはどれか。**3つ**選べ。

1　入所者の在宅復帰を目指すことが基本方針として定められている。

2　社会福祉法人は、開設できない。

3　若年性認知症を有する要介護者は、入所することができる。

4　介護支援専門員以外の者でも施設サービス計画を作成することができる。

5　所得の多寡を理由にサービスの提供を拒否することは禁じられている。

問題　45　介護医療院について適切なものはどれか。**3つ**選べ。

1　主として短期的な療養が必要な者を対象とすることが基本方針として定められている。

2　要支援者は、入所することができない。

3　適切なリハビリテーションを計画的に行わなければならない。

4　診療所に併設できる場合がある。

5　1つの療養室の定員は、2人以下としなければならない。

福祉サービスの知識等

問題46 〜 問題60

問題　46　面接場面におけるコミュニケーション技術について適切なものはどれか。**3つ**選べ。

1　明確化とは、相談援助者がクライエントの利益を考えて、クライエントの代わりに意思決定することである。

2　アセスメントには、クライエントの問題状況の把握、情報の収集と分析が含まれる。

3　オープンクエスチョンとは、クライエントが自らの選択や決定により、答えを見つけることを促す質問である。

4　面接技術には、ジェスチャー、表情、声の抑揚が含まれる。

5　視線やクライエントとの距離について配慮することは避けるべきである。

問題　47　ソーシャルワークに関する次の記述のうち、より適切なものはどれか。**3つ**選べ。

1　クライエントと相談援助者が目標達成に向けて取り組むことは、重要である。

2　支援計画は、具体的に立てるよりは、できる限り抽象的に立てることが望ましい。

3　支援を終結する際は、終結に伴うクライエントの不安に十分配慮することが重要である。

4　スーパービジョンの主な目的は、クライエントへの支援の向上とサービスの質の確保のための相談援助者の養成である。

5　アウトリーチとは、個人情報を適切に管理・保護することである。

問題　48　ソーシャルワークの視点から、支援困難事例に関する記述として、より適切なものはどれか。**3つ**選べ。

1　高齢者の家族が支援内容に対して何度も不満を訴えたため、担当の介護支援専門員が地域包括支援センターへ相談する。

2　独居のクライエントが屋外までごみがあふれている家屋に住んでいるので、直ちに警察へ介入を依頼する。

3　認知症のために判断能力が著しく低下したクライエントに対して、成年後見制度の利用を検討する。

4　セルフ・ネグレクトには、配偶者からの身体的虐待が含まれる。

5　関係する専門職、関係機関、地域住民などがチームを組んでアプローチすることが望ましい。

第27回本試験

問題　49　ソーシャルワークにおける地域援助として、より適切なものはどれか。**3つ選べ**。

1　保健医療・福祉等の専門職のみによる地域の課題への対応

2　地域の商店とNPOの協働による認知症カフェの設置・運営

3　地域の高齢者が福祉サービスにアクセスしやすくなるための自治体への働きかけ

4　被災者に対する支援のためのボランティアの組織化

5　住民を交えたグループ活動における本人の了解を得ないままの参加者の氏名や顔写真の公表

問題　50　介護保険における訪問介護について正しいものはどれか。**3つ選べ**。

1　指定訪問介護事業所の管理者は、介護福祉士でなければならない。

2　サービス提供責任者は、利用者のサービスに関する意向を定期的に把握するものとする。

3　指定訪問介護事業者は、サービス提供中に事故が発生した場合は、市町村、利用者の家族、担当の居宅介護支援事業者等に連絡を行わなければならない。

4　居宅サービス計画にないサービスでも、利用者の要望があった場合には、訪問介護員は直ちに提供しなければならない。

5　指定訪問介護事業者は、定期的に業務継続計画の見直しを行い、必要に応じて業務継続計画の変更を行うものとする。

問題　51　介護保険における通所介護について正しいものはどれか。**3つ選べ**。

1　サービスの所要時間が同じ区分の利用者に対しては、サービス提供開始時刻を同じにしなければならない。

2　指定通所介護事業所の設備を利用し、宿泊サービスを提供する場合には、その開始前に指定権者に届け出る必要がある。

3　通所介護費の算定の基準となる所要時間には、送迎に要する時間も含まれる。

4　通所介護計画は、サービスの提供に関わる従業者が共同して個々の利用者ごとに作成するものである。

5　あらかじめ通所介護計画に位置付けられ、効果的な機能訓練等のサービスが提供できる場合は、事業所の屋外でサービスを提供することができる。

問題 52 介護保険における訪問入浴介護について正しいものはどれか。**3つ**選べ。

1 1回の訪問につき、看護職員1人及び介護職員2人で行った場合、これらの者のうち1人を当該サービスの提供の責任者とする。

2 利用者が短期入所生活介護を利用している間も、その必要性が居宅サービス計画に記載されていれば、訪問入浴介護費を算定できる。

3 心身の状況により、訪問時に全身入浴が難しい場合、利用者の希望によって、清拭や部分浴に変更することができる。

4 利用者の自宅に浴室があっても、訪問入浴介護を利用することができる。

5 終末期にある者は、利用することができない。

問題 53 介護保険における短期入所生活介護について正しいものはどれか。**3つ**選べ。

1 短期入所生活介護計画は、居宅サービス計画を作成した介護支援専門員が作成しなければならない。

2 いかなる場合でも、静養室において指定短期入所生活介護を行うことはできない。

3 利用定員が20人未満の併設事業所の場合、生活相談員は非常勤でもよい。

4 食事内容は、当該事業者の医師又は栄養士を含む会議で検討が加えられなければならない。

5 協力医療機関は，緊急時等に速やかに対応できるよう、指定短期入所生活介護事業所から近距離にあることが望ましいものである。

問題 54 介護保険における福祉用具について正しいものはどれか。**3つ**選べ。

1 福祉用具の使用目的には、利用者の自立した日常生活の支援と介護者の負担軽減が含まれる。

2 浴槽内いすなどの入浴補助用具は、特定福祉用具販売の対象となる。

3 利用者の身体を滑らせるスライディングボードは、特定福祉用具販売の対象となる。

4 空気式又は折りたたみ式の簡易浴槽は、福祉用具貸与の対象となる。

5 エアマットなどの床ずれ防止用具は、福祉用具貸与の対象となる。

第27回本試験

問題 55 介護保険における認知症対応型共同生活介護について正しいものはどれか。**2つ**選べ。

1 指定認知症対応型共同生活介護事業所の共同生活住居数は、1以上3以下である。
2 1つの共同生活住居の入居定員は、15人以上20人以下である。
3 認知症対応型共同生活介護を利用している場合、福祉用具貸与費を算定できない。
4 計画作成担当者は、1つの共同生活住居ごとに置かなければならない。
5 サテライト型指定認知症対応型共同生活介護事業所の管理者は、管理上支障がない場合であっても、本体事業所の管理者が兼務することはできない。

問題 56 介護保険における小規模多機能型居宅介護について正しいものはどれか。**3つ選**べ。

1 通いを中心として、利用者の様態や希望に応じて、随時訪問や宿泊を組み合わせてサービスを提供するものである。
2 利用者は、同時に複数の指定小規模多機能型居宅介護事業所に登録することができる。
3 1つの本体事業所に係るサテライト事業所の数は2か所までとする。
4 小規模多機能型居宅介護従業者として、理学療法士又は作業療法士を置かなければならない。
5 介護支援専門員は、利用者の処遇に支障がない場合は、管理者と兼務することができる。

問題 57 指定介護老人福祉施設について正しいものはどれか。**3つ選べ。**

1 第三者による施設サービスの質の評価を受けることが、義務付けられている。
2 身体拘束等の適正化のための対策を検討する委員会を、3か月に1回以上開催しなければならない。
3 入所者の処遇に支障がない場合、配置される介護支援専門員は非常勤でもよい。
4 看護職員については、常勤の者を1人以上配置しなければならない。
5 計画担当介護支援専門員は、特段の事情のない限り、定期的にモニタリングの結果を記録しなければならない。

問題 58 生活保護制度について正しいものはどれか。**3つ**選べ。

1 65歳以上の被保護者の介護保険料は、生活保護から給付される。

2 補足性の原理により、生活保護の介護扶助は、介護保険の保険給付よりも優先して給付される。

3 生活保護の要否判定は、家庭裁判所が行う。

4 葬祭扶助には、火葬又は埋葬に必要な費用が含まれる。

5 介護予防支援計画に基づいて行われる介護予防サービスは、介護扶助の対象となる。

問題 59 成年後見制度について正しいものはどれか。**3つ**選べ。

1 親族は、成年後見人になることができない。

2 後見開始の審判は、本人も請求することができる。

3 法人も、成年後見人に選任されることがある。

4 身上保護(身上監護)とは、本人に代わって財産を管理することをいう。

5 成年被後見人の法律行為は、原則として、取り消すことができる。

問題 60 後期高齢者医療制度について正しいものはどれか。**3つ**選べ。

1 保険料は、厚生労働省令で定める。

2 生活保護受給者は、被保険者にならない。

3 被保険者には、35歳以上75歳未満であって、後期高齢者医療広域連合の障害認定を受けた者も含まれる。

4 後期高齢者医療広域連合は、特別の理由がある者に対し、保険料を減免することができる。

5 訪問看護療養費の支給は、給付に含まれない。

第27回本試験

第27回試験　解答用紙

※実際の解答用紙とは異なります。切り取ってコピーしてご利用ください。

※問題は、「介護支援分野」「保健医療サービスの知識等」「福祉サービスの知識等」に分かれていますが、合否は「**介護支援分野**」と「**保健医療サービスの知識等**」と「**福祉サービスの知識等**」を合わせた「**保健医療福祉サービス分野**」の2分野それぞれの得点で判定されます。

介護支援分野

問題		①	②	③	④	⑤
問題	1	①	②	③	④	⑤
問題	2	①	②	③	④	⑤
問題	3	①	②	③	④	⑤
問題	4	①	②	③	④	⑤
問題	5	①	②	③	④	⑤
問題	6	①	②	③	④	⑤
問題	7	①	②	③	④	⑤
問題	8	①	②	③	④	⑤
問題	9	①	②	③	④	⑤
問題	10	①	②	③	④	⑤
問題	11	①	②	③	④	⑤
問題	12	①	②	③	④	⑤
問題	13	①	②	③	④	⑤
問題	14	①	②	③	④	⑤
問題	15	①	②	③	④	⑤
問題	16	①	②	③	④	⑤
問題	17	①	②	③	④	⑤
問題	18	①	②	③	④	⑤
問題	19	①	②	③	④	⑤
問題	20	①	②	③	④	⑤
問題	21	①	②	③	④	⑤
問題	22	①	②	③	④	⑤
問題	23	①	②	③	④	⑤
問題	24	①	②	③	④	⑤
問題	25	①	②	③	④	⑤

保健医療福祉サービス分野

保健医療サービスの知識等

問題		①	②	③	④	⑤
問題	26	①	②	③	④	⑤
問題	27	①	②	③	④	⑤
問題	28	①	②	③	④	⑤
問題	29	①	②	③	④	⑤
問題	30	①	②	③	④	⑤
問題	31	①	②	③	④	⑤
問題	32	①	②	③	④	⑤
問題	33	①	②	③	④	⑤
問題	34	①	②	③	④	⑤
問題	35	①	②	③	④	⑤
問題	36	①	②	③	④	⑤
問題	37	①	②	③	④	⑤
問題	38	①	②	③	④	⑤
問題	39	①	②	③	④	⑤
問題	40	①	②	③	④	⑤
問題	41	①	②	③	④	⑤
問題	42	①	②	③	④	⑤
問題	43	①	②	③	④	⑤
問題	44	①	②	③	④	⑤
問題	45	①	②	③	④	⑤

福祉サービスの知識等

問題		①	②	③	④	⑤
問題	46	①	②	③	④	⑤
問題	47	①	②	③	④	⑤
問題	48	①	②	③	④	⑤
問題	49	①	②	③	④	⑤
問題	50	①	②	③	④	⑤
問題	51	①	②	③	④	⑤
問題	52	①	②	③	④	⑤
問題	53	①	②	③	④	⑤
問題	54	①	②	③	④	⑤
問題	55	①	②	③	④	⑤
問題	56	①	②	③	④	⑤
問題	57	①	②	③	④	⑤
問題	58	①	②	③	④	⑤
問題	59	①	②	③	④	⑤
問題	60	①	②	③	④	⑤

（切り取ってご利用下さい）

第1回 解答・解説

- ●解答一覧／2
- 介護支援分野 ……………………………………………………… 3
- 保健医療サービスの知識等 ……………………………………… 18
- 福祉サービスの知識等 …………………………………………… 30

第1回　解答一覧

※合格基準とされる「介護支援分野」および「保健医療福祉サービス分野」それぞれの正答率が70％に達するまで、繰り返し解いてみましょう。

※第27回試験（2024年10月13日実施）の合格基準点は「介護支援分野」18点、「保健医療福祉サービス分野」25点でした。

介護支援分野

問題	①	②	③	④	⑤
問題 1	●				●
問題 2		●	●		●
問題 3	●				●
問題 4			●		●
問題 5		●	●		
問題 6	●				●
問題 7		●		●	
問題 8	●				●
問題 9	●				
問題 10			●		●
問題 11	●		●		
問題 12				●	●
問題 13			●	●	
問題 14	●		●		
問題 15	●				
問題 16		●			●
問題 17		●			
問題 18			●		
問題 19	●				
問題 20	●				●
問題 21	●	●			
問題 22				●	●
問題 23					●
問題 24		●			●
問題 25		●	●		●

保健医療サービスの知識等（保健医療福祉サービス分野）

問題	①	②	③	④	⑤
問題 26	●	●	●		
問題 27	●				
問題 28	●		●		●
問題 29		●			●
問題 30			●	●	
問題 31		●	●		
問題 32				●	●
問題 33			●	●	
問題 34		●		●	
問題 35	●				
問題 36			●		
問題 37		●		●	
問題 38					●
問題 39	●		●		
問題 40	●	●			
問題 41	●			●	
問題 42		●			
問題 43		●			●
問題 44	●	●			●
問題 45	●				

福祉サービスの知識等（保健医療福祉サービス分野）

問題	①	②	③	④	⑤
問題 46			●		
問題 47	●			●	
問題 48			●		
問題 49	●			●	
問題 50	●			●	
問題 51	●			●	
問題 52	●			●	
問題 53					●
問題 54	●				
問題 55			●	●	
問題 56	●				
問題 57					●
問題 58	●				
問題 59	●				
問題 60	●				

介護支援分野	
合　計	／25点

保健医療福祉サービス分野	
合　計	／35点

介護支援分野

第1回 解答

●介護支援分野

| 問題1 | 正解 **1・4・5** ── 重層的支援体制整備事業 | 重要度 ★★ |

●2020（令和2）年の社会福祉法の改正により、重層的支援体制整備事業が創設された。市町村は任意でこの事業を行うことができる。介護保険制度の地域支援事業の一部も重層的支援体制整備事業として実施可能であり、概要をよく押さえておこう。

☞ 教科書 CHAPTER I・SECTION 4

1 ○　重層的支援体制整備事業は、複数の制度にまたがる子ども・障害・高齢・生活困窮にかかる一部の事業を一体的に実施することにより、複雑化・複合化する**地域生活課題**の解決に資する、包括的な支援体制を整備することを目的としている。

2 ×　生活保護法に規定する事業内容は**含まれない**。関連する制度には、**介護保険**制度、**障害者総合支援**制度、**子ども・子育て支援**制度、**生活困窮者自立支援**制度がある。

3 ×　経済的に困窮している人への給付金制度は含まれない。

4 ○　重層的支援体制整備事業では、既存に向けた取り組みを活かしつつ、**相談支援**、**参加支援**、**地域づくり**に向けた支援を一体的に実施する。

5 ○　この事業を実施する市町村に対しては、関連事業にかかる補助を一体的に執行できるよう、**重層的支援体制整備事業交付金**が交付される。

| 問題2 | 正解 **2・3・5** ── 介護保険給付等の状況 | 重要度 ★★ |

●厚生労働省の「介護保険事業状況報告（年報）」からの出題である。このほか被保険者の状況、要介護・要支援認定者数の状況についても確認しておこう。

☞ 教科書 CHAPTER I・SECTION 4

1 ×　制度施行時の2000（平成12）年度の**保険給付費**（高額介護サービス費・高額医療合算介護サービス費・特定入所者介護サービス費を含む）は3兆2427億円だったが、2022（令和4）年度は約10兆5100億円とおよそ**3**倍である。
基上 p.38

2 ○　**各サービス別の給付費割合**は、全国平均で、居宅サービス**50.6**％、地域密着型サービス17.2％、施設サービス**32.1**％で、**居宅サービス**にかかる給付費が最も多い。

3 ○　1か月平均の**サービス受給者数**は599万人で、前年度より10万人**増加**している。

4 ×　**施設介護サービス受給者数**を要介護状態区分別にみると、要介護1が58万人、要介護2が98万人、要介護3が282万人、要介護4が413万人、要介護5が294万人で、**要介護4**の受給者数が最も多く、要介護4〜要介護5の重度の受給者が

3

6割以上を占めている。

5　○　**第1号被保険者の1人あたり給付費**は、全国平均で**27**万**8000**円である。

問題3　正解　**1・3・5** ●――介護保険制度の目的規定　　重要度 ★★★

●介護保険法第1条は、制度全体の目的を規定するものである。保険給付のあり方を規定する第2条、国民の努力および義務を規定する第4条とともに、近年は定期的に出題されている。基本的な事項として押さえておきたい。

☞ 教科書 CHAPTER I・SECTION 5

●**介護保険法第1条（目的）**

> この法律は、加齢に伴って生ずる心身の変化に起因する疾病等により**要介護状態**となり、入浴、排せつ、食事等の介護、機能訓練並びに看護及び療養上の管理その他の医療を要する者等について、これらの者が**尊厳を保持**し、その有する能力に応じ**自立した日常生活**を営むことができるよう、必要な**保健医療サービス及び福祉サービスに係る給付**を行うため、**国民の共同連帯の理念**に基づき介護保険制度を設け、その行う保険給付等に関して必要な事項を定め、もって**国民の保健医療の向上及び福祉の増進**を図ることを目的とする。

1　○　「**国民の保健医療の向上及び福祉の増進**」を図ることは、介護保険法の目的規定に含まれる。基上p.42

2　×　「活力ある経済社会及び豊かな国民生活の実現」は、個人情報保護法（「個人情報の保護に関する法律」）の目的に規定される文言である。基上p.42

3　○　介護保険制度は、「**国民の共同連帯の理念**」に基づく制度である。この理念に基づき、**国民は介護保険事業に要する費用を公平に負担**することが、介護保険法第4条（国民の努力及び義務）に規定されている。基上p.42、44

4　×　「地域住民の心身の健康の保持及び生活の安定」のために必要な援助を行うことは、**地域包括支援センター**の設置の目的として規定されている。基上p.42

5　○　「**自立した日常生活を営む**」ことは、介護保険法の目的規定に含まれる。基上p.42

問題4　正解　**3・4・5** ●――住所地特例　　重要度 ★★★

●被保険者のうち、住所地特例は出題頻度の高い項目である。住所地特例では、保険者が移転前の市町村となるため、給付費用負担は移転前の市町村となるが、サービスは住所地で利用することになる。住所地特例対象施設などの基本事項は確実に押さえよう。

☞ 教科書 CHAPTER I・SECTION 7

1　×　地域密着型サービスは、原則として**その市町村内の住民を対象としたサービス**であり、**地域密着型介護老人福祉施設**は住所地特例の対象とは**ならない**。基上p.50

4

2 ✕ **認知症対応型共同生活介護**も市町村内の住民を対象とした地域密着型サービスであり、住所地特例の対象とは**ならない**。 基⊕p.50

3 ◯ **介護医療院**は、住所地特例の対象と**なる**。 基⊕p.50

4 ◯ **サービス付き高齢者向け住宅**が**有料老人ホームに該当するサービスを提供している場合**は、住所地特例の対象と**なる**。 基⊕p.50

5 ◯ **養護老人ホーム**は、住所地特例の対象と**なる**。 基⊕p.50

●住所地特例対象施設

●介護保険施設（介護老人福祉施設、介護老人保健施設、介護医療院）
●特定施設（有料老人ホーム、養護老人ホーム、軽費老人ホーム）
●老人福祉法に規定する養護老人ホーム（措置入所の場合）

問題5 | 正解 **2・3・4** ●──高額介護サービス費 | 重要度 ★★

●高額介護サービス費は、要介護者が1か月に支払った、サービスの定率負担額が高額となった場合に、償還払いで支給されるが、福祉用具購入費と住宅改修費の定率負担分は対象とならない。施設等の食費や居住費（滞在費）、日常生活費も対象外である。

☞ 教科書 CHAPTER I・SECTION14

1 ✕ 高額介護サービス費は、**負担上限額**は**所得に応じて設定**されているが、介護サービスを利用した**すべての要介護者が対象**となる。 基⊕p.108

2 ◯ 高額介護サービス費の負担上限額は、**1か月**単位で設定され、同一世帯での利用者負担の合計が一定額を超えた場合に給付される。 基⊕p.108

3 ◯ 支給限度基準額を超えた分は、**全額が利用者の自己負担**となり、高額介護サービス費の対象とはならない。 基⊕p.108

4 ◯ **福祉用具購入費**と**住宅改修費**の利用者負担分は対象とはならない。 基⊕p.108

5 ✕ **社会福祉法人等による利用者負担額軽減制度が適用されたあと**の利用者負担額に、高額介護サービス費は**適用される**。 基⊕p.108

問題6 | 正解 **1・3・5** ●──保険給付 | 重要度 ★★★

●保険給付のサービスの種類と内容、利用者が定率負担とは別に負担する費用、低所得者の負担を軽減するための補足給付など、給付に関する内容は、介護支援専門員の実務に欠かせない知識であり、試験でも重視されている。

☞ 教科書 CHAPTER I・SECTION11、12、14

1 ◯ **特定福祉用具販売**は、**居宅サービス**のひとつであり、都道府県知事の指定を受けた事業者がサービスを提供する。ただし、ほかのサービスと異なり単独で支給

限度基準額が設定され、償還払いとなる。 基上p.91

2 × 　要介護認定の効力は**認定申請日**にさかのぼるが、**認定申請前**であっても、**緊急その他やむを得ない事情**がある場合には、市町村が認めることで、介護保険の給付（**特例居宅介護サービス費**等）を償還払いで受けることができる。 基上p.94～95

3 ○ 　**おむつ代**は、**施設サービス**と**短期入所系サービス**では**保険給付の対象**となるが、認知症対応型共同生活介護や特定施設入居者生活介護など居住系のサービスでは、保険給付の対象外となり全額利用者が負担する。 基上p.110～111

4 × 　地域密着型介護予防サービスは、介護予防認知症対応型通所介護、介護予防小規模多機能型居宅介護、介護予防認知症対応型共同生活介護の**3つ**である。 基上p.91

5 ○ 　**特定入所者介護サービス費**は、低所得者でも現金、預貯金等が一定額を超えている人は対象外となる。 基上p.112

| 問題**7** | 正解 **2・4** | ●──サービス提供事業者の指定 | 重要度 ★★★ |

●事業者に関する問題は、毎年複数問出題される。指定権者、指定の要件とみなし指定、指定の更新などひととおり確認しよう。

☞ 教科書　CHAPTER I・SECTION15

1 × 　公募指定は、**地域密着型サービス**のうち、**定期巡回・随時対応型訪問介護看護**、**小規模多機能型居宅介護**、**看護小規模多機能型居宅介護**が対象である。指定居宅サービスには認められていない。 基上p.140

2 ○ 　都道府県知事が**特定施設入居者生活介護**の指定をしようとするときは、**市町村介護保険事業計画**との調整を図る見地から、関係**市町村長の意見**を求めなければならない。介護保険施設の指定・許可においても同様である。 基上p.132

3 × 　**市町村長**は、**すべての事業者・施設**に対し、居宅介護サービス費等の支給に関して必要と認めるときは、事業者等やその従業者等に対し、報告・帳簿書類の提出または提示・出頭を求めたり、職員に関係者に対する質問や事業所への**立入検査**をさせたりすることができる。 基上p.134

4 ○ 　介護保険法上の開設許可を得た**介護老人保健施設**は、（介護予防）**短期入所療養介護**、（介護予防）**通所リハビリテーション**について、申請を要せずその事業者の指定があったとみなされる。また、2024（令和6）年度からは、訪問リハビリテーション、介護予防訪問リハビリテーションについても指定があったものとみなされ、その際、施設の医師の配置基準を満たすことをもって、当該事業所の医師の配置基準を満たしているものとされる（介護医療院も同様）。 基上p.132～133

5　×　指定には、**6年間**の**有効期間**があり、6年ごとに指定の更新を受ける必要がある。なお、有効期間の満了日前に更新申請をした場合、次の指定有効期間は申請日から起算される。 基上 p.133

| 問題8 | 正解　**1・4・5**●──介護保険施設 | 重要度 ★★★ |

●介護保険施設は、設置主体がよく問われる。2018（平成30）年創設の介護医療院は、介護老人保健施設と同様に、介護保険法に設置根拠があることもあわせて確認しておこう。

☞ 教科書　CHAPTER 1・SECTION15, CHAPTER 2・SECTION25、26, CHAPTER 3・SECTION18

1　○　**介護老人保健施設の開設者**は、**地方公共団体**（市町村、都道府県）、医療法人、社会福祉法人、その他厚生労働大臣が定めるもの（国、日本赤十字社、健康保険組合、共済組合等）とされる。介護保険法上の開設許可を得て、施設サービスを提供する。 基上 p.144

2　×　選択肢1の解説のとおり、開設できる。 基上 p.144

3　×　介護医療院は医療法上の病院・診療所ではなく、介護老人保健施設と同様に、医療法上の**医療提供施設**として位置づけられている。 基上 p.145

4　○　老人福祉法の設置認可を得た入所定員**30人以上**の特別養護老人ホームが、指定介護老人福祉施設として都道府県知事の指定を受けることができる。なお、入所定員**29人以下**の場合は、指定地域密着型介護老人福祉施設入所者生活介護として市町村長の指定を受ける。 基上 p.143

5　○　また、その結果の従業者への**周知徹底**、**指針**の整備が求められ、2021（令和3）年度からは、**訓練**（シミュレーション）の実施が新たに加わった。 基上 p.724

| 問題9 | 正解　**1・2・4**●──指定居宅介護支援事業者の基準 | 重要度 ★★★ |

●指定居宅介護支援事業者は、要介護者への居宅介護支援（ケアマネジメント）を行う事業者として、市町村長の指定を得た法人である。人員基準、運営基準を押さえよう。

☞ 教科書　CHAPTER 1・SECTION23

1　○　事業所ごとに**1人以上**の**常勤**の**介護支援専門員**が必置である。利用者の数が44人（居宅サービス計画の情報の共有等のための情報処理システムを活用し、かつ、事務職員を配置している場合は49人）またはその端数を増すごとに増員することが望ましい（増員については非常勤でも可）。 基上 p.316

2　○　あらかじめ、利用者またはその家族に対し、入院時には担当の**介護支援専門員**の**氏名**と**連絡先**を入院先の病院・診療所に伝える**よう求める必要がある。** 基上 p.317

3 ✕　そのような規定はない。指定居宅介護支援事業者は、あらかじめ、**複数**の指定居宅サービス事業者等の**紹介を求めることができる**ことを利用者に説明しなければならない。 基④p.317

4 ◯　また、利用者が**偽り**その他**不正な行為**により保険給付の支給を受け、または受けようとしたときも**市町村に通知**する必要がある。 基④p.318

5 ✕　事前に利用者の承諾を得たうえで、書面に代えて**電磁的方法**（電子メールなど）を用いて交付や説明などを行い、また同意や承諾を得ることができる。 基④p.319

| 問題10 | 正解　**3・5**　●──要介護認定 | 重要度 ★★★ |

●要介護認定については、毎年2～4問は出題されるが、基本的なポイントをしっかり押さえておけば得点できる。申請代行は、居宅サービス事業者はできない点、認定調査は指定市町村事務受託法人を除き、更新認定・変更認定のみ市町村が委託できる点などを理解しておく。

☞ 教科書 CHAPTER 1・SECTION 9

1 ✕　指定訪問介護事業者などの**指定居宅サービス事業者**は、認定申請の代行を行うことが**できない**。申請代行は、地域包括支援センター、指定居宅介護支援事業者、介護保険施設、地域密着型介護老人福祉施設などに認められている。 基④p.77

2 ✕　**新規の申請**にかかる認定調査は、原則として市町村職員が行い、例外的に**指定市町村事務受託法人にのみ委託が認められる**。介護支援専門員は、**更新や変更の申請**にかかる認定調査の委託を受けることができる。 基④p.78～79

3 ◯　指定市町村事務受託法人は、前述のとおり**新規申請**のほか、**更新申請**、**変更申請**にかかる認定調査の委託も受けることができる。 基④p.78

4 ✕　市町村に、認定調査とあわせて申請した被保険者の主治医に意見を求めるが、被保険者に主治医がいない場合は、**市町村**の**指定する医師**または**市町村職員の医師の診断**を受けなければならない。 基④p.80

5 ◯　市町村は、要介護認定を受けた被保険者が、正当な理由なしに**認定調査**や**主治医意見書**のための診断命令に**応じない**とき、**要介護者に該当しなくなった**ときは、**認定を取り消す**ことができる。 基④p.80

| 問題11 | 正解　**1・2・3**　●──要介護認定 | 重要度 ★★★ |

●主治医意見書は、介護認定審査会の二次判定で用いられるほか、介護支援専門員にも活用が求められる書類であり、よく出題されている。要介護認定等基準時間は、一次判定で算出されるものだが、定期的に出題される項目であり、あわせて学習しておこう。

☞ 教科書　CHAPTER Ⅰ・SECTION 9

1　○　主治医意見書の項目の「心身の状態に関する意見」の中に、「**認知症の行動・心理症状**」や「**認知症の中核症状**」などが含まれる。　基⊕p.81

2　○　主治医意見書の項目の「生活機能とサービスに関する意見」の中に、医学的管理の必要性についての項目があり、主治医が**訪問診療**、訪問看護、訪問薬剤管理指導、訪問リハビリテーションなどの**サービスの必要性を判断**して記入する。　基⊕p.81

3　○　栄養・食生活では、食事行為、現在の栄養状態、栄養・食生活上の留意点について記載される。　基⊕p.81

4　×　**要介護認定等基準時間**は、被保険者に対し、**5分野の行為に要する1日あたりの介護時間として推計**され、この時間をもとに**一次判定**がなされる。被保険者自身の居宅での移動に要する時間は含まれない。　基⊕p.80、82

5　×　要介護認定等基準時間の5分野の行為は、直接生活介助、間接生活介助、認知症の行動・心理症状関連行為、機能訓練関連行為、医療関連行為（特別な医療についてもここに加算）に分類され、輸液の管理、褥瘡の処置などの診療の補助等に要する時間も、医療関連行為に**含まれる**。　基⊕p.82

●介助等にかかわる5分野の行為

直接生活介助	排せつ、食事、移動、清潔保持等
間接生活介助	洗濯、掃除等の家事援助
認知症の行動・心理症状関連行為	徘徊の探索、不潔行為の後始末等
機能訓練関連行為	歩行訓練、日常生活訓練等
医療関連行為	輸液管理、褥瘡処置等の診療の補助等

問題12　正解　**4・5**　●──要介護認定の決定　重要度 ★★★

●認定の決定については、市町村が被保険者に通知する。その際、認定・不認定にかかわらず被保険者証を返還し、認定された被保険者の被保険者証には、要介護状態区分、介護認定審査会の意見を記載する。

☞ 教科書　CHAPTER Ⅰ・SECTION10

1　×　市町村が、介護認定審査会の意見に基づき、被保険者が**要介護認定等に該当しない**と認めた場合は、その結果と理由を通知し、**被保険者証は返還**する。　基⊕p.86

2　×　要介護認定の効力は認定の**申請日**にさかのぼって生じる（認定の遡及効）。　基⊕p.86

3　×　要介護・要支援の**原則の認定有効期間**は、新規認定、区分変更認定では**6か月**

間、更新認定の場合が**12か月**間である。また、市町村が介護認定審査会の意見に基づき、特に必要と認める場合は、新規認定、区分変更認定では 3 〜 12 か月間、更新認定では 3 〜 36 か月間（要介護度・要支援度に変更がない場合は 48 か月間まで延長可）の範囲で**短縮・延長**が可能となっている。 基⊕p.87

4 〇 被保険者の**介護の必要の程度**が**低下**したことにより、認定されている要介護状態区分以外の区分（通常はより軽度の区分）に該当すると認めるときは、市町村は被保険者の申請を待たず、**職権**により区分変更認定をすることができる。 基⊕p.89

5 〇 市町村による**サービスの種類**の**指定**が行われた場合、それ以外のサービスについては**保険給付が行われない**。 基⊕p.85

問題13	正解 **3・4** ●──任意事業	重要度 ★★★

●地域支援事業の構成を問う問題が繰り返し出題されている。ここでは任意事業が問われているが、介護予防・日常生活支援総合事業、包括的支援事業、任意事業の趣旨を理解したうえで、その区別がしっかりできるようにしておこう。

☞ 教科書 CHAPTER I・SECTION17

1 × 地域ケア会議推進事業は、**包括的支援事業**において行われる。なお、法令には、独立した事業としての規定はないが、通知「地域支援事業実施要綱」においてその実施が明記されている。 基⊕p.151、161

2 × 地域リハビリテーション活動支援事業は、**介護予防・日常生活支援総合事業**の一般介護予防事業として行われる。 基⊕p.151

3 〇 介護給付等費用適正化事業は、任意事業である。 基⊕p.151

4 〇 介護サービス相談員派遣等事業は、任意事業の地域自立生活支援事業において行うことができる。 基⊕p.162

5 × 生活支援体制整備事業は、**包括的支援事業**である。 基⊕p.151

問題14	正解 **1・2・3** ●──地域包括支援センター	重要度 ★★★

●地域包括支援センターは、市町村または市町村により包括的支援事業の委託を受けた法人が設置し、保健師、社会福祉士、主任介護支援専門員（またはこれらに準ずる者）が配置され、地域住民の保健医療の向上と福祉の増進を包括的に支援する。地域包括支援センターの設置や業務内容についてよく理解しておこう。

☞ 教科書 CHAPTER I・SECTION18

1 〇 地域包括支援センターは、**包括的支援事業**のほか、**第 1 号介護予防支援事業**（介護予防ケアマネジメント）、**一般介護予防事業**、任意事業を実施する。また、市

町村長の指定を受け、指定介護予防支援事業者として予防給付の介護予防支援も行う。 基⊕p.163

2 ○ **地域包括支援センター**の**設置・運営**に関しては、市町村が責任主体となるが、その際には、市町村が事務局となって設置する**地域包括支援センター運営協議会の議を経る**こととされている。 基⊕p.164

3 ○ 2015（平成27）年度から、新たに包括的支援事業に加わった**在宅医療・介護連携推進**事業、**生活支援体制整備**事業、**認知症総合支援**事業については、**地域包括支援センターの設置者以外の者に委託可能**である。 基⊕p.160

4 × 地域包括支援センターは、市町村が設置することができる（直営型）。また、市町村から包括的支援事業の実施の委託を受けた、老人介護支援センターの設置者、社会福祉法人や医療法人等も設置することができる。 基⊕p.163

5 × 2017（平成29）年の制度改正により、地域包括支援センターが**自ら事業の質の評価**を行い、**事業の質の向上**を図ることが、努力義務から**義務**となった。市町村も定期的に地域包括支援センターの事業の実施状況について評価を行う。

問題15 正解 **1・2・4** ●──市町村介護保険事業計画 重要度 ★★★

●計画に盛り込まれる事項、ほかの計画との関係（一体的作成・整合性・調和をとる）などに着目する。

☞教科書 CHAPTER 1・SECTION19

1 ○ 市町村介護保険事業計画は、**要介護者等の人数やサービス利用の意向**などを勘案して作成され、計画の策定・変更にあたっては、あらかじめ**被保険者の意見**を反映させるための必要な措置を講じなければならない。また、厚生労働大臣が公表した市町村介護保険事業計画等の作成のための調査・分析結果等を勘案したうえで作成するよう努めなければならない。 基⊕p.169

2 ○ **認知症対応型共同生活介護**、地域密着型特定施設入居者生活介護、地域密着型介護老人福祉施設入所者生活介護にかかる必要利用定員総数は**市町村介護保険事業計画**において**定めるべき事項**である。 基⊕p.169

3 × 介護医療院など**介護保険施設**の**種類ごとの必要入所定員総数**は、**都道府県介護保険事業支援計画**において**定めるべき事項**である。 基⊕p.169、171

4 ○ 市町村介護保険事業計画は、**市町村地域福祉計画**、**市町村高齢者居住安定確保計画**その他の要介護者等の保健・医療・福祉・居住に関する計画と**調和**が保たれたものでなければならない。 基⊕p.168

5 × 市町村介護保険事業計画は、**市町村老人福祉計画**と**一体のものとして作成**される。**医療計画**は、**都道府県介護保険事業支援計画**と整合性を確保して作成される。 基⊕p.168

| 問題16 | 正解 **2・5** ●——介護サービス情報の公表制度 | 重要度 ★★ |

●介護サービス情報の公表制度で、公表すべき情報とされているものには、事業所の基本情報、サービスの運営情報がある。都道府県独自の項目を追加することもできる。

☞ 教科書 CHAPTER I・SECTION16

1 ✕ 介護サービス情報の公表制度は、**利用者**が適切な**サービス**を**選択**するために行われるもので、サービスを提供する事業所・施設がサービス情報を**都道府県知事**（指定都市においては市長、以下同）に報告する。 基⊕p.145

2 ○ 介護サービス事業者は、❶介護サービスの提供を開始するとき、❷都道府県知事が毎年定める報告計画で定めるとき（年1回程度）は、介護サービス情報を**都道府県知事**に報告しなければならない。 基⊕p.146

3 ✕ 都道府県知事は、必要な場合は報告内容の調査をすることができるが、この調査について、**都道府県ごとに指定する指定調査機関**に行わせることができる。 基⊕p.148

4 ✕ 都道府県知事は、報告内容および調査結果について、**公表**しなければならない。 基⊕p.147

5 ○ 名称、所在地、従業員数、サービスの内容などの基本情報のほか、利用者等の権利擁護等、介護サービスの質の確保、相談・苦情などの対応、介護サービスの内容の評価・改善等、適切な事業運営確保、安全管理および衛生管理、情報の管理・個人情報保護等の運営情報について、必要に応じて調査したうえで公表される。 基⊕p.147

| 問題17 | 正解 **2・5** ●——介護保険財政 | 重要度 ★★★ |

●介護保険事業の財政は、公費（50%）と保険料（50%）で賄われ、市町村が特別会計で管理する。その負担割合のほか、第1号被保険者の保険料の算定方法や徴収方法についても問われやすいのでよく理解しておこう。

☞ 教科書 CHAPTER I・SECTION 8

1 ✕ 保険料負担割合は、**第1号被保険者と第2号被保険者の人口比**に応じ一人あたりの**平均保険料が同じ水準**になるように、**3年**ごとに政令で定められる。2024（令和6）年度〜2026（令和8）年度は、第1号被保険者が**23%**、第2号被保険者が**27%**である。 基⊕p.65

2 ○ 国の負担分は、定率負担金（20%）と、**市町村の財政力に応じて傾斜的に交付**される**調整交付金**（平均5%）があり、財政力の低い市町村では調整交付金が高くなる。具体的には、**後期高齢者**の加入割合、**第1号被保険者の所得格差**、**災害時の保険料減免**などの事情が勘案される。 基⊕p.63

3 × **社会保険診療報酬支払基金**（**支払基金**）が、医療保険者から徴収した納付金を、介護給付費交付金・地域支援事業支援交付金として**各市町村に交付**する。 基①p.69〜70

4 × 介護保険事業にかかる事務費は、**市町村の一般財源**で賄われる。

5 ○ 第1号被保険者である生活保護受給者の介護保険料は、生活扶助に加算して支給されるが、保護の目的を達成するため必要があるときは、**保護の実施機関が本人に代わり、直接市町村に介護保険料を支払う**ことができる。 基①p.67

| 問題18 | 正解 **2・3** ●――第2号被保険者の保険料 | 重要度 ★★★ |

☞ 教科書 CHAPTER I・SECTION 8、11、17

1 × **市町村特別給付**は、介護給付・予防給付以外のサービス（移送サービスや配食サービス、寝具乾燥サービスなど）を市町村が独自に**条例**で定め、保険給付の対象とするもので、財源は**第1号被保険者の保険料**で賄われる。 基①p.96

2 ○ 地域支援事業の**介護予防・日常生活支援総合事業**（総合事業）の財源の負担割合は、介護給付費（施設等給付以外）と同じで、第1号被保険者と第2号被保険者がそれぞれ全体の23％、27％を負担する。**総合事業以外の事業の財源**では、**第2号被保険者の保険料負担はない**ため、その分を公費で賄う。 基①p.153

3 ○ **介護給付費・地域支援事業支援納付金**は、**第2号被保険者の保険料**である。医療保険者が被保険者から医療保険料と一体的に徴収し、社会保険診療報酬支払基金（支払基金）に納付する。支払基金は、それを介護給付費交付金・地域支援事業支援交付金として、定率で各市町村へ交付する流れとなっている。 基①p.69

4 × 財政安定化基金の財源は、国、都道府県、市町村が3分の1ずつ負担するが、このうち、市町村の負担分は**第1号被保険者の保険料**で賄わなければならない。 基①p.72

5 × 市町村は、地域支援事業とは別に**保健福祉事業**を行うことができる。その場合の財源は、**第1号被保険者の保険料**で賄う。 基①p.167

| 問題19 | 正解 **1・3・4** ●――国民健康保険団体連合会の業務 | 重要度 ★★ |

●国保連は、介護保険制度上の苦情処理機関であるほか、市町村の委託による介護給付費（介護報酬）等の審査・支払い業務を行っている。業務の範囲を理解しておこう。

☞ 教科書 CHAPTER I・SECTION20

1 ○ 介護給付費および介護予防・日常生活支援総合事業費の審査を行うため、国保連では**介護給付費等審査委員会**を設置する。 基①p.177

2 × 指定基準違反等の場合における強制権限を伴う立入検査、指定の取り消し等は、

13

その事業者等を指定した**都道府県知事**または**市町村長**が行う。 基上p.178

3 ○ 第三者行為により要介護状態になった場合で、損害賠償が確定する前に保険給付を行ったときには、その給付の価額の限度で、**市町村が損害賠償請求権を取得**する。国保連は、この損害賠償請求権にかかる損害賠償金の徴収・収納（**第三者行為求償事務**）を**市町村の委託**により行う。 基上p.179

4 ○ 国保連では、介護医療院、介護老人保健施設など**介護保険施設の運営**のほか、指定居宅サービス、指定地域密着型サービス、指定居宅介護支援、指定介護予防サービス、指定地域密着型介護予防サービスの**事業の運営**を行うことができる。 基上p.179

5 × **財政安定化基金**の設置・運営は**都道府県**が行う。

問題20 　正解　**1・5**　●──居宅サービス計画作成時の留意点 重要度 ★★★

●居宅サービス計画作成などの居宅介護支援の業務は、介護支援専門員が行い、ほかの職種の者が行うことはできない。居宅サービス計画作成にあたり、留意すべき点を確認しておこう。

☞ 教科書 CHAPTER I・SECTION23

1 ○ また、利用者の**選択**を求めることなく、特定の事業者に**不当に偏った情報**を提供したり、**同一の事業主体のサービスのみによる計画原案**を提示したりするようなことが**あってはならない**。 基上p.322

2 × 通所リハビリテーションなどの医療サービスは、**主治医の指示**がある場合に限り、居宅サービス計画に位置づけることができる。このため、あらかじめ利用者の**同意**を得て、**主治医の指示を確認**しなければならない。また、意見を求めた主治医には、作成した**居宅サービス計画を交付**しなければならない。 基上p.336

3 × 利用者の**日常生活全般**を**支援**する観点から、介護保険の給付対象外の保健医療サービスまたは福祉サービス、**地域住民の自発的な活動**による見守りや配食、会食などのサービスの利用も計画に含め、**総合的な計画**となるようにする。 基上p.323

4 × **特定福祉用具販売**を居宅サービス計画に位置づける場合は、その利用の妥当性を検討し、計画に**必要な理由**を**記載**するが、**市町村に確認を求める必要はない**。 基上p.338

5 ○ 確定した居宅サービス計画は、利用者とサービス担当者に**交付**する。また、各サービス担当者には、**個別サービス計画の提出**を求める。 基上p.328～329

問題21 　正解　**1・2・3**──サービス担当者会議の開催　重要度 ★★★

●介護支援専門員は、サービス担当者会議の開催により、利用者の状況等に関する情報を担当者と共有する。サービス担当者会議を開催する時期、出席者、目的などを確実に理解しておこう。

☞ 教科書 CHAPTER Ⅰ・SECTION23

1　○　サービス担当者会議は、介護支援専門員のほか、**利用者**やその**家族**、**サービス担当者**から**構成**される。ただし、利用者や家族の参加が望ましくない（家庭内暴力があるなど）場合は、必ずしも利用者・家族の参加は求めない。 基上 p.326

2　○　**サービス担当者会議の開催**により担当者の意見を求めることが**原則**だが、やむを得ない理由がある場合には、担当者に照会するなどの方法も認められている。 基上 p.326

3　○　サービス担当者会議は、**介護支援専門員が開催**し、居宅サービス計画原案について、**専門的見地からの意見**を求める。 基上 p.326

4　×　サービス担当者会議の**記録**は、完結の日から**2年**間保存しなければならない。 基上 p.326

5　×　サービス担当者会議は、居宅サービス計画の**新規作成**時や変更時、利用者の**更新認定**や**区分変更認定**時には、**原則として開催**する。 基上 p.326

問題22 　正解　**2・4・5**──介護予防支援事業者の基準　重要度 ★★★

●予防給付の介護予防支援の業務は、市町村長の指定を受けた地域包括支援センターおよび指定居宅介護支援事業者が行う。指定介護予防支援事業者では、人員基準が繰り返し問われているので、しっかり理解しておこう。

☞ 教科書 CHAPTER Ⅰ・SECTION24

1　×　事業所ごとに、**常勤**の**管理者**を置かなければならない。なお、支障なければ、事業所のほかの職務や地域包括支援センターとの職務との**兼務が可能**である。 基上 p.379

2　○　2023（令和5）年の介護保険法改正により、指定居宅介護支援事業者が市町村長から直接**指定**を受け、指定介護予防支援事業者として介護予防支援を実施できることになった（2024（令和6）年4月施行）。 基上 p.350

3　×　介護予防サービス計画は、指定介護予防支援事業所の**担当職員**または**介護支援専門員**が作成するものとする。 基上 p.381

4　○　指定居宅介護支援事業者と同様に、2018（平成30）年度から運営基準の「内容及び手続の説明及び同意」に加えられた事項である。このほか、利用者・家族に対し、**入院時に担当職員の氏名などを入院先の医療機関に伝える**ように依頼す

15

ることも新たに規定された。 基⊕p.379

5 ○ 実施地域などを勘案して、利用申込者に対して適切な介護予防支援を提供する
ことが困難な場合、**ほかの事業者を紹介**するなど必要な措置を講じなければなら
ない。 基⊕p.380

問題23 | 正解 **3・5** ●──施設介護支援 | 重要度 ★★

●施設介護支援における課題分析（アセスメント）やモニタリングなどは、基本的な点
が繰り返し問われている。モニタリングは、居宅介護支援事業者のように、頻度の定め
はないことに留意しよう。

☞ 教科書 **CHAPTER Ⅰ・SECTION25**

1 × 施設サービス計画は、施設の**計画担当介護支援専門員**が作成し、利用者・家族
に**説明**のうえ、利用者の**同意を得て交付**する。

2 × アセスメントでは、入所前の利用者の状況についてさまざまな情報を収集す
るが、**入所後**にも利用者や家族と**面接してアセスメント**を行わなければなら
ない。なお、アセスメントの内容は国の**課題分析標準項目**に沿う必要がある。
基⊕p.399〜400

3 ○ 施設サービス計画には、介護給付等対象サービス以外の、**地域の住民**による自
発的な活動（ボランティア）によるサービス（話し相手、会食など）も含めて位
置づけ、**総合的な計画**となるよう努めなければならない。

4 × 施設サービス計画の作成後のモニタリングについては、**定期的**に入所者と面接
して行い、その結果について**定期的**に記録するものとされ、その**頻度は入所者の
心身の状況等に応じて適切に判断**する。 基⊕p.413

5 ○ **日課計画表**は、1日のサービス内容を記載するもので、週間サービス計画表は、
居宅介護支援と同様の週単位の計画表である。日課計画表、週間サービス計画表
のいずれかを必要に応じて選択すればよい。 基⊕p.408

問題24 | 正解 **2・3・5** ●──障害を併せもつ夫婦への支援 | 重要度 ★★

●高齢になると、複数の障害や疾患などを抱えることが多くなり、意欲や認知機能の低
下などでゴミ出しが困難になったり、捨てられないなどの問題も出てくる。本人の価値
観も尊重のうえ、どのような支援が必要か、多機関と連携して対応することが大切となる。

1 × 家の大量の物の片付けなどは介護保険の訪問介護（生活援助）**対象外**である。
日常的なゴミ出しなどは介護保険で対応できるので、アセスメントのうえ、必要
な支援を提案する必要がある。

16

2 〇 　Ａさんには視覚障害があり、Ａさんの妻も心身の状態について詳細なアセスメントが必要である。

3 〇 　介護保険のサービスが優先されるが、介護保険サービスに相当するものがない**障害福祉サービスで固有のもの**は併給することが可能である。どのようなサービスが受けられるのか情報提供することは適切である。

4 ✕ 　Ａさんの長女は遠方に住み、週に１回来るよう強く要請することは適切ではない。

5 〇 　Ａさんの視覚障害や大量のゴミ問題など問題が複合的にあるため、地域包括支援センターに相談し、多機関と連携して対処にあたるのは適切である。

問題25 ┃ 正解 **2・3・5** ●──自立支援のための要介護者への対応　重要度 ★★

●利用者の自立支援、価値観の尊重、生活の質の向上を念頭においた支援を行うことが大切である。それに反する選択肢は、基本的に誤りと考えよう。

1 ✕ 　「料理をできる限り行わない」ことを勧めるのは、Ａさんの意欲や自信の低下につながり、**自立支援に反する**ものであり、適切ではない。

2 〇 　安全に料理を行うことができるよう環境を整えることは、Ａさんの安心や意欲の向上につながり、適切である。

3 〇 　自立支援、ADL、IADL、QOL向上の観点から、**利用者の安全を確保しつつ利用者とともに行う家事**は、訪問介護の身体介護で算定できる。

4 ✕ 　Ａさんの意向を確認せず、介護支援専門員が簡易認知症スケールを実施するような行為は慎むべきである。

5 〇 　利用者の自立支援を念頭におき、できないことだけではなく、できることについてのアセスメントも必要である。現在困っていることの背景にある、「本当はこうしたい」という本人の**望む生活**に向けた支援を導き出していく。

17

保健医療サービスの知識等

| 問題26 | 正解　**1・2・3** ●——高齢者によくみられる症状　重要度 ★★★ |

●加齢による心身機能の低下により引き起こされる老年症候群は、試験でもよく問われる。せん妄、脱水、フレイル、めまいなどの原因と対応をきちんと理解しておくことが大切である。

☞教科書 CHAPTER 2・SECTION 1、9

1　○　廃用症候群は**生活不活発病**ともいい、**筋萎縮**、関節の**拘縮**、**褥瘡**、**起立性低血圧**、**認知機能障害**、尿失禁、抑うつなどさまざまな症状が生じる。療養生活でも**できる限り身体を動かす**ことが大切になる。 基⑦p.12

2　○　せん妄は特に**夜間に多くみられる**。おもに夜間に症状が現れる場合は、**夜間せん妄**という。 基⑦p.6〜7

3　○　高齢者は**口渇**を感じにくく、**体内水分貯蔵量も若年者に比べて少ない**ため、容易に**脱水になりやすい**。脱水が強くなると、立ちくらみや全身倦怠感、頭痛、吐き気、食欲不振、進行すれば意識障害を伴う。 基⑦p.9

4　×　**良性発作性頭位めまい症**では、**回転感**を伴うめまいがみられる。浮動感のあるめまいは、薬剤の使用、小脳疾患、パーキンソン病などの場合にみられる。 基⑦p.9

5　×　**フレイル**は、高齢になって**筋力**や**活動**が低下している状態で、❶体重減少、❷筋力低下、❸歩行速度低下、❹疲労感、❺身体活動の低下のうち、**3項目以上あればフレイル**とみなされる。 基⑦p.11

| 問題27 | 正解　**1・2** ●——バイタルサイン　重要度 ★★★ |

●バイタルサインである脈拍、血圧について正常な状態と異常な状態を理解しておこう。

☞教科書 CHAPTER 2・SECTION 4

1　○　**徐脈**は、**脳出血**などによる脳圧の高まり、薬剤の副作用、**甲状腺機能低下症**などでみられ、重度の徐脈では**意識障害**や**失神**を伴うことがある。 基⑦p.69

2　○　不整脈は、心室性期外収縮や上室性期外収縮が原因であることが多く、**正常な人でもみられる**ため、すべてが治療の対象にはならない。ただし、血圧低下、意識障害、心不全を伴う不整脈は治療が必要である。 基⑦p.70

3　×　高齢者の場合、動脈硬化が進んで血管の弾力が失われるため、**収縮期血圧**が高くなる。また、**拡張期血圧**が低くなる傾向にある。 基⑦p.70

4　×　特に大動脈疾患、片麻痺、進行した動脈硬化では**血圧**に**左右差**がみられるため、左右で測定することも必要になる。 基⑦p.70

18

5　×　降圧薬や血管拡張薬、利尿薬、抗うつ薬などの薬剤、飲酒などが**起立性低血圧の原因**となる。症状の軽減には用いられない。　基⊤p.71

| 問題28 | 正解　**1・3・5**●──検査値 | 重要度 ★★★ |

●おもな検査の内容と、検査値の異常値によって、どのような疾患、状態が疑われるのかをしっかり把握しておこう。

☞ 教科書 CHAPTER 2・SECTION 4

1　○　AST（GOT）、ALT（GPT）、γ－GTPは、肝・胆道疾患の重要な指標となるが、ASTでは肝臓以外にも**心臓**、**筋肉**などの疾患や**溶血性疾患**で上昇する。　基⊤p.75

2　×　**クレアチニン**（Cr）、**尿素窒素**（BUN）はともに腎臓の糸球体でろ過され排せつされるが、**腎機能が低下**すると、血中のクレアチニン、尿素窒素はともに**上昇**する。血清クレアチニンと血中尿素窒素の比率は、**脱水の診断指標として重要**である。　基⊤p.75

3　○　**CRP**（C反応性たんぱく質）は、**炎症性疾患における炎症の程度**を示し、感染症、悪性腫瘍、関節リウマチ、膠原病、梗塞、組織崩壊などで値が上昇する。　基⊤p.77

4　×　**ヘモグロビンA1c**（HbA1c）は、糖がヘモグロビンと結合している割合を示すもので、**過去1～2か月**の平均的な血糖レベルを反映している。　基⊤p.76

5　○　**24時間心電図（ホルター心電図）検査**は、小型機器を装着して**日常生活中**の心電図を測定するもので、入院したり、臥床して行う**必要はない**。　基⊤p.77

| 問題29 | 正解　**2・3・5**●──神経難病 | 重要度 ★★★ |

●神経系の難病の多くは原因不明で、根治が難しいため対症療法となる。また、この設問にある疾病は、すべて特定疾病に指定されているとともに、難病法に基づく特定医療費助成制度の対象（指定難病）となっている。症状、経過について理解しておこう。

☞ 教科書 CHAPTER 2・SECTION 5

1　×　**筋萎縮性側索硬化症**（ALS）は、原因不明で、徐々に全身の筋肉が萎縮し、数年で四肢麻痺となる。ただし、**眼球運動、膀胱・直腸機能、知覚神経**、**記憶力、知能、意識**は**末期までよく保たれる**。　基⊤p.104

2　○　**脊髄小脳変性症**は、脊髄と小脳に変性をきたし、**ふらつき**、手の**ふるえ**、言語不明瞭などをおもな症状とする。**自律神経症状**や末梢神経障害による手足のしびれなどを伴うこともある。　基⊤p.110～111

3　○　パーキンソン病が進行すると、うつ状態や認知症、記憶力の低下、不眠、幻視などの**精神症状**が生じる。また、自律神経の機能も乱れるため、便秘や発汗、立

19

ちくらみ、頻尿、排尿困難などの<u>自律神経症状</u>も現れる。 基下p.107

4　✕　**進行性核上性麻痺**は、**早期**から思考の遅延、無感情、抑うつなどの前頭葉を中心とした**認知機能の低下**が認められる。 基下p.108

5　◯　**大脳皮質基底核変性症**では、パーキンソン病に似た症状とともに、進行性の**非対称性失行**がみられることに特徴がある。**症状に左右差**があるため、症状の悪い側に気をつける。 基下p.109

| 問題30 | 正解　**2・3・4**　●──呼吸器・循環器の疾患 | 重要度　★★ |

●感染症も含めた呼吸器疾患、心疾患について症状、治療方法、予後などを理解しておこう。

☞ 教科書　CHAPTER 2・SECTION 5

1　✕　高齢者の肺炎では、一般的症状である咳、痰、発熱などの症状が**はっきりと出ないこともある**。**呼吸数の増加**、食欲がない、元気がないなどの非特異的症状にも注意が必要である。 基下p.150

2　◯　心不全や喘息による呼吸困難では、あお向けよりも**起座位**とすると、症状が楽になることが多い。**起座呼吸**は、起座位や座位で頭を高くして足を低くした姿勢で呼吸するもので、臥位で呼吸困難が増強する**左心不全**の徴候ともなる。 基下p.126

3　◯　高血圧症は、脳卒中、冠動脈疾患などの原因となるほか、長期間放置すると**腎硬化症**や**心肥大**などの続発症も引き起こしやすくなる。 基下p.124～125

4　◯　歩行時や階段の昇降での息切れ、慢性の**咳**や**痰**のほか、**全身の炎症**、**栄養障害**、骨格筋機能障害、骨粗鬆症なども伴う。 基下p.147～148

5　✕　慢性閉塞性肺疾患（COPD）は、喫煙などによる**有害物質を長期にわたって吸入**することで発症する。予防・治療の基本は**禁煙**である。 基下p.147～148

| 問題31 | 正解　**2・3・5**　●──高齢者の栄養 | 重要度　★★ |

●高齢者では、容易に低栄養に陥りやすい。低栄養となると、筋力低下、活動意欲減退、身体機能の低下を引き起こし、それがさらに低栄養を促進する。原因、低栄養リスク、判定に用いられる指標、低栄養が進むと起こる状態など総合的に理解しておこう。

☞ 教科書　CHAPTER 2・SECTION 4、12

1　✕　高齢者は、食欲低下などから容易に**低栄養**となりやすく、低栄養からフレイルやサルコペニアとなり、要介護状態となることがある。**たんぱく質**の推奨量**は一般成人と同じ**であり、また**それ以上に、たんぱく質**を摂取する必要がある。 基下p.8

20

2　○　血清アルブミンは、血清中に含まれるたんぱく質の総量で、健康な高齢者では、加齢に伴う血清アルブミンの低下はみられない。低栄養、肝疾患、腎不全などで減少し、高齢者の長期にわたる**栄養状態をみる指標**として最も有用なものである。　基下p.75

3　○　寝たきりで体重測定が難しい場合、寝たままでも測定できる**上腕周囲長、下腿周囲長**の測定値を**低栄養の判定**に用いる。　基下p.75

4　×　低栄養では、**徐脈**となる。このほか、**浮腫、腹水、貧血、免疫機能の低下、褥瘡**などが生じる。　基下p.69

5　○　**亜鉛欠乏症**は、高齢者に多くみられ、**食欲低下や免疫不全の原因**となる。また、降圧薬や脂質異常症治療薬、抗ヒスタミン薬などの薬剤が亜鉛の欠乏を引き起こす原因となることがある。　基下p.9

| 問題32 | 正解　**4・5**　●──高齢者の急変 | 重要度 ★★★ |

●高齢者にはどのような急変が起こりやすいのか、またその場合の対応方法などについて理解しておこう。

☞ 教科書 CHAPTER 2・SECTION 6

1　×　**激しく出血**している場合は、出血部位を**心臓より高く**すると、出血量を減らすことができる場合がある。　基下p.176

2　×　固形物がのどの奥に入ってしまわないように**側臥位**にし、口を大きく開けて異物を確認し、指を入れて取り出す。　基下p.177

3　×　洗剤や漂白剤は、酸性やアルカリ性が強い場合もあり、水を飲ませたり吐かせたりすると気管に入って**窒息**や**誤嚥性肺炎**を起こすことがある。すぐに医療機関にかかるようにする。　基下p.178

4　○　**肺血栓塞栓症**は、**エコノミークラス症候群**ともいわれる、長時間同じ姿勢が続くことにより血流が悪くなり、脚の静脈などに生じた小さな血栓が血流に乗って**肺動脈**を詰まらせることで起こる。座ったままの姿勢でも起こるが、寝たきりの場合も発症のリスクが高くなる。

5　○　脱水では、このほか、ふらつき、めまい、だるさ、顔が赤くなる、舌の乾燥、排尿回数の減少、体重減少、血圧低下、微熱、頻脈などもみられる。　基下p.184

| 問題33 | 正解　**3・4・5**　●──在宅医療管理 | 重要度 ★★★ |

●腹膜透析、痰の吸引、在宅酸素療法など、在宅での医療管理を行ううえでの基本知識、留意点を確認する。

☞ 教科書 CHAPTER 2・SECTION 3

第1回

解　答

●保健医療サービスの知識等

21

1 × 医療用麻薬はしばしば**使われる**。麻薬の副作用には、**吐き気**、**嘔吐**、**便秘**、**眠気**などがあるため、副作用が出ても早期に対応できる体制をつくることが大切である。 基下 p.47

2 × 一定の研修を受けた**介護職員等**は、**喀痰吸引・経管栄養の医療行為を業務として行うことが可能**である。この場合に、介護職員等は**口腔内**、**鼻腔**、**気管カニューレの内部吸引**（気管吸引）のいずれも行うことができる。

3 ○ 酸素は燃焼を助ける性質が強いので、装置の**2m以内**に**火気**を置かないようにする。また、酸素吸引中は絶対にたばこを吸わないように注意する。 基下 p.57

4 ○ 膀胱留置カテーテル（バルーンカテーテル）を利用している場合、**尿路感染**を予防するため、入浴やシャワー浴、石けんによる陰部洗浄などを行って外尿道口周囲を**清潔**に保つ。 基下 p.62

5 ○ 在宅中心静脈栄養法や在宅酸素療法などで医療器具をつけている場合でも、**入浴は可能**である。入浴前後の具体的な処置については、医師に確認する必要がある。 基下 p.51

| 問題34 | 正解 **2・4** ●──睡眠 | 重要度 ★★ |

●睡眠に関連する多様な病気の総称を睡眠障害といい、なかでも多いのが不眠症である。睡眠障害の種類、睡眠障害の原因や対応をしっかり確認する必要がある。

☞ 教科書 **CHAPTER 2・SECTION17**

1 × 入眠途中に目覚め、そのあと眠りにつきにくいことを**中途覚醒**という。**入眠困難**は、寝床に入っても**なかなか眠れない**ことをいう。 基下 p.401

2 ○ **熟眠障害**では、睡眠時間がある程度とれていても、**眠りが浅い**ため、深く眠れたという感覚が得られない。 基下 p.401

3 × **うつ病や不安障害などの症状**として、不眠症が現れる。 基下 p.402

4 ○ 十分な睡眠がとれない場合は、就寝時や起床時の対応だけではなく、日中の活動量、食事・水分の摂取量、排泄の間隔や量、服薬状況、住環境など**生活全般のアセスメントが必要**である。 基下 p.403

5 × 寝る前の飲酒は、睡眠が**浅く**なり、**中途覚醒**も多くなるため望ましくない。寝る前のカフェイン、水分摂取も不眠の原因となるため控えるようにする。 基下 p.186

| 問題35 | 正解 **1・4** ●──医学的診断の理解 | 重要度 ★★★ |

●医学的診断の理解については、近年連続して出題されている。医学的診断のプロセスとともに、特に、インフォームド・コンセントの重要性を理解する必要がある。

22

☞ 教科書　CHAPTER 2・SECTION 2

1 ○　医師は、患者から主訴、現病歴、既往歴、家族歴などの**病歴を確認**しつつ、身体診察や検査を行い病気を診断していく。 基下p.24

2 ×　患者が検査の必要性や検査の結果、今後の治療について医師の**説明**を聞き、**同意**することを**インフォームド・コンセント**という。患者はどのような治療を受けるか否かを自己決定する権利があり、**検査を受ける前**、**診断確定後**のそれぞれにおいて必要である。 基下p.25

3 ×　利用者に精神疾患がある場合でも、具体的にわかりやすく説明し、また家族を同席させるなどして可能なかぎり**患者への説明・同意というインフォームド・コンセントを経て、治療方針を決定**する必要がある。 基下p.24

4 ○　医師の経験だけに頼るのではなく、**科学的な根拠に基づく医療**は、**EBM**＝エビデンス・ベースド・メディスンである。**NBM**＝ナラティブ・ベースド・メディスンは、個々の人間の感じ方や考え方に耳を傾けて自己決定を促す、**対話に基づく医療**である。 基下p.25

5 ×　予後が悪い場合には、説明に配慮が必要となるが、基本的に**本人に対し説明**する。 基下p.27

| 問題36 | 正解 **2・3** | ●──褥瘡 | 重要度 ★★ |

●褥瘡は、局所的・全身的・社会的要因が発生にかかわる。発生要因を踏まえた予防介護が重要であり、その基本を理解しておく。

☞ 教科書　CHAPTER 2・SECTION13

1 ×　褥瘡は、皮膚に加わる**持続的**な**圧迫**により血流が途絶え、細胞や組織に障害を起こした状態で、皮膚の脆弱、摩擦、湿潤などの**局所的**要因、**低栄養**などの**全身的**要因、介護力不足などの**社会的**要因が**相互**に影響して発生する。 基下p.397

2 ○　褥瘡の好発部位は、仰臥位では**仙骨部**が最も多く、**後頭部**や**肩甲骨部**、踵骨部などにも生じやすい。 基下p.398〜399

3 ○　浮腫があると皮膚が引き伸ばされて薄くなり、圧迫や摩擦による褥瘡発生のリスクが高くなる。 基下p.397

4 ×　予防のためには、エアマットなどの予防用具の利用だけではなく、定期的な体位交換が必要である。また、エアマットには空気を入れすぎないように注意する。 基下p.398

5 ×　**入浴**による皮膚の清潔保持や血流量の増加は、**褥瘡の改善に効果的**である。入浴後は皮膚を十分に乾燥させることが大切となる。 基下p.398

23

| 問題37 | 正解 **2・3・4** | ●──看護小規模多機能型居宅介護 | 重要度 ★★★ |

●看護小規模多機能型居宅介護は、訪問看護と小規模多機能型居宅介護を組み合わせたサービスで、通いサービス、訪問サービス、宿泊サービスを柔軟に組み合わせて提供する。そのサービスの特徴を踏まえて、内容を理解していこう。

☞ 教科書 CHAPTER 2・SECTION24

1 ✕ **管理者**は、事業所などで３年以上認知症ケアに従事した経験があり、厚生労働大臣が定める研修を修了した者のほか、**保健師・看護師**もなることができる。基①p.695

2 ○ 訪問サービスのうち**看護サービス**では、提供にあたり**主治医の文書による指示**を必要とする。基①p.697

3 ○ 事業所の**介護支援専門員**が、利用登録者の**居宅サービス計画**と**看護小規模多機能型居宅介護計画**を作成しなければならない。また、事業者は看護小規模多機能型居宅介護計画と看護小規模多機能型居宅介護報告書を主治医に提出しなければならない。基①p.697

4 ○ 看護小規模多機能型居宅介護を利用していても、**訪問リハビリテーション、居宅療養管理指導、福祉用具貸与**は**算定可能**である。また、住宅改修や特定福祉販売の利用も可能となっている。基①p.692

5 ✕ 要介護度別に**月単位**の定額報酬である。

| 問題38 | 正解 **4・5** | ●──訪問看護 | 重要度 ★★★ |

●訪問看護は、療養上の世話と診療の補助を提供するサービスで、サービスの提供にあたり主治医の指示書が必要である。医療保険の訪問看護で給付される場合については、出題頻度も高いので注意しよう。

☞ 教科書 CHAPTER 2・SECTION18

1 ✕ 要介護者への訪問看護は原則的に介護保険から給付が行われるが、**❶急性増悪時に主治医が特別訪問看護指示書を交付**した場合、**❷末期の悪性腫瘍や神経難病**など厚生労働大臣の定める疾病等の患者への訪問看護、**❸**精神科訪問看護（認知症を除く）は、**要介護者であっても医療保険から訪問看護**が給付される。基①p.467

2 ✕ 法人であれば、**医療法人に限られず**、社会福祉法人、NPO法人、株式会社なども開設できる。なお、病院・診療所が開設する場合には特例があり、法人格は問われない。基①p.476

3 ✕ 看護師等は、利用者に病状の急変などが生じた場合には、必要に応じて**臨時応急の手当てを行う**とともに、すみやかに主治医に連絡をして指示を求めるなどの

24

必要な措置を講じる。

4 ○ 利用者や家族を支援し、症状の緩和を行いながら死に至るまでの日々を支援することは訪問看護のサービスに含まれ、**ターミナルケア加算**も設定されている。 基上p.469、471

5 ○ 訪問看護のサービス内容には**リハビリテーション**も含まれ、訪問看護ステーションには、実情に応じて**理学療法士、作業療法士**または**言語聴覚士**が適当数配置される。 基上p.469、471

問題39 　正解　**1・2・3**●——通所リハビリテーション　　重要度 ★★

●通所リハビリテーションは、医療機関や介護老人保健施設、介護医療院で、必要なリハビリテーションを行い、利用者の心身機能の維持回復を図るサービスである。その特徴を把握しておく。

☞ 教科書 CHAPTER 2・SECTION21

1 ○ 管理者は、**医師**および**理学療法士、作業療法士、言語聴覚士**または専ら通所リハビリテーションの提供にあたる**看護師**のうちから選任した者に、**必要な管理を代行させることができる。** 基上p.518

2 ○ **心身機能**の維持・回復のほか、社会関係能力の維持・回復や社会交流の機会の増加などにより、**生活機能**の維持・向上を図る。 基上p.505

3 ○ 医師の診療に基づいて、医師および理学療法士、作業療法士または言語聴覚士が共同して、サービスの目標、具体的なサービスの内容などを記載した**通所リハビリテーション計画**を作成する。 基上p.506

4 × **病院、診療所**のほか、**介護老人保健施設、介護医療院**がサービスを提供できる。 基上p.505

5 × 通所リハビリテーションでは、障害に応じて**理学療法、作業療法、言語聴覚療法**が行われる。言語障害などで対人的コミュニケーションに問題のある利用者も対象になり、言語聴覚士が個別に機能の改善を図る。 基上p.509

問題40 　正解　**1・2・5**●——居宅療養管理指導　　重要度 ★★

●居宅療養管理指導は、医師が必要と認めた通院が困難な要介護者に対して提供される、療養上の管理および指導である。担当者、担当職別の具体的な業務内容について理解しておこう。

☞ 教科書 CHAPTER 2・SECTION20

1 ○ 居宅療養管理指導（薬学的管理指導）は、**病院、診療所、薬局**の**薬剤師**が行った場合に算定できる。 基上p.491

25

2 ○ **居宅介護支援事業者**などへの必要な**情報提供**、**助言**を行うほか、**利用者や家族**に対して**サービス利用上の**留意点や介護方法、療養上必要な事項について**指導・助言**を行う。基上p.493

3 × 栄養指導では、**管理栄養士**が医師の指示に基づき、利用者の自宅を訪問して、栄養管理に関する情報提供や指導・助言を行う。**栄養士が行うことはできない。**基上p.493

4 × 訪問歯科診療は、介護保険ではなく、**医療保険から算定**される。基上p.493

5 ○ 居宅療養管理指導では、ほかの訪問型サービスと異なり、通常の事業の実施地域内であっても、交通費の支払いを受けることができる。基上p.494

問題41 　正解　**1・3・4**　●——感染症と予防策　重要度 ★★★

●高齢者によくみられる感染症としては、呼吸器感染症、尿路感染症、褥瘡感染症などがある。また、高齢者施設では、インフルエンザ、ノロウイルス感染症、疥癬などの集団感染が起こる可能性がある。

☞教科書 CHAPTER 2・SECTION 7

1 ○ **標準予防策**（スタンダード・プリコーション）は、**感染症の有無にかかわらず**、すべての人の血液、体液（唾液や腹水など）、分泌物（汗を除く）、排せつ物、傷のある皮膚などを感染源とみて、予防策を講じることをいう。基下p.191

2 × **手指衛生**では、流水と石けんにより、指先、指の間、親指、手首を丁寧に洗い、消毒をする。手袋をはずしたあとも、同様の手順を踏む。基下p.192

3 ○ **肺炎球菌ワクチン**は、2014（平成26）年10月から、高齢者の**定期予防接種**対象ワクチンとなっているが、**定期接種の機会は1回**となるため、機会を逃さないよう注意する。基下p.196

4 ○ **空気感染**するおもな感染症に、**結核**、**麻疹**（はしか）、**水痘**などがある。基下p.193

5 × 選択肢4の解説のとおり、水痘はおもに空気感染する。おもに飛沫感染するものに、インフルエンザ、新型コロナウイルス感染症、流行性耳下腺炎（おたふくかぜ）、風疹などがある。基下p.193

問題42 　正解　**2・4・5**　●——高齢者の精神障害　重要度 ★★

●高齢期の精神疾患は、症状が非定型的であり、認知症とまちがわれることもある。高齢期特有の症状をよく理解しておく。

☞教科書 CHAPTER 2・SECTION 9

1 × 統合失調症の多くは、**思春期から中年期以前に発症**する。高齢期での発症は

まれであり、加齢に伴い、寛解、認知症への移行などさまざまな経過をたどる。軽症化しても怠薬により再発することがあり、**服薬の継続支援**が必要である。 基⑦p.263〜264

2 ○ **行動抑制**によって身体の動きが鈍く口数が少なくなるうえに、思考力や集中力、記憶力などが低下するため、**認知症のようにみえる**ことがある。 基⑦p.265

3 × 高齢者のうつ病では、若年者と比べ気分の落ち込みは目立たないが、代わりに**不安**や緊張感、**焦燥感**が強く、情緒の不安定さが目立つため、**自殺企図**につながる危険性がある。 基⑦p.265

4 ○ 高齢者のアルコール依存症は、**離脱症状**（体内のアルコール濃度が低下すると出現する多様な症状）が**自律神経症状**（手のふるえ、発汗、吐き気、嘔吐など）などとなって**長く続く**、糖尿病、高血圧症などの**身体合併症**が発生しやすい、**認知症やうつ病を合併**する割合が高いなどの特徴がある。 基⑦p.268

5 ○ 退職や近親者との死別などによる**社会的孤立**などによって、アルコール依存症となりやすい。 基⑦p.268

| 問題43 | 正解　**1・4・5**　●──ターミナルケア | 重要度 ★★★ |

●チームで行うターミナルケアの考え方、ターミナル期に現れる変化とそれに対応した支援を理解しておく。

教科書　CHAPTER 2・SECTION11

1 ○ 食事量を維持できるように工夫するが、それでも維持できない場合は、量よりも**楽しみや満足感を重視**していく。食べたいものを、食べたいときに、食べたい分だけとればよいと考える。 基⑦p.324〜325

2 × 一律に清拭で対応するのではなく、**その人の状態にあわせて、利用者が心地よいと思える方法**で清潔ケアを行う。 基⑦p.326〜327

3 × ターミナルケアを提供する場所は、自宅や施設だけではない。**グループホーム**や**サービス付き高齢者向け住宅、有料老人ホーム**などの居住系施設、さらに一時的な居住場所と位置づけられるショートステイや**小規模多機能型居宅介護**も終の住処として、**ターミナルケアが提供される場所**となりうる。 基⑦p.330

4 ○ 看取りまでには、さまざまな症状や徴候が現れる。循環器では、亡くなる数週間前から1週間前に徐々に**血圧が低下して脈が速く**なり、数日前には**尿量が減って尿が濃く**なる。さらに臨終が近づくと、**手足が冷たく紫色になるチアノーゼ**が現れ、脈も触れにくくなる。 基⑦p.330

5 ○ 臨死期には、息切れや息苦しさ、痰の絡みや喉がゴロゴロと音がする状態（死前喘鳴）が現れ、**チェーンストークス呼吸**になることもある。また、横隔膜の動きが悪くなるため、肩や顎だけが動く呼吸となる。さらに顎だけが弱々しく動く

下顎呼吸になると臨終が近いため、家族にはそばにいてもらい、一緒に見守る。
基⊕p.332〜333

問題44　正解　**1・2・5**　●――認知症　　　　重要度 ★★★

●認知症患者は今後も増加が予測されており、毎年必ず出題される。認知症の特徴的な症状について押さえておこう。

☞教科書 CHAPTER 2・SECTION 8

1 ○　**遂行機能障害**（実行機能障害ともいい、作業の段取りができないこと）は、**脳の病変に直接起因する中核症状**のひとつである。中核症状にはこのほか、**記憶障害、見当識障害**などがある。基⊕p.231

2 ○　認知症の症状は、認知障害だけではないという点にも留意する必要がある。基⊕p.231

3 ×　**アルツハイマー型認知症**の初期症状は、**エピソード記憶の障害を中心とする健忘**である。近時記憶（数分〜数か月）の障害が著しい。基⊕p.223

4 ×　**レビー小体型認知症**は、病変が脳幹部や末梢自律神経系にも及ぶことから、認知障害のほか、**自律神経症状**など多様な症状がみられる。リアルな**幻視**や**パーキンソン症状**、**レム睡眠行動障害**も特徴的な症状である。基⊕p.226〜227

5 ○　**MCI**は**健常と認知症の中間にあたる段階**で、年間に約1割が認知症に移行するとされる。ただし、ライフスタイルの改善などで、**MCIの一部は健常に戻り**、すべてが認知症となるわけではない。基⊕p.212〜213

問題45　正解　**1・3・5**　●――介護医療院　　　　重要度 ★★★

●2018（平成30）年度から、医療機能と生活施設としての特徴をあわせもつ介護医療院が新設された。施設の特徴やサービス内容について理解しておく。

☞教科書 CHAPTER 2・SECTION26

1 ○　また、施設サービス計画に基づいて、❶療養上の管理、❷看護、❸医学的管理下における介護、❹機能訓練その他必要な医療、❺日常生活上の世話を行う。基⊕p.748

2 ×　療養室の定員は、介護老人保健施設と同様に**4人以下**で、入所者1人あたりの床面積は8㎡以上とする。基⊕p.754

3 ○　**医療機関併設型介護医療院**（病院・診療所に併設）、**併設型小規模介護医療院**（医療機関併設型介護医療院のうち、入所定員が19人以下のもの）があり、宿直の医師を兼任できるようにするなどの**人員基準の緩和**がされている。基⊕p.749

4 ×　介護医療院では、介護療養病床相当のサービス（**Ⅰ型**）と、介護老人保健施設

28

相当以上のサービス（**Ⅱ型**）が提供される。Ⅰ型では、おもに長期にわたり療養が必要な者であって、**重篤**な**身体疾患を有する者**、**身体合併症を有する認知症高齢者等**を対象とし、Ⅱ型では、Ⅰ型と比べ比較的容態が安定した者を対象としている。 基⊕p.748

5　○　ただし、**都道府県知事の承認**を受けることで、医師以外の者に介護医療院を管理させることも可能である。この規定は、**介護老人保健施設と同様**となる。

福祉サービスの知識等

問題46 | 正解 **3・4・5** ●——相談面接における実践原則 重要度 ★★

●クライエントの個別化、意図的な感情表出への配慮、受容と共感、非審判的態度など、いずれも相談援助者が援助を行ううえで重要な実践原則である。介護支援専門員が業務を行ううえでも重要なのでしっかりと理解しておこう。

☞ 教科書 CHAPTER 3・SECTION 2

1 × 相談面接は、クライエントの個別のニーズや生活状況を出発点として行われる。クライエントを**個別性**のある個人としてとらえ、個々のニーズに合わせて対応していくことが原則である。 基下p.431

2 × 客観的な事実やその経過をたずねるだけではなく、事実に伴うクライエントの**感情**に積極的に目を向けることが大切である。相談援助者は、クライエントの**感情表出**の機会を**意図的**につくるよう配慮する。また、その感情を温かく受け止め、**共感的理解**を伝えていく必要がある。 基下p.431

3 ○ クライエントの言動がどのようなものであっても、その人をあるがままに受け止め（**受容**）、クライエントの意見や行動を、援助者の価値観や社会通念などにより一方的に評価したり、表明したりしない（**非審判的態度**）。 基下p.431

4 ○ 相談援助者には、**人権尊重**と**権利擁護**の視点が求められる。相談援助者とクライエントに**対等**であることを**態度**や**言葉**で示し、敬意を表することが大切である。 基下p.431

5 ○ 相談援助者には**秘密保持義務**がある。夫婦や親子でも、独立した個人であり、本人の事前の**承諾なく秘密**を漏らしてはならない。守るべき秘密には、面接でのやり取りや、相談援助者自身が感じたことがらなども含まれる。 基下p.431

問題47 | 正解 **1・2・4** ●——コミュニケーション技術 重要度 ★★★

●面接場面における相談援助者の援助技術については出題頻度が高い。特に「傾聴」を支える波長合わせなどの技術、非言語的コミュニケーションなどへの理解は重要となる。

☞ 教科書 CHAPTER 3・SECTION 2

1 ○ 面接では、言語による言語的コミュニケーションだけではなく、表情や言葉の速さ、抑揚、表情、視線、身体的接触などの**非言語的コミュニケーション**も重要である。 基下p.440

2 ○ 面接場所の設定、部屋の雰囲気や相談援助者の服装などの外的条件に配慮することも、円滑なコミュニケーションを進めるために大切である。 基下p.440

3 × **傾聴**は面接におけるコミュニケーション技術の基本となるもので、**予備的共感**、

観察、**波長合わせ**の３つの技術から構成される。設問の記述は、予備的共感にあたり、面接前に、いくつかのクライエントの情報を入手して共感的姿勢を準備しておくことは大切である。 基下 p.442

4 ○ 面接では、クライエントが伝えようとしていることの背後にある**情緒面**も含めて、クライエントの言葉を**反復**したり、**要約**したりして、課題に焦点を定めていく。 基下 p.445〜446

5 × 面接全体の時間配分、情報のまとめ方など、面接の進め方に関する技術も重要となる。

| 問題48 | 正解 **2・3** ●——集団援助 | 重要度 ★★★ |

●集団に対するソーシャルワーク（集団援助）は、一人ひとりが集団的に力強く活動することで、一人ひとりの成長・発達を促し、抱えている問題の解決を目指すものである。具体的にどのような効果があるのかを確認しよう。

☞ 教科書 CHAPTER 3・SECTION Ⅰ

1 × 一人暮らしの高齢者への訪問活動は、個別援助（ケースワーク）であり、集団援助（グループワーク）には**該当しない**。 基下 p.423

2 ○ 記述の例は、集団場面や集団関係を通して、個別のニーズに働きかける活動であり、**集団援助**にあたる。 基下 p.425

3 ○ 家族の交流を通して、一人ひとりの抱えている問題の解決を目指すことができるため、**集団援助**にあたる。 基下 p.425

4 × ボランティアの募集など福祉サービスへの参加を促す活動は、**地域援助（コミュニティワーク）**にあたる。 基下 p.425

5 × ボランティアグループの組織化は、地域社会に働きかけ、社会資源を調整・開発する**地域援助**にあたる。 基下 p.425

| 問題49 | 正解 **1・3・4** ●——地域援助 | 重要度 ★★★ |

●地域に対するソーシャルワーク（地域援助）は、個人や集団に対する支援が有効に働くように、社会資源を調整・開発するものである。試験では、どのような援助が地域援助に該当するかという、その具体例を問う問題が繰り返し出題されている。

☞ 教科書 CHAPTER 3・SECTION Ⅰ

1 ○ 設問の記述のように、地域における**情報の流れ**の**円滑化**を促進し、地域住民が福祉サービスを積極的に利用できるための手段をつくり、充実・改善させる試みは、**地域援助**（コミュニティワーク）の機能の一つである。 基下 p.425

2 × 通所介護でのレクリエーション活動は、**集団援助**（グループワーク）の機能の

一つである。基⊤p.425

3 ○ **新しいサービスの開発**や、**福祉サービスの充実・改善**のため、ボランティアスタッフを募集し、参加を促すのは地域援助の機能の一つである。基⊤p.425

4 ○ 高齢者と小学生など、**さまざまな年代**、**異なる領域**の集団同士の**交流**を活発にするのは、地域援助の機能の一つである。基⊤p.425

5 × **個別の訪問や相談対応**は、地域援助ではなく、個人・家族を対象とした個別援助（ケースワーク）である。基⊤p.423

問題50	正解　**1・3・4** ●──訪問介護	重要度 ★★★

●訪問介護の身体介護と生活援助に該当するサービス内容について理解しておこう。特に、自立生活支援のための見守り的援助については、出題が予想され、注意が必要である。

☞教科書 CHAPTER 3・SECTION 4

1 ○ **利用者が利用していない居室**の掃除、家族など**利用者以外の人**の洗濯や調理、買い物、来客の応接などは、**直接本人の援助に該当しない**行為であり、生活援助として算定できない。基⊥p.449

2 × **安全を確保しつつ常時介助できる状態で行う見守り**等は、**自立生活支援**のための**見守り的援助**として、**身体介護**で算定する。基⊥p.443〜444

3 ○ **通院のための乗車または降車の介助**の範囲は、❶利用者の自宅を訪問し**外出前の用意**、❷車から病院への**移動・移乗介助**、❸**受診手続き**、❹受診完了から帰宅までの援助である。基⊥p.445

4 ○ 自動血圧計での血圧測定は医療行為とはみなされないため、訪問介護の身体介護として算定できる。基⊥p.446

5 × 病院での**薬の受け取り**は、**生活援助**として算定する。一方、服薬介助や服薬の見守り的援助は、身体介護として算定する。基⊥p.445

問題51	正解　**1・2・4** ●──短期入所生活介護	重要度 ★★★

●短期入所生活介護の利用要件、短期入所生活介護計画の作成は頻出ポイントである。短期入所生活介護計画は、おおむね4日以上の利用で作成する点、作成者は管理者とされ、介護支援専門員に作成義務はない点が問われやすい。

☞教科書 CHAPTER 3・SECTION 7

1 ○ 単独型は定員20人以上だが、**併設型**と**空床利用型**では**20人未満**でもサービスを提供できる。基⊥p.529

2 ○ 1つの居室の定員は**4人以下**で、利用者1人あたりの床面積は、10.65㎡以上とされている。基⊥p.530

32

3 ✕ 　原則は栄養士または管理栄養士１人以上だが、**定員40人以下の事業所**では、他施設の栄養士との連携がある場合は、**配置しないことができる**。なお、管理栄養士の配置は、2021（令和３）年の改正で定められた。　基⊕p.529

4 ◯ 　**短期入所生活介護計画**は、利用者がおおむね**４日以上**継続して入所する場合に**作成しなければならない**。　基⊕p.530

5 ✕ 　短期入所生活介護は、利用者本人の生活支援とともに、利用者の家族の**介護負担の軽減**を図ることも目的としており、家族の**私的な理由**でも利用することができる。　基⊕p.519

問題52 | 正解 **1・3・4** ●——通所介護 | 重要度 ★★★

●通所介護は、毎年必ず出題されている。人員・設備・運営基準からの出題が多いため、しっかりと理解しておくことが必要である。

☞ 教科書 CHAPTER 1・SECTION 6

1 ◯ 　生活相談員のほか、看護職員（看護師、准看護師）、介護職員、機能訓練指導員の配置が必要となっている。　基⊕p.503

2 ✕ 　事業所の設備を使って、夜間・深夜に介護保険外の宿泊サービスを提供する場合は、あらかじめ指定を行った**都道府県知事**に届出を行う必要がある。　基⊕p.503

3 ◯ 　**通所介護計画**に基づき、利用者ごとにサービス利用時間の異なるサービスを提供することが可能である。　基⊕p.500

4 ◯ 　おむつ代のほか、通常の事業の**実施地域以外**に居住する利用者への送迎費用、通常の時間を超えるサービスの費用、**食費**などの支払いを受けることができる。　基⊕p.504

5 ✕ 　**事業所の規模**に応じ、所要時間別、要介護度別に単位が定められる。

問題53 | 正解 **4・5** ●——特定施設入居者生活介護 | 重要度 ★★

●特定施設入居者生活介護は、居宅サービスの一つに位置づけられるが、有料老人ホームや軽費老人ホーム、養護老人ホームの入居者に対し、包括的な支援を提供するサービスである。外部サービスの利用型についてもしっかり押さえておこう。

☞ 教科書 CHAPTER 3・SECTION 8

1 ✕ 　有料老人ホーム、軽費老人ホーム、養護老人ホーム（これらを特定施設という）は介護保険制度では「居宅」（居住の場所）とされており、特定施設入居者生活介護は、訪問介護や訪問看護、通所介護などと同じく、**居宅サービス**の一つである。　基⊕p.541

33

2　×　特定施設入居者生活介護（短期利用を除く）を利用している間に算定できる居宅サービスは、**居宅療養管理指導のみ**である。ほかの居宅サービス、地域密着型サービスとは同時算定できない。また、サービスは特定施設サービス計画に基づき行われるため、同時に居宅介護支援も算定できない。 基⊕p.549

3　×　**外部サービス利用型**特定施設入居者生活介護は、特定施設サービス計画の作成、安否確認、生活相談などの基本サービスは特定施設の職員が行い、介護サービス、機能訓練、療養上の世話などについては特定施設が委託契約した**外部**の居宅サービス事業者が提供する。 基⊕p.547

4　○　計画作成担当者は介護支援専門員でなければならない。ただし、利用者の処遇に支障がない場合は、**施設の他の職務との兼務が可能**である。 基⊕p.552

5　○　契約は**文書**により締結するが、その際に入居者の**権利**を**不当に狭める**ような**契約解除の条件**を**定めてはならない**。また、利用者を介護居室や一時介護室に移して介護を行うこととしている場合にあっては、利用者の**意思の確認**などの適切な手続きを**あらかじめ契約書に明記**する。 基⊕p.551

問題54　　正解　**1・2**　●──福祉用具　　重要度 ★★★

●福祉用具のうち、入浴や排せつに使用する貸与になじまないものは特定福祉用具販売（購入）となる。福祉用具貸与、特定福祉用具販売、住宅改修の給付対象は、それぞれを混同させる設問が出やすいのでしっかり押さえておこう。

☞ 教科書　CHAPTER 3・SECTION 9

1　○　水洗式の**ポータブルトイレ**など**腰掛便座**は、**特定福祉用具販売**の対象種目である。 基⊕p.555、564

2　○　**排泄予測支援機器**は、2022（令和4）年4月1日から、**特定福祉用具販売**の給付対象となる種目に追加された。 基⊕p.555、564

3　×　**認知症老人徘徊感知機器**は、**福祉用具貸与**の対象となる。 基⊕p.555

4　×　**体位変換器**は**福祉用具貸与**の対象となる。 基⊕p.555

5　×　**車いす**は、**福祉用具貸与**の対象となる。自走用標準型車いす、普通型電動車いす、介助用標準型車いす、介助用電動車いすが含まれる。 基⊕p.555、560

34

● **福祉用具貸与の給付対象となる種目**

❶ 車いす	❽ スロープ（工事を伴わないもの）※
❷ 車いす付属品	❾ 歩行器※
❸ 特殊寝台	❿ 歩行補助杖※
❹ 特殊寝台付属品	⓫ 認知症老人徘徊感知機器
❺ 床ずれ防止用具	⓬ 移動用リフト（つり具の部分を除く）
❻ 体位変換器	⓭ 自動排泄処理装置（交換可能部品を除く）
❼ 手すり（工事を伴わないもの）	

※固定用スロープ（携帯用スロープは除く）、歩行器（歩行車は除く）、単点杖（松葉杖は除く）、多点杖については、2024（令和6）年度から貸与か購入かを選択できることになった。

● **特定福祉用具販売の給付対象となる種目**

❶腰掛便座（和式便座に設置して腰掛式にするもの、水洗ポータブルトイレ）
❷自動排泄処理装置の交換可能部品（チューブなど）
❸入浴補助用具（入浴用いす、浴槽内いす、浴槽内すのこなど）
❹簡易浴槽（容易に移動でき、取水・排水の工事を伴わないもの）
❺移動用リフトのつり具部分
❻排泄予測支援機器
❼スロープ
❽歩行器
❾歩行補助杖

| 問題55 | 正解 **3・4** | ●──小規模多機能型居宅介護 | 重要度 ★★ |

●小規模多機能型居宅介護は、利用者が住み慣れた地域で暮らし続けることができるようにすることをめざし、登録者に通いサービスを中心として、訪問サービスや宿泊サービスを柔軟に組み合わせて提供するサービスである。

☞ 教科書 CHAPTER 3・SECTION14

1　×　**サテライト事業所**は、本体事業所との密接な連携のもとに運営されるもので、本体事業所と同一敷地内である必要はないが、自動車等でおおむね**20分以内の近距離**でなければならないとされる。 基上 p.665

2　×　**宿泊サービスの利用者**がいない場合で、訪問サービスの利用者のために必要な連絡体制を整備しているときは、**夜勤・宿直従業者**を置かないことができる。 基上 p.665

3　○　なお、サテライト型の事業所の場合は、通いサービスの利用定員の3分の1から6人までとされている。 基上 p.666

4　○　小規模多機能型居宅介護を**利用している**間に、組み合わせて利用できるサービスは、**訪問看護、訪問リハビリテーション、居宅療養管理指導、福祉用具貸与**である。 基上 p.661

35

5 × 管理者は、事業所の**介護支援専門員**に登録者の**居宅サービス計画の作成に関する業務を担当**させる。また、事業所の介護支援専門員は、**小規模多機能型居宅介護計画**の作成も行う。 基⊕ p.667

問題56 | 正解 **1・3** ●——療養通所介護 | 重要度 ★★

●療養通所介護は、地域密着型通所介護の一類型で、市町村長が指定する地域密着型サービスである。人員基準、設備基準、介護報酬は基本的に通所介護と同様となっている。療養通所介護の特徴をよく理解しよう。

☞ 教科書 CHAPTER 3・SECTION12

1 ○ 従来の通所介護事業所のうち利用定員が**18人以下**の小規模事業所が、2016（平成28）年度より**地域密着型通所介護**事業所に移行した。 基⊕ p.652

2 × 管理者は、常勤専従の看護師でなければならない（支障なければ兼務可）。 基⊕ p.651

3 ○ 医療と介護の両方のニーズを必要とする要介護者を対象とするため、主治医および訪問看護事業者等との密接な連携を図りつつ提供される。 基⊕ p.652

4 × 要介護度にかかわりなく、**難病**などにより重度の介護を必要とする、または**がん末期**の要介護者を対象としている。 基⊕ p.651

5 × **運営推進会議を設置**し、おおむね12か月に１回（療養通所介護以外の地域密着型通所介護では６か月に１回）以上開催する。 基⊕ p.645

問題57 | 正解 **3・5** ●——介護老人福祉施設 | 重要度 ★★★

●介護老人福祉施設は、2015（平成27）年度から、原則として要介護３以上の者が入所対象となった。ただし、要介護１、２でもやむを得ない事情がある場合には、特例的に入所が認められる。

☞ 教科書 CHAPTER 3・SECTION18

1 × 介護老人福祉施設の**医師**は、健康管理や療養上の指導ができるために必要な数とされ、基準数は示されていない。また、**非常勤**でもよいとされている。 基⊕ p.733

2 × 2015（平成27）年度から、**原則として要介護３以上**の者が入所対象となったが、入所は申込順ではなく、介護の必要の程度や家族の状況などを勘案し、**サービスを受ける必要性の高い人**が優先される。 基⊕ p.728〜729

3 ○ 指定介護老人福祉施設が**地域に開かれた**ものとして運営されるよう、**地域の住民やボランティア団体等との連携**および**協力**を行うなど**地域との交流**を図らなければならない。

36

4 ✕ 施設では、可能な限り**在宅生活への復帰**を念頭におき、利用者の**自立支援**を念頭においてサービスを提供する。このため、入所者が在宅で日常生活を営むことができるかどうかについて、従業者が**定期的に検討**しなければならない。

5 ○ なお、入所者の入院期間中の**空きベッド**は、**短期入所生活介護**などに利用してもよいとされているが、入所者が**円滑に再入所**できるよう、計画的に行う。

問題58	正解 **1・3・5** ──生活保護制度	重要度 ★★★

●生活保護制度では、他法優先の原則があり、他の法律で適用されない部分について、生活保護制度が適用される。介護保険の被保険者でも、サービスの自己負担分（定率負担、施設での居住費や食費）は、生活保護制度から賄われ、出題ポイントにもなりやすい。

☞ 教科書　CHAPTER 3・SECTION21

1 ○ 生活保護には、**補足性の原理**があり、生活保護法による扶助よりもほかの法律による扶助や扶養義務者の扶助が優先するまた、また、生活保護の適用の前には、生活に困窮する者が利用しうる不動産、預貯金などの資産、稼働能力などを活用することが求められる。 基下 p.472

2 ✕ **介護扶助の範囲に住宅改修は含まれる**。介護保険制度に基づく住宅改修と同じ内容である。 基下 p.475〜476

3 ○ 介護扶助による介護の給付は、介護サービス提供の適正な実施を確保するため、介護保険法と生活保護法の指定を受けた**指定介護機関に委託**して行われる。 基下 p.477

4 ✕ 介護保険施設に入所している生活保護受給者の**日常生活費**は、**生活扶助**から給付される。介護保険施設での**食費・居住費**については、**介護扶助**から給付される。 基下 p.474〜475

5 ○ 葬祭扶助のほか、生活扶助、住宅扶助、教育扶助も**金銭給付**を原則とする。**現物給付を原則**とするのは、**介護扶助**と**医療扶助**である。 基下 p.474〜475

問題59	正解 **1・3・4** ──成年後見制度	重要度 ★★★

●成年後見制度は、認知症・知的障害・精神障害等により判断能力が不十分で意思決定が困難な人に後見人等を立て、その判断能力を補っていく制度である。法定後見制度と任意後見制度の利用手続き、成年後見人等の権限の範囲についてよく理解しておこう。

☞ 教科書　CHAPTER 3・SECTION30

1 ○ 本人または4親等内の親族等のほか、高齢者の福祉を図るため特に必要がある場合は、**市町村長**も、後見開始等の審判の請求（申立て）を**行うことができる**。 基下 p.514

2 ✕ 成年被後見人が行った契約などの法律行為は、日常生活に関する行為を除き、原則として成年被後見人・成年後見人のどちらからも取り消すことができる。 基下p.514

3 ◯ **公正証書**による契約が必要である。それ以外の契約は無効になる。 基下p.517

4 ◯ **判断能力**が不十分になったときに、**家庭裁判所へ任意後見監督人の選任**を申し立て、選任されることによって開始される。 基下p.517

5 ✕ 包括的な代理権があるのは、**成年後見人**である。なお、被保佐人の**同意**を得て保佐人等が請求し、**家庭裁判所の審判**を経ることで、保佐人も申立て範囲内の特定の法律行為の代理権をもつことができる。 基下p.514〜516

問題60	正解 **1・3**	●──生活困窮者自立支援法	重要度 ★★

●生活保護受給者の増加や生活困窮に至るリスクの高い人の増加という社会的背景を踏まえ、2013（平成25）年に制定された。法の目的や生活困窮者の定義、事業の内容（必須事業・努力義務・任意事業）を整理して押さえておこう。

☞ 教科書 **CHAPTER 3・SECTION22**

1 ◯ 生活困窮者自立支援法は、**生活保護に至る前の自立支援策**を強化し、自立の促進を図ることを目的にしている。 基下p.479

2 ✕ 都道府県、市、福祉事務所を設置する町村が実施主体となるが、社会福祉協議会、社会福祉法人、NPO法人などへの**委託が可能**となっている。 基下p.479

3 ◯ **自立相談支援機関**は生活困窮者自立相談支援事業（必須事業）の実施機関である。人員・設備等について、法令上の基準は設けられていないが、**主任相談支援員、相談員、就労支援員**が配置されることが基本となっている。 基下p.480

4 ✕ **生活困窮者住居確保給付金**は、**必須事業**である。離職により住居を失った、または失うおそれの高い生活困窮者に対し、有期で**家賃**相当額の給付金を支給する。支給期間は原則**3**か月間で、就職活動を誠実に行っている場合は最大**9**か月まで延長可能である。 基下p.480

5 ✕ **生活困窮者就労準備支援事業**は、**任意事業**である。市町村に実施の努力義務がある。また、生活困窮者就労準備支援事業と生活困窮者家計改善支援事業は、生活困窮者自立相談支援事業と一体的に行うこととされている。 基下p.480

第2回 解答・解説

- ●解答一覧／40
- 介護支援分野 …………………………………………… 41
- 保健医療サービスの知識等 …………………………… 57
- 福祉サービスの知識等 ………………………………… 69

第2回　解答一覧

※合格基準とされる「介護支援分野」および「保健医療福祉サービス分野」それぞれの正答率が70％に達するまで、繰り返し解いてみましょう。

※第27回試験（2024年10月13日実施）の合格基準点は「介護支援分野」18点、「保健医療福祉サービス分野」25点でした。

介護支援分野

問題	①	②	③	④	⑤
1	●	②	③	④	⑤
2	●	●	③	④	⑤
3	●	②	③	●	⑤
4	①	●	③	④	⑤
5	●	②	③	●	⑤
6	①	②	●	④	⑤
7	①	②	●	●	⑤
8	①	②	●	④	⑤
9	●	②	③	④	●
10	●	②	③	④	●
11	●	②	③	④	⑤
12	①	●	③	●	⑤
13	●	●	③	④	⑤
14	●	●	●	④	⑤
15	●	●	●	④	⑤
16	①	●	●	●	⑤
17	●	②	③	●	⑤
18	①	②	●	④	⑤
19	●	●	③	④	⑤
20	●	②	③	④	⑤
21	①	②	③	●	⑤
22	①	●	③	④	⑤
23	①	②	③	●	⑤
24	①	●	③	④	⑤
25	●	●	●	④	⑤

保健医療サービスの知識等（保健医療福祉サービス分野）

問題	①	②	③	④	⑤
26	①	●	③	●	⑤
27	①	●	③	④	●
28	●	②	●	④	●
29	●	②	●	④	●
30	①	●	③	④	⑤
31	①	●	●	④	⑤
32	●	②	③	④	●
33	●	②	③	④	⑤
34	●	②	③	●	⑤
35	①	②	●	④	●
36	●	②	③	④	●
37	●	②	③	●	⑤
38	①	●	③	●	⑤
39	①	②	●	④	⑤
40	●	②	●	④	⑤
41	●	②	③	④	⑤
42	①	●	●	④	●
43	●	②	③	④	⑤
44	●	●	③	●	⑤
45	①	②	●	④	⑤

福祉サービスの知識等（保健医療福祉サービス分野）

問題	①	②	③	④	⑤
46	①	●	●	④	⑤
47	●	②	③	④	●
48	①	②	●	④	●
49	①	●	●	④	⑤
50	①	●	●	④	⑤
51	●	②	③	●	⑤
52	①	②	③	●	●
53	①	②	●	●	⑤
54	①	●	③	④	●
55	①	●	●	●	⑤
56	●	②	●	④	⑤
57	①	②	●	●	⑤
58	●	②	③	④	●
59	①	②	●	④	⑤
60	●	②	③	④	●

介護支援分野

合　計	／25点

保健医療福祉サービス分野

合　計	／35点

介護支援分野

問題1 **正解 1・5** ●――2023（令和5）年の介護保険制度改正 **重要度 ★★**

●2000（平成12）年の介護保険制度創設後も、地域包括ケアシステムの実現、サービスの質の確保の向上、負担のあり方の見直し、地域共生社会の実現などをねらいとした改正が重ねられている。2023（令和5）年の改正内容のほか、これまでの制度改正の概要もあわせて押さえておこう。

☞ 教科書 CHAPTER 1・SECTION 4

1 ○ **都道府県**は、介護サービス事業所・施設における**業務の効率化**、介護サービスの**質**の向上その他の**生産性の向上**に資する取り組みが促進されるよう努めなければならないこととされた。 基④p.57

2 × 2020（令和2）年の制度改正事項である。また、厚生労働大臣による介護保険等関連情報の調査および分析・公表義務についても規定されている。 基④p.31～32

3 × 要介護1、2の人への通所介護および訪問介護を保険給付からはずし、市町村の介護予防・日常生活支援総合事業に移行する案が議論されていたが、2023（令和5）年改正では見送られている。 基④p.29～34

4 × 市町村による地域ケア会議の設置努力義務が法定化されたのは2014（平成26）年の改正である。 基④p.31

5 ○ 「介護サービス事業者の財務状況等の見える化」のため、各事業所・施設は、介護サービス経営情報を定期的に**都道府県知事**に**報告**することが義務づけられた。 基④p.29、32

問題2 **正解 1・2** ●――国および地方公共団体の責務および事務 **重要度 ★★**

●国および地方公共団体の責務を押さえるとともに、それぞれの役割を踏まえた事務の内容を理解しているかが重要である。

☞ 教科書 CHAPTER 1・SECTION 6

1 ○ 国および地方公共団体は、介護、介護予防、自立した日常生活の支援のための施策を、医療および居住に関する施策との有機的な連携を図りつつ包括的に推進するよう努め、これら施策の推進にあたっては、**障害者福祉施策**との**連携**や**地域共生社会**の実現に資するよう努めることが規定されている。 基④p.56

2 ○ 国および地方公共団体には、**認知症に関する施策を総合的に推進する努力義務**が課されており、その際には認知症である者およびその家族の**意向の尊重**に配慮するよう努めることが規定されている。 基④p.56

3 × 設問の内容は、**都道府県**の**責務**である。国は、介護保険事業の運営が健全かつ円滑に行われるよう保健医療サービス・福祉サービスを提供する**体制の確保**に関する施策などの措置を講じなければならない。基⊕p.54、57

4 × 市町村介護保険事業計画および都道府県介護保険事業支援計画策定の基盤となる**基本指針**を策定するのは、**国**である。基⊕p.55

5 × 設問の内容は、**国**の責務である。基⊕p.54

| 問題3 | 正解 **1・4・5** | ━━都道府県が条例で定めること　重要度 ★★ |

●国・都道府県・市町村が介護保険制度において求められる役割は何か、ということを念頭において解答しよう。

☞ 教科書 CHAPTER I・SECTION 6

1 ○ 各都道府県の規模や認定に関する処分の件数などの事務量に応じて、**必要数の合議体を設置できる員数**を都道府県が条例で定める。基⊕p.60

2 × 種類支給限度基準額は市町村が独自に行うもので、**市町村**が条例で定める。基⊕p.60

●人員・設備・運営基準の条例委任

都道府県の条例	指定居宅サービス、基準該当居宅サービス、指定介護予防サービス、基準該当介護予防サービス、指定介護老人福祉施設、介護老人保健施設、介護医療院
市町村の条例	指定地域密着型サービス、指定地域密着型介護予防サービス、指定居宅介護支援、基準該当居宅介護支援、指定介護予防支援、基準該当介護予防支援

※共生型サービスにかかる基準も都道府県または市町村の条例で定められる。

3 × 指定居宅介護支援の人員・運営基準は**市町村**が条例で定める。基⊕p.60

4 ○ 指定介護老人福祉施設は、入所定員**30人以上**で、**都道府県の条例に定める数**の特別養護老人ホームである。基⊕p.60

5 ○ **介護支援専門員**に関する事務は都道府県が行い、介護支援専門員実務研修受講試験問題作成事務にかかる手数料は都道府県が条例で定める。基⊕p.57

| 問題4 | 正解 **2・5** | ━━介護保険の被保険者とならないもの　重要度 ★★★ |

●介護保険制度では、一定の資格要件に該当したときに被保険者資格が強制適用される。資格要件と、被保険者の適用除外について理解を深めよう。

☞ 教科書 CHAPTER I・SECTION 7

1 × 保険料を滞納していても、**被保険者資格は喪失しない**。ただし、要介護認定等

以前の滞納保険料が時効（2年）で消滅している場合は、被保険者が保険給付を受けるようになったとき、消滅した期間に応じて、**保険給付割合が減額**される。また、高額介護サービス費等の利用者負担を軽減する給付も支給されなくなる。基⊕p.68

2 ○ 介護保険では、**年齢**（40歳以上）、**住所**、第2号被保険者では**医療保険加入**という要件を満たした場合に、被保険者資格が**強制適用**される。住所が日本にない場合には、被保険者とならない。基⊕p.46

3 × 刑事施設、労役場などに拘禁されている期間は、**保険給付は行われない**が、**被保険者資格は喪失しない**。基⊕p.123

4 × 介護保険の被保険者資格は、介護保険の適用要件となる**事実が発生**したときに、**何ら手続きを要せず取得**するものである。基⊕p.46

5 ○ 児童福祉法に規定する**医療型障害児入所施設**、生活保護法に規定する救護施設など一定の施設等に入所・入院している者は、介護保険の**適用除外**となり、当分のあいだ、介護保険の被保険者とならない。基⊕p.48

問題5 | 正解 **1・3・4** ●──介護保険審査会 | 重要度 ★★

●介護保険審査会は都道府県に設置される。審理対象となる処分、合議体の構成等について理解しよう。

教科書 CHAPTER I・SECTION20

1 ○ 審理対象は、市町村が行う**要介護認定等**など**保険給付に関する処分**、**保険料**その他介護保険法の規定による**徴収金**に関する処分であり、介護保険料の決定処分は対象となる。基⊕p.180

2 × 第1号保険料の滞納処分も含まれる。基⊕p.180

3 ○ 要介護認定等の処分に関する審査請求事件の**処理の迅速化・正確化**を図るため、**保健・医療・福祉の学識経験者**を**専門調査員**として設置することができる。委員の身分は、非常勤特別職の地方公務員である。基⊕p.181

4 ○ 記述のとおり、**審査請求**による**裁決を経て**、**裁判所に提起**することができる（**審査請求前置主義**）。基⊕p.181〜182

5 × 介護保険審査会は、被保険者代表委員3人、市町村代表委員3人、公益代表委員3人以上の三者構成で組織され、審査は審査会で指名された合議体が行う。審査請求の種類により**合議体の構成は異なり、要介護認定の処分に関する審査請求**は**公益代表委員**による合議体が取り扱う。一方、要介護認定等以外の処分に関する審査請求は、会長を含む公益代表委員、被保険者代表委員、市町村代表委員各3人からなる合議体で取り扱う。基⊕p.181

| 問題6 | 正解 **3・5** ●──包括的支援事業 | 重要度 ★★★ |

●地域支援事業では、全体の事業構成と包括的支援事業の内容に注意しよう。包括的支援事業に配置される者については、過去に複数回出題されているため、まとめて覚えておこう。

☞ 教科書 CHAPTER I・SECTION17

1 ✕ **チームオレンジコーディネーター**は、認知症総合支援事業において配置される。認知症の人やその家族の支援ニーズと認知症サポーターを中心とした支援をつなぐしくみであるチームオレンジを整備し、「共生」の地域づくりを推進する役割を担う。基④p.161

2 ✕ **若年性認知症支援コーディネーター**は、若年性認知症の人の自立支援にかかわる関係者のネットワークの調整役を担い、**都道府県**ごとに相談窓口に配置される。基⑤p.255

3 〇 **就労的活動支援コーディネーター**（**就労活動支援員**）は、生活支援体制整備事業において配置が規定されている。役割がある形での高齢者の社会参加等を促進する。基④p.161

4 ✕ **介護サービス相談員**は、**任意事業**（地域自立生活支援事業の介護サービス相談員派遣等事業）に位置づけられている。介護サービス提供の場でサービス利用者等の相談に応じ、利用者の疑問・不満の解消を図るとともに、サービス担当者等と意見交換を図り、サービスの質の向上を図る役割がある。基④p.162

5 〇 **生活支援コーディネーター**（**地域支え合い推進員**）は、生活支援体制整備事業において配置が規定されている。サービスの創出、サービスの担い手の養成、資源開発、ネットワークの構築、ニーズと取り組みのマッチングなどを行う。基④p.161

| 問題7 | 正解 **3・4・5** ●──他法令との給付の調整等 | 重要度 ★★ |

●介護保険法と他法との給付が重なる場合は、災害補償関係各法のみ介護保険法の給付に優先する。また、介護保険の給付を受けていても、他法固有のサービスは、他法からも給付されるという点にも着目しよう。

☞ 教科書 CHAPTER I・SECTION11

1 ✕ 国家公務員災害補償法など**労働災害・公務災害**に対する給付を行うもの、**国家補償**的給付を行うもの（戦傷病者特別援護法、原子爆弾被爆者に対する援護に関する法律など）と介護保険の給付が重なる場合は、**災害補償関係各法の給付が優先**する。基④p.119

2 ✕ 介護保険の被保険者であっても、本人が家族の虐待・無視を受けている、認知

44

症などで意思能力が乏しく、本人を代理する家族がいないなど**やむを得ない理由**がある場合は、老人福祉法に基づく市町村の**措置**によりサービスが提供される。 基⊕p.120

3 ○ 介護保険と医療保険の給付が重なる場合は介護保険が優先するが、歯の治療など介護保険施設での対応が困難な一定の医療は、**医療保険からの給付**になる。 基⊕p.120

4 ○ 障害者総合支援法（「障害者の日常生活及び社会生活を総合的に支援するための法律」）に基づく自立支援給付と介護保険の給付が重なる場合は、介護保険の給付が優先するが、介護保険制度にない**障害者施策固有のサービス**は、**障害者施策から給付**が行われる。 基⊕p.121

5 ○ 記述のとおり。新規申請において、要介護・要支援認定が決定された場合、その効力は**申請日**までさかのぼって生じるため、申請日以降に利用した介護保険のサービスは保険給付の対象となる。また、ケアプランを作成していれば、現物給付でサービスを利用することができる。 基⊕p.86

| 問題8 | 正解 **3・5** | ●──社会福祉法人等による利用者負担額軽減制度 | 重要度★ |

●社会福祉法人等による利用者負担額軽減制度は、近年出題されていないが、注意が必要である。軽減対象となる費用、軽減対象となるサービスのほか、他の低所得者対策との給付関係についても押さえておきたい。

☞ 教科書 CHAPTER Ⅰ・SECTION14

1 × **市町村が生計困難と認定**した人（市町村民税世帯非課税で収入・資産等が一定要件に該当）および**生活保護受給者**が対象となる。 基⊕p.117〜118

2 × 対象となる利用者負担には、サービス利用の**定率負担**分、**居住費**（滞在費・宿泊費）・**食費**の**自己負担分**が含まれる。 基⊕p.117〜118

3 ○ 訪問看護などの**医療サービスは、対象外**である。 基⊕p.117〜118

4 × **福祉用具貸与**は、**対象外**である。 基⊕p.117〜118

5 ○ 低所得者の利用者負担を軽減する制度については、特定入所者介護サービス費等→社会福祉法人等利用者負担額軽減制度→高額介護サービス費等の順で適用される。 基⊕p.117〜118

| 問題9 | 正解 **1・4・5** | ●──区分支給限度基準額 | 重要度 ★★ |

●区分支給限度基準額は、1か月を単位に上限額が設定され、この範囲内で複数のサービスを組み合わせて利用する。基本的だが、定期的に出題されるポイントである。

☞ 教科書 CHAPTER Ⅰ・SECTION13

45

1　〇　**福祉用具貸与**は、区分支給限度基準額が**適用**される。　基⊕p.101〜102

2　×　**特定福祉用具販売**は、特定福祉用具の購入に関して、福祉用具購入費支給限度基準額として、同一年度で10万円の**独立した支給限度基準額**が設定されている。　基⊕p.101〜102

3　×　**居宅療養管理指導**は、医師が必要とした場合に、区分支給限度基準額には含めずに算定される。　基⊕p.101〜102

4　〇　**小規模多機能型居宅介護**は、区分支給限度基準額が**適用**される。区分支給限度基準額内で組み合わせて利用できるサービスは、訪問看護、訪問リハビリテーション、福祉用具貸与である。また、区分支給限度基準額の枠外で居宅療養管理指導、特定福祉用具販売、住宅改修も同時に利用することができる。　基⊕p.101〜102

5　〇　**訪問入浴介護**は、区分支給限度基準額が**適用**される。　基⊕p.101〜102

●**区分支給限度基準額が適用されないサービス（介護予防サービスも同様）**

> ●特定福祉用具販売・住宅改修
> ●居宅療養管理指導
> ●特定施設入居者生活介護（短期利用を除く）
> ●地域密着型特定施設入居者生活介護（短期利用を除く）
> ●認知症対応型共同生活介護（短期利用を除く）
> ●地域密着型介護老人福祉施設入所者生活介護
> ●居宅介護支援
> ●介護予防支援
> ●施設サービス

問題10　　正解　**1・4・5**　●──指定の取り消し・効力停止の要件　重要度 ★★

●要介護者等にサービスを提供する事業者・施設は、都道府県知事または市町村長が指定をし、その指導監督をする。ここでは、指定居宅介護支援事業者の指定の取り消しや効力停止ができる場合の要件について、押さえておこう。

☞ 教科書　CHAPTER I・SECTION15

1　〇　事業者が**不正の手段**により指定を受けた場合には、市町村長は指定の取り消しまたは指定の効力を停止することができる。　基⊕p.136

2　×　過誤請求とは、国保連の審査で介護報酬額が決定しているときや、すでに支払いが完了している請求内容に誤りを発見した場合、事業者がその介護保険の請求を取り下げ、あらためて介護保険を再請求することをいい、指定取り消し等の**対象にはならない**。　基⊕p.136

3　×　指定取り消し等の事由には含まれない。ただし、事業所の申請者が社会保険料滞納処分を受け、かつ3か月以上滞納を続けている場合は、市町村長は指定をし

てはならない。 基上p.136

4 ○ 「市町村の条例に定めるもの」とは、具体的には申請者が**法人**であることである。
基上p.130、137

5 ○ **市町村長**は、指定居宅介護支援事業者に対し**報告・帳簿書類提出等の命令**を行うことができるが、これに従わず、または虚偽報告をした場合は、市町村長は指定の取り消しまたは指定の効力を停止することができる。 基上p.134

| 問題11 | 正解 **1・3・5** ●──共生型サービス | 重要度 ★★ |

●共生型サービスは、2018（平成30）年度に創設されました。介護保険制度または障害福祉制度のいずれかの指定を受けている事業所が、もう一方の制度における指定を受けやすくする特例です。通常よりも緩和された基準が適用されます。

☞教科書 CHAPTER Ⅰ・SECTION15

1 ○ 記述のとおり。指定の対象となるのは、**訪問介護、通所介護、地域密着型通所介護、短期入所生活介護、介護予防短期入所生活介護**である。 基上p.133

2 × 選択肢1の記述のとおり。小規模多機能型居宅介護は指定の対象とは**ならない**。

3 ○ 選択肢1の記述のとおり。短期入所生活介護は指定の対象と**なる**。 基上p.133

4 × 居宅サービス、介護予防サービス、地域密着型サービスの指定と同様に、訪問介護、通所介護、介護予防短期入所生活介護は**都道府県知事**が、地域密着型通所介護は**市町村長**が指定を行う。 基上p.133

5 ○ ほかのサービスと同様に、共生型サービスの人員・設備・運営基準は都道府県または市町村の条例に委任される。 基上p.133

| 問題12 | 正解 **2・4・5** ●──介護支援専門員 | 重要度 ★★ |

●介護支援専門員は、介護保険制度においてケアマネジメントを中心となって行う専門職である。法律に規定される義務等を確認しておこう。

☞教科書 CHAPTER Ⅰ・SECTION22

1 × 介護支援専門員は、要介護者等が自立した日常生活を営むのに必要な援助に関する専門的知識や技術を有するものとして、**介護支援専門員証**の**交付**を受けた者であり、**業務を行う**ためには、**介護支援専門員証の交付を受ける**必要がある。
基上p.126

2 ○ 介護支援専門員証の有効期間は**5年**で、申請により更新を行う。更新の際には、**更新研修**を受ける必要がある。 基上p.126

3 × 介護支援専門員の**登録の消除**は、**都道府県知事**が行う。 基上p.129

4 ○ 記述のとおり。介護支援専門員の**名義貸し**は**禁止**されている。 基上p.128

5 〇 　介護支援専門員は、要介護者等の**人格**を**尊重**し、常に要介護者等の立場に立って、要介護者等に提供されるサービス等が特定の種類や特定の事業者・施設に不当に偏ることがないよう、**公正・誠実**に業務を行わなければならない。
基⊕p.128

●**介護支援専門員の義務など**

❶公正・誠実な業務遂行義務	❺名義貸しの禁止
❷基準遵守義務	❻信用失墜行為の禁止
❸資質向上努力義務	❼秘密保持義務
❹介護支援専門員証の不正使用の禁止	

問題13 　**正解　1・2・5** ●——都道府県介護保険事業支援計画　重要度★★

●都道府県介護保険事業支援計画に定めた、市町村による自立支援等施策の支援に関し都道府県が取り組むべき施策の実施状況と目標の達成状況に関する調査・分析・評価を行い、その結果を公表するように努め、これを厚生労働大臣に報告することもあわせて押さえておこう。

☞ 教科書　CHAPTER1・SECTION19

1 〇 　**地域密着型特定施設入居者生活介護**にかかる**必要利用定員総数**は、定めるべき事項である。 基⊕p.171

2 〇 　介護医療院などの**介護保険施設**の種類ごとの**必要入所定員総数**は、定めるべき事項である。 基⊕p.169、171

3 × 　認知症対応型共同生活介護にかかる必要利用定員総数は、**市町村介護保険事業計画**において定めるべき事項である。 基⊕p.169、171

4 × 　介護サービス情報の公表に関する事項は、都道府県介護保険事業支援計画において**定めるよう努める**事項である。 基⊕p.171

5 〇 　自立支援等施策とは、市町村が取り組むべき①被保険者の地域における**自立した日常生活**の支援、②要介護状態等となることの**予防**または要介護状態等の**軽減・悪化の防止**、③介護給付等に要する**費用の適正化**に関する施策である。
基⊕p.169、171

問題14 　**正解　1・2・3** ●——介護保険の保険料　　　　　　　重要度★★★

●保険料の算定と徴収方法は、第1号被保険者と第2号被保険者で異なる。その違いをしっかりと理解しておく。滞納処分は段階的に行われるということも押さえておこう。

☞ 教科書　CHAPTER1・SECTION8

1 ○ **第1号被保険者の保険料率**は、各市町村が政令で定める基準に従い、**3**年ごとに条例で定める。保険料率は、被保険者の所得水準に応じた、原則13段階（2024（令和6）年度より）の所得段階別定額保険料で、市町村は条例で所得段階をさらに細分化したり、保険料率を変更したりすることができる。 基⊕p.65

2 ○ 第2号被保険者の介護保険料は、**医療保険者が医療保険料と一体的に被保険者から徴収**し、**社会保険診療報酬支払基金**（支払基金）に納付金（**介護給付費・地域支援事業支援納付金**）として納付する。支払基金は、それを**介護給付費交付金・地域支援事業支援交付金**として、**各市町村へ交付**する流れである。 基⊕p.69

3 ○ 生計の同一性の観点から、普通徴収の対象となる第1号被保険者の配偶者および世帯主は、**介護保険料の連帯納付義務**が課せられている。 基⊕p.67

4 × **特別徴収の対象**となるのは、年額18万円以上の公的な**老齢年金**（または**退職年金**）、**遺族年金**、**障害年金**の受給者である。それ以外の者については、市町村が直接、納付書を送付して徴収する**普通徴収**となる。 基⊕p.66～67

5 × 普通徴収の収納事務について、市町村はコンビニエンスストアに委託することができる。 基⊕p.68

| 問題15 | 正解 **1・2・3** ●——財政安定化基金事業 | 重要度 ★★ |

●財政安定化基金は、市町村の介護保険財政の安定化を図るため、都道府県に設置される。介護保険料の収納不足や介護給付費の増加によって、市町村の介護保険特別会計に不足が生じた場合に、資金の交付・貸付を行う。

☞ 教科書 CHAPTER I・SECTION 8

1 ○ 見込みを上回る**給付費の増大等**のため、介護保険財政に不足があった場合には、必要な資金を貸し付ける。 基⊕p.72

2 ○ 通常の努力を行ってもなお生じる**保険料の未納**により財政不足となった場合は、3年ごと（介護保険事業計画の計画期間の最終年度）に、原則として保険料収納不足額の**2分の1**を基準として**交付金**を交付する。残りの不足額については貸付となる。 基⊕p.72

3 ○ 次の期の計画期間に、その市町村の**第1号被保険者の保険料を財源**として**3年間の分割**で返済する。なお、貸付額は無利子である。 基⊕p.72

4 × 選択肢3の解説のとおり、返済額は一般財源ではなく、第1号被保険者の保険料で賄う。 基⊕p.72

5 × **財政安定化基金の財源**は、国、都道府県、市町村がそれぞれ**3分の1**ずつ負担する。市町村の負担分は、第1号被保険者の保険料で賄う。 基⊕p.72

問題16 　正解　**2・3・4** ●――認定調査票の基本調査項目　　**重要度 ★★★**

●認定調査票の基本調査項目は、被保険者の心身の状況を把握するためのものであり、この内容を分析して要介護認定等基準時間（介護の必要度を図る時間）が算出されることに着目する。

☞ 教科書　CHAPTER Ⅰ・SECTION 9

1　×　被保険者が属する**世帯の収入**は**含まれない**。 基⊕p.79

2　○　**金銭管理**は、「社会生活への適応に関連する項目」のなかに**含まれる**。 基⊕p.79

3　○　**過去14日間に受けた特別な医療**は、「特別な医療に関する項目」のなかに**含まれる**。 基⊕p.79

4　○　**障害高齢者の日常生活自立度**は、「日常生活自立度に関する項目」のなかに**含まれる**。 基⊕p.79

5　×　介護者の心身の状況は、直接、被保険者の心身の状況にかかわらない事項であり、基本調査項目には**含まれない**。 基⊕p.79

● **認定調査票の基本調査項目**

基本調査項目	項目内容
身体機能・起居動作に関連する項目	拘縮等の有無、歩行、視力など13項目
生活機能に関連する項目	排せつ、更衣など12項目
認知機能に関連する項目	意思の伝達、短期記憶、場所の理解など9項目
精神・行動障害に関連する項目	作話、大声など15項目
社会生活への適応に関する項目	薬の内服、金銭管理、買い物など6項目
特別な医療に関する項目	過去14日間に受けた特別な医療
日常生活自立度に関する項目	障害高齢者の日常生活自立度、認知症高齢者の日常生活自立度

問題17 　正解　**1・3・4** ●――介護認定審査会　　**重要度 ★★★**

●介護認定審査会は市町村の附属機関で、一次判定の結果を原案として、二次判定を行う。審査・判定の広域的実施、審査判定にあたり関係者への意見聴取ができる点、委員構成、定数などの頻出項目を確実に押さえよう。

☞ 教科書　CHAPTER Ⅰ・SECTION 9

1　○　要介護認定等は、複数の市町村による介護認定審査会の**共同設置**、**都道府県**や**他の市町村**への審査・判定業務の委託、広域連合・一部事務組合の活用などによって、**広域的に実施**することができる。 基⊕p.90

2　×　**介護認定審査会の委員定数**は、必要数の**合議体**を設置できる員数を、市町村が**条例**で定める。 基⊕p.85

3　○　介護認定審査会の委員は、保健・医療・福祉の**学識経験者**で、**市町村長**が**任命**

50

する。その身分は、**非常勤の特別職地方公務員**であり、法律上の守秘義務を負う。

4 〇 　介護認定審査会は、審査・判定結果を市町村に通知する際に、介護認定審査会の**意見を付す**ことができる。市町村は、被保険者に返還する**介護保険被保険者証**に、認定結果とともにこの介護認定審査会の意見を記載する。なお、下記❶の意見が付されているときは、市町村は**サービスの種類の指定**をすることができる。
基⊕p.85

5 × 　介護認定審査会は、**審査・判定**にあたり必要と認めるときは、**被保険者、家族、主治医**などの**関係者から意見を聴く**ことができる。 基⊕p.85

●介護認定審査会の意見

> ❶要介護（要支援）状態の軽減または悪化の防止のために必要な**療養に関する事項**
> 　（要支援に関しては、家事援助に関する事項を含む）→サービスの種類の指定
> ❷サービスの適切かつ有効な利用などに関し、被保険者が**留意すべき事項**
> ❸認定の有効期間の短縮や延長に関する事項

問題18	正解　**3・5**　●——市町村の認定	重要度 ★★★

●審査・判定結果に基づき、市町村が認定を行う。更新認定、区分変更認定、住所移転時の認定については、近年出題されていないため、逆に注意が必要である。

1 × 　認定申請に対する処分は、原則として申請日から**30日以内**に行われる。
基⊕p.86

2 × 　認定の有効期間は、国の**省令**に定められ全国一律である。**新規認定**と**区分変更認定**は、原則**6か月**、**更新認定**は原則**12か月**である。**市町村が介護認定審査会の意見に基づき**、特に必要と認める場合は、認定の有効期間を下記の範囲で**短縮**または**延長**することができる。 基⊕p.87

●認定の有効期間（要介護認定・要支援認定共通）

分類	原則有効期間	設定可能期間
新規認定 区分変更認定	6か月	3〜12か月
更新認定	12か月	3〜36か月 （要介護度・要支援度に変更がない場合は3〜48か月）

3 〇 　また、更新認定の効力は、**有効期間満了日の翌日**から発生する。 基⊕p.88

4 × 　市町村は、要介護認定の有効期間中でも、被保険者が**要介護者等に該当しなくなった**とき、正当な理由なく、認定調査や主治医意見書のための診断命令に応じ

ないときは、被保険者の**認定を取り消す**ことができる。 基⊕p.89

5 ○ 所定の手続きをすることで、**移転先での認定調査や審査・判定は省略**され、移転前の審査・判定結果に基づき、**認定**がされる。 基⊕p.89

問題19 　正解 **1・2・5** ●──指定居宅介護支援事業者の基準 　重要度 ★★★

●居宅介護支援事業者は、居宅介護支援（在宅におけるケアマネジメント）を担う事業者であり、具体的取扱方針は最もよく問われる事項である。

🖙 教科書 CHAPTER Ⅰ・SECTION23

1 ○ **服薬状況、口腔機能**などに関する情報は、主治医や歯科医師または薬剤師が**医療サービスの必要性などを検討**するのに有効である。助言が必要であると介護支援専門員が判断したものは、利用者の同意を得て、主治医等に提供するものとされている。 基⊕p.329

2 ○ 統計学的にみて、**生活援助**の利用回数が通常よりもかけ離れて多い場合（厚生労働大臣が定める回数以上）、その利用の妥当性を検討して居宅サービス計画に必要な理由を記載するとともに、その計画を**市町村**に**届け出なければならない**。 基⊕p.334

3 ✕ **居宅における生活へ円滑に移行**できるよう、**あらかじめ**、介護保険施設等の従業員と連携を図り、居宅生活を念頭においた課題分析をして**居宅サービス計画**作成などの**援助を行う**必要がある。 基⊕p.334

4 ✕ サービス担当者会議で利用者の個人情報を用いる場合、利用者の**同意**をあらかじめ**文書**で得ておかなければならない。家族の個人情報についても、同様である。

5 ○ 指定介護予防支援事業者においても同様である。 基⊕p.341

問題20 　正解 **1・5** ●──施設介護支援における課題分析 　重要度 ★★

●課題分析の様式は自由だが、居宅介護支援と同様に、課題分析標準項目を満たす必要がある。なお、課題分析標準項目は2023（令和5）年10月に改定されているため注意が必要である。

🖙 教科書 CHAPTER Ⅰ・SECTION23、25

1 ○ 課題分析（アセスメント）は、入所者や家族と面接して行う必要がある。 基⊕p.399

2 ✕ **課題分析標準項目**には、**家族等の状況**に関する項目が**含まれる**。具体的には、本人の日常生活あるいは意思決定にかかわる家族等の状況、家族等による支援への参加状況、家族等について特に配慮すべき事項に関する項目である。 基⊕p.278〜279

52

3 ✕ 課題分析標準項目には、**コミュニケーションにおける理解と表出**の状況に関する項目が**含まれる**。具体的には、コミュニケーションの理解の状況、コミュニケーションの表出の状況（視覚、聴覚等の能力、言語・非言語における意思疎通）、コミュニケーション機器・方法等（電話、PC、スマートフォンを含めた対面以外のコミュニケーション機器も含む）である。 基⊕p.278〜279

4 ✕ 課題分析標準項目には、社会との関わりに関する項目が**含まれる**。具体的には、家族等や地域、仕事との関わりに関する事項である。 基⊕p.278〜279

5 ◯ 課題分析標準項目には、利用者の資産に関する項目は**含まれない**。 基⊕p.278〜279

問題21 　**正解 3・4・5** ●──居宅介護支援におけるモニタリング　重要度★★★

●介護支援専門員は、居宅サービス計画の作成後も継続的にモニタリングを行う。運営基準を踏まえ、しっかりと重要事項を押さえておこう。

☞ 教科書 CHAPTER 1・SECTION121

1 ✕ **モニタリングの結果**は、少なくとも**1か月**に**1回**は記録しなければならない。 基⊕p.331

2 ✕ モニタリングにあたり、サービス事業者等の担当者と継続的に連携を図るが、1か月に1回の報告聴取の義務づけは規定されていない。 基⊕p.330〜331

3 ◯ 原則として、少なくとも**1か月**に**1回**は利用者の**居宅を訪問**し面接してモニタリングを行うが、利用者の同意やサービス担当者会議での合意など一定の要件を満たす場合はテレビ電話装置等を活用したモニタリングも可能となっている。 基⊕p.330〜331

4 ◯ 居宅サービス計画の変更の必要性が生じた場合には、原則として**サービス担当者会議**を**開催**し、専門的な見地からの意見を求める。 基⊕p.333

5 ◯ 居宅サービス計画、アセスメントの結果の記録、サービス担当者会議等の記録、モニタリングの結果の記録は利用者ごとの居宅介護支援台帳に記載し、その完結の日から**2年間保存**しなければならない。 基⊕p.333

問題22 　**正解 2・4** ●──介護予防サービス計画の関連様式 重要度 ★★

●介護予防サービス計画の関連様式には、「利用者基本情報」「介護予防サービス・支援計画書」「介護予防支援・介護予防ケアマネジメント経過記録」「介護予防支援・介護予防ケアマネジメントサービス評価表」がある。このうちアセスメントにかかる内容や具体的な支援計画を記載するのが「介護予防サービス・支援計画書」である。

☞ 教科書 CHAPTER 1・SECTION24

第2回
解答

●介護支援分野

53

1 ✕ **利用者の経済状況**は、生活の全体像を把握するために必要であり、利用者基本情報に記載する。 基⊕p.358

2 ◯ 記述のとおり。利用者基本情報は、利用者の相談内容と生活の全体像を把握するための書類である。

● **利用者基本情報のおもな項目**

●本人の現況（在宅・入院または入所中）●日常生活自立度（障害・認知症）
●認定情報（要介護度等、有効期限）●経済状況（年金、生活保護等）●住居環境

3 ✕ 介護予防サービス・支援計画書の**4つのアセスメント領域**には、**健康管理**が含まれる。 基⊕p.358

● **4つのアセスメント領域**

①運動および移動　②日常生活（家庭生活を含む）
③社会参加・対人関係およびコミュニケーション　④健康管理

4 ◯ 「介護予防サービス・支援計画書」の4つの領域ごとの課題分析の結果から、共通の原因や背景を見つけ、「総合的課題」を導き出す。 基⊕p.358

5 ✕ 「介護予防サービス・支援計画書」には、予防給付や地域支援事業のサービスのほか、本人の**セルフケア**（健康管理や生活習慣の改善など利用者本人が自ら取り組むことやできること）や**家族**の**支援**、地域のボランティア、近隣住民の協力などのインフォーマルサービスを盛り込む。 基⊕p.358

問題23　　正解　**4・5**　　●──指定介護予防支援　　　重要度 ★★

●介護予防支援の流れは基本的に居宅介護支援と同じだが、利用者の自立に向けた目標志向型の介護予防サービス計画を作成し、生活機能の維持・改善効果を定期的に評価する点に特徴がある。

☞ 教科書　**CHAPTER Ⅰ・SECTION24**

1 ✕ 少なくともサービスの提供を開始する月の翌月から起算して**3**か月に1回は利用者に面接しなければならない。利用者の**居宅訪問**による面接が原則だが、利用者の同意やサービス担当者会議等で関係者の合意を得ているなどの要件を満たす場合は、テレビ電話装置等を活用した面接も認められている。 基⊕p.361

2 ✕ サービス担当者会議は、原則として介護予防サービス計画の**新規作成**時や**変更**時、利用者の**更新認定**時や**区分変更認定**時に、やむを得ない場合を除き必ず開催する。 基⊕p.382

3 ✕ モニタリングの結果の記録は、少なくとも**1か月**に**1回**行う。 基⊕p.382

4 ○ 担当職員は、介護予防サービス計画に位置づけた**期間が終了**するときに、計画の**目標の達成状況**について**評価**しなければならない。 基⊕p.382

5 ○ モニタリングは、介護予防サービス計画作成の一連の業務の一環として、**担当職員**が行う。 基⊕p.382

問題24 | 正解 **3・5** ●──80代の親とひきこもりの長男　重要度 ★★

● 80代の親がひきこもりなどの50代の子どもを支える「8050問題」など、高齢者を取り巻く問題は複合的である。問題への解決は容易ではないが、市町村や地域の支援団体など多様な制度や支援との連携も必要になる。

1 ✕ Aさんの長男のひきこもりの原因などは複合的であり、その原因が家族にあるなどとするのは不適切な対応である。また、長男は対人恐怖があり、Aさんが強く働きかけたからといって就労につながるとは考えにくい。

2 ✕ Aさんは、今後も**自宅**での生活を望んでおり、有料老人ホームへの入居を一方的にすすめるのは不適切な対応である。

3 ○ 同じような状況にある人との交流により、気持ちを共有したり、新たな情報を得たり、解決への糸口が見つかったりすることもあるため、適切な対応といえる。

4 ✕ 長男の問題も含めて相談にのり、**チームアプローチ**で適切な支援につなげる必要がある。

5 ○ 市町村では、要介護者とひきこもりの子どもがいる家族など複合的な問題に対応する体制（**重層的支援体制整備事業**）を整備しているところもある。市町村の支援体制について確認するのは適切な対応である。

問題25 | 正解 **1・2・3** ●──糖尿病がある場合の栄養管理・支援　重要度 ★★

● 糖尿病では、血糖コントロールのための生活状況の確認が不可欠であり、服薬管理、低血糖時の対応、食事、運動の管理などが必要となる。多職種連携により、利用者の生活を支えていく視点が重要である。

1 ○ 糖尿病食であれば**身体介護**として算定される。その利用について**情報提供**するのは適切である。

2 ○ **サービス担当者会議**では、専門的な見地から今後の方針を確認することができる。**本人や妻に参加**してもらうことは適切である。

3 ○ 血糖コントロールが不良の場合、**低血糖発作**が起こるおそれもある。あらかじ

め対処方法を検討しておくのはもちろんのこと、Bさんに短期入所療養介護など
で一時的に医療施設に入所してもらい、妻の**介護負担の軽減**と同時に**Bさんの体
調管理や血糖コントロール**を行うことも考えられる。

4　×　Bさんの妻は心身の不調を訴えており、**家族の健康に配慮した支援**が求められ
る。このまま頑張ってほしいとただ励ますだけでは、本人の心身の負担感が増す
ことにつながり、不適切な対応である。

5　×　Bさんは、病院に入院するような**急性の状態にはない**と考えられ、入院を提案
するのは適切ではない。

保健医療サービスの知識等

問題26 | **正解 2・4・5** ●——高齢者によくみられる症状・疾患 **重要度 ★★★**

●サルコペニア、糖尿病、熱中症、心筋梗塞の放散痛、心不全の特徴を理解しておく。

☞ 教科書 CHAPTER 2・SECTION 1、5

1 × **サルコペニア**は、❶加齢に伴う**骨格筋（筋肉）の減少**を必須として、❷**筋力**の低下、❸**身体能力**の低下のいずれかを伴う場合に診断される。 基下p.11

2 ○ **慢性の高血糖状態**が長期に及ぶと、糖尿病性網膜症、糖尿病性腎症、糖尿病性神経症の三大合併症のほか、狭心症、心筋梗塞、脳梗塞などの合併症も起こりやすくなる。 基下p.140

3 × **熱中症**は、高温・多湿な環境下において、徐々に体内の水分や塩分のバランスが崩れ、体温調節機能がうまく働かず体内に熱がこもった状態となるものである。高齢者では**屋内外を問わず**起こしやすく注意が必要となる。 基下p.146

4 ○ 心筋梗塞の主症状は、**長く続く前胸部の強い痛み**や圧迫感だが、痛みが**首**や**背中**、**左腕**、**上腹部**に生じることもある。 基下p.122

5 ○ 右心不全により血液の流れが滞り、浮腫（むくみ）が現れ、体重が増加する。このほか、左心不全では呼吸困難、頻脈、血圧低下、チアノーゼなどの症状が現れるが、高齢者では活動性の低下や失見当識、認知症のような症状として現れることがある。 基下p.126

問題27 | **正解 2・5** ●——バイタルサイン **重要度 ★★★**

●バイタルサインとは、生命の維持にかかわる人体の特徴であり、体温、脈拍、血圧、意識レベル、呼吸の5つを指す。バイタルサインの変化が何を示すかを把握しておくことが大切である。

☞ 教科書 CHAPTER 2・SECTION 4

1 × 高齢者の場合、基礎代謝が低下するため、個人差はあるが、**体温は一般成人より低く**なる。体温の**日内変動も大きく**なる（早朝に最も低く、夕方に最も高い）。 基下p.68

2 ○ 呼吸状態が悪くなると血液中の酸素が欠乏し、皮膚や粘膜（爪や唇の周囲に多い）が青紫色になる**チアノーゼ**がみられる。 基下p.72

3 × **異常に深大な呼吸が規則正しく続く状態**は、**クスマウル呼吸**である。チェーンストークス呼吸は、小さい呼吸から徐々に大きな呼吸になったあと、またしだいに呼吸が小さくなり、一時的に呼吸が停止するという状態が、30秒から2分くらいの周期で繰り返される呼吸で、脳血管障害、心不全などの重症時などにみら

第2回

解答

●保健医療サービスの知識等

57

れる。 基下 p.73

4　×　高齢者の場合、原因がわからない**不明熱**が多くみられる。 基下 p.69

5　○　**下顎呼吸**（かがく）は呼吸のたびに顎で喘ぐような呼吸をいい、安静時には使用しない呼吸筋を使った呼吸である。**死亡する前**にみられることが多い。 基下 p.73

| 問題28 | 正解　**1・3・4**　●——検査値 | 重要度 ★★★ |

●検査値の異常は何を示すのか、どのような疾患の指標となるのかという点は、介護支援専門員の基本知識として押さえておこう。

☞教科書 CHAPTER 2・SECTION 4

1　○　高齢者の場合、脊椎圧迫骨折などによって脊椎が変形したり、膝の関節が十分に伸びなくなるなどによって、身長の測定値は見かけ上は低下していく。このため、**BMIは本来の値よりも大きめ**の値となる。 基下 p.74

2　×　**血小板数**は、炎症があると上昇することがあるが、**肝硬変**（はしゅ）、播種性血管内凝固症候群、特発性血小板減少性紫斑病（はん）などでは**低下**する。 基下 p.76

3　○　腹囲はメタボリックシンドロームの診断に使われる。メタボリックシンドロームは、腹部型肥満に高血糖・高血圧・脂質異常症のうち2つ以上該当した状態である。 基下 p.75

4　○　**白血球数**は、**細菌感染**や**炎症**のほか、**喫煙**、**ストレス**、悪性腫瘍、副腎皮質ステロイド投与、特に白血病で**上昇**する。逆に低値では、体質にもよるがウイルス感染、再生不良性貧血などが考えられる。 基下 p.76

5　×　**尿検査**は、糖尿病のスクリーニング検査はできるが、**糖尿病**の**診断**のためには、**血糖値**の検査が必要である。 基下 p.76

| 問題29 | 正解　**1・3・5**　●——精神障害 | 重要度★★★ |

●精神障害の一般的な症状についての問題です。高齢期に発症する背景や特有の症状についても整理しておきましょう。

☞教科書 CHAPTER 2・SECTION 9

1　○　統合失調症の症状のひとつに**妄想**があるが、長く続く妄想があり、ほかに精神症状がない場合は、統合失調症とは区別し、**妄想症**（**妄想性障害**）と診断される。 基下 p.264

2　×　幻聴や妄想は、統合失調症の**陽性症状**である。陰性症状には、感情鈍麻、自閉、無気力などがある。 基下 p.263

3　○　うつ病では、抑うつ気分、意欲の低下、行動抑制のほか、頭痛や肩こり、便秘、身体のほてりや動悸などのさまざまな身体症状も出やすい。 基上 p.265

58

4 　× 　依存症は物や行動への要求が抑えられなくなる病気で、アルコールやたばこ、大麻、危険ドラッグなどへの依存は**物質依存**という。行動依存は、パチンコや競馬などのギャンブル、ゲームなどへの依存である。 基⬇p.268

5 　○ 　アルコール依存症の治療では、病院でのアルコールリハビリテーションプログラムのほか、心理療法、依存体験がある当事者同士の**自助**（セルフヘルプ）活動なども有効である。 基⬇p.268〜269

問題30	正解 　**3・4・5** ●──目・皮膚・骨・関節の疾患 　重要度 ★★★

●高齢者に多い疾患については、その特徴的な症状のほか、疾患の予後を踏まえた日常生活での留意点に着目して理解することが重要となる。

☞ 教科書 CHAPTER 2・SECTION 5

1 　× 　通常の疥癬もノルウェー疥癬（角化型疥癬）も**ヒゼンダニ**が原因となっている。しかし、ノルウェー疥癬は非常に**多数のヒゼンダニ**が感染した疥癬の重症型で、**感染力が強い**ため、施設では患者を短期間個室管理とする。 基⬇p.152

2 　× 　**帯状疱疹**は、水痘・帯状疱疹ウイルスが、免疫力の低下などを契機に再活性化して起こる疾患である。通常は、**身体の半分**に帯を巻いたような痛みを伴う小さな水ぶくれ（水疱）が集まるようにできる。高齢者の場合、重症化して神経痛や潰瘍などを残すことがあるため、早期治療が重要となる。 基⬇p.157

3 　○ 　緑内障は、眼圧が上昇して視神経が障害される疾患であるが、**眼圧が正常でも**発症する**正常眼圧緑内障**もあり、わが国では多くみられる。 基⬇p.160

4 　○ 　**脊柱管狭窄症**の特徴的な症状として間欠性跛行がある。**座位**や**前屈位**では症状が軽快する。 基⬇p.117

5 　○ 　**後縦靭帯骨化症**は、**転倒**などの外傷を契機に、**急激に症状が悪化**することがあるため、転倒予防が重要である。また、**首を強く後ろに反らす姿勢**により症状が増悪する場合があるため注意する。 基⬇p.118

問題31	正解 　**2・3** 　●──目・骨・関節・消化器の疾患 　重要度 ★★★

●緑内障や加齢黄斑変性症は、高齢者の失明の原因ともなり、早期発見・対応が重要である。骨、関節などの疾患も要介護状態等の原因となることが多く、症状や特徴について確実に理解しておこう。

☞ 教科書 CHAPTER 2・SECTION 5

1 　× 　**加齢黄斑変性症**は**網膜**の**中心部**にある**黄斑**に老廃物などが蓄積して障害が生じるもので、早期の症状として、**視野の中心部**のゆがみがある。進行に伴い、真ん中が見えなくなる（**中心暗点**）、視力低下などの症状が現れる。 基⬇p.162

59

2 ○ 高齢者の骨折で多くみられるのが、**大腿骨頸部**骨折、**胸腰椎**圧迫骨折、**橈骨遠位端**骨折、**肋骨**骨折で、なかでも大腿骨頸部骨折は、**寝たきりにつながる**可能性が高い。手術の後はリハビリテーションにより早期離床を目指す。 基下 p.177

3 ○ 膝関節症を発症しやすい要因として、**高齢者**、**女性**、膝の外傷、手術歴などがあげられる。症状は関節の痛みとこわばりで、治療は薬物療法、湿布、筋力を強化（特に**大腿四頭筋**）するためのストレッチなどを行う。 基下 p.113〜114

4 × 関節リウマチでは、関節腫脹が**左右対称**に出現する。手指では、第二関節が腫れる。 基下 p.115

5 × 胆石は、**たんぱく質の摂取量が少ない**と起こしやすくなる。このため、ある程度摂取することが必要である。また、食物繊維を多く摂取することも必要である。 基下 p.130

問題32 正解 **1・2・5** ——在宅医療管理 重要度 ★★★

●在宅で医療器具を使用して療養する高齢者は今後も増加すると見込まれ、大変出題の多い項目である。実施上の留意点を整理して覚えよう。

☞ 教科書 CHAPTER 2・SECTION 3

1 ○ 血液透析は、透析施設に週2〜3回通院し、透析器により4〜5時間かけて血液を浄化する方法である。利用にあたっては、どちらかの腕に**シャント**（静脈と動脈を自己血管または人工血管でつなぎあわせたもの）をつくる必要がある。このシャントはぶつけたり傷つけたり、圧迫しないようにし、**血圧測定もシャント側の腕で行わない**よう留意する。 基下 p.49

2 ○ 人工呼吸療法には、気管切開などをして管（気管カニューレ）を気管に挿入する**侵襲的**（身体への負担が大きい）な方法（**IPPV**）と、マスクなどを使用する**非侵襲的**な方法（**NPPV**）がある。 基下 p.56

3 × 在宅酸素療法を実施中も、**外出は可能**である。その場合は、**携帯用酸素ボンベ**を使用する。 基下 p.57

4 × **パルスオキシメーター**は、手足の指先に光センサーをつけて、血中酸素飽和度を測定する機器で、脈拍も同時に測定できる。**取り扱いは簡単**で、医療職からの指示を正しく理解することで、利用者・家族が扱うことができる。 基下 p.65

5 ○ 食事摂取量が低下しているにもかかわらず、ふだんどおりの量のインスリン注射をすると、**低血糖**となることがある。あらかじめ、シックデイ（発熱、下痢、嘔吐、食欲低下など）にはどの程度インスリンの量を減らすのか、または中止するのかなどの対処法を確認しておく。 基下 p.141

| 問題33 | 正解　**1・3・5**──ターミナルケア | 重要度 ★★★ |

●多様な場でのターミナルケアが想定されている。臨終が近づいたときの症状や兆候、その人の尊厳を重視したチームケアのあり方について理解しておこう。

☞ 教科書 CHAPTER 2・SECTION11

1　○　ターミナルケアを行う場所は、**自宅**のほか、**病院**、グループホーム、サービス付き高齢者向け住宅、有料老人ホームなどの**居住系施設**、**介護保険施設**など**多様な場**が想定される。 基下p.312

2　×　終末期において、どのような医療や介護を望むかについては、本人の意向をあらかじめ確認し、方針を決定していくのが原則である。近年では、**アドバンス・ケア・プランニング**（ACP）が重視されている。認知症などで意思決定が困難と思われる場合でも、本人が意思を形成し表明できるよう、またその意思を実現できるよう支援を行っていく。 基下p.327

3　○　**聴覚**は**最期まで保たれる**といわれるため、反応がなくなり、意思の疎通がなくなっても、**いつもどおりの声かけ**をすることが大切である。 基下p.332

4　×　呼吸停止時に医師の立ち会いがない場合には、**主治医に連絡**をして、**死亡診断書を交付**してもらう必要がある。緊急要請をすると、救急隊が死亡を確認した時点で警察に通報、警察による病死の確認、という手順が必要となる。 基下p.334

5　○　**グリーフケア**（悲嘆へのケア）は、利用者が亡くなったあとの、**遺族の悲嘆への配慮や対応**のことである。遺族の悲しみが癒えるように、介護職をはじめとして利用者にかかわった専門職が、それぞれの立場からケアを行う。 基下p.334

| 問題34 | 正解　**1・2・4**──感染症 | 重要度 ★★ |

●高齢者によくみられる感染症としては、呼吸器感染症、尿路感染症、褥瘡感染症などがある。また、高齢者施設では、インフルエンザ、ノロウイルス感染症、疥癬などの集団感染が起こる可能性がある。

☞ 教科書 CHAPTER 2・SECTION 7

1　○　膀胱炎や腎盂炎などの**尿路感染症**は、高齢者で最も多くみられる感染症である。おもな症状に、頻尿、排尿時痛、発熱、尿閉などがある。 基下p.190

2　○　**慢性肝炎**は、**C型肝炎**ウイルスや**B型肝炎**ウイルスの**持続感染**によるものが最も多い。肝炎ウイルスは、肝臓がんの原因にもなるため、定期的な検査が重要である。 基下p.131〜132

3　×　**ノロウイルス感染症**では、通常は1週間程度、長い場合は1か月以上の長期間にわたって、便中に**ウイルスの排出が続く**ため、二次感染に留意する。

4　○　**MRSA**は、健康な場合には害のない程度の弱い細菌で、身のまわりのどこに

第2回

解　答

●保健医療サービスの知識等

61

でも存在する。そのため、感染症を起こしておらず、まわりに菌をまき散らす可能性の低い**保菌者**は**隔離する必要はない**。 基下p.197

5　✕　**肺結核**に罹患する高齢者の大半は結核菌の既感染者である。若年時に感染した結核菌が休眠状態のまま体内に残り、加齢に伴う**免疫力**の**低下**、糖尿病やがん、脳血管障害などによって再び**活性化**して、肺結核を発症する。 基下p.150

| 問題35 | 正解　**3・4・5**　●──食事の介護・口腔ケア | 重要度 ★★★ |

●摂食・嚥下の流れにおいてどのような問題が生じるのかを踏まえて、食事の介護、口腔ケアを理解しよう。口腔ケアと誤嚥性肺炎との関係は、基本的だが頻出ポイントである。

☞ 教科書 CHAPTER 2・SECTION14

1　✕　**唾液**には、殺菌・抗菌作用をもつ成分が含まれ、**自浄作用**が期待できる。唾液の分泌量が**減少**すると、**自浄作用**が**低下**するため、積極的な口腔ケアが必要である。

2　✕　水やお茶などサラサラとした液体は、嚥下反射が追いつかずに**誤嚥**することがある。**適度な粘度**があったほうが嚥下しやすいため、水や汁気のあるものには、**とろみ**をつける、ペースト状にするなどの配慮をする。 基下p.368

3　〇　高齢者は、若年者よりも**体内の水分量が少なく**、**口渇感**も**低下**するため、容易に脱水となりやすい。食事摂取量の低下は**水分摂取量の低下**につながるため、意識的に水分をとることが大切である。 基下p.9、363

4　〇　**誤嚥性肺炎**は、飲食物の一部が誤嚥により肺に入り、それに**細菌**が繁殖したり、口腔内や咽頭の細菌を含む分泌物を繰り返し吸引したりすることにより起こる。**口腔ケア**をし、**口腔内の清潔を保つ**ことは、誤嚥性肺炎の**予防効果**がある。 基下p.150、409〜410

5　〇　誤嚥した場合には、むせ、咳などがみられるが、高齢で気道の感覚が低下している場合は、自覚がない**不顕性誤嚥**が繰り返されていることがあり、注意が必要である。 基下p.409

| 問題36 | 正解　**1・4・5**　●──リハビリテーション | 重要度 ★★ |

●予防や自立支援の観点からも、リハビリテーションは重要である。介護保険では、維持期リハビリテーションが中心となる。リハビリテーションを行ううえでの基礎知識、リハビリテーションにより起こりうるリスクや留意点を理解しよう。

☞ 教科書 CHAPTER 2・SECTION10

1　〇　**IADL**は手段的日常生活動作のことで、買い物や洗濯、掃除などの家事全般や金銭管理、外出して乗り物に乗ることなど、日常生活を送るうえで必要な

62

動作のうち、**ADL**（日常生活動作）よりも複雑で高度な動作のことである。
基下 p.288〜289

2　×　長期の安静によって**筋萎縮**が**進行**するため、可能な限り**早期から**リハビリテーションを**開始**する必要がある。 基下 p.290

3　×　歩行が困難な場合は**廃用症候群**を**予防**するために、関節可動域訓練や筋力増強訓練によって、関節の可動域や筋肉量を維持することが大切である。 基下 p.290

4　○　**失行**は**高次脳機能障害**の一つで、四肢の麻痺や感覚神経の異常、精神障害などはみられないのに、目的に沿った運動や動作を行うことのできない状態のことである。 基下 p.294

5　○　**半側空間無視**は、脳の障害により、空間の片側が認識されなくなる状態で、左片麻痺に伴う**左半側空間無視**が多くみられる。左半側空間無視では、本人には無視している自覚はないため、見落とす側を意識できるよう声かけをし、**無視側を認識できる**ように援助する。 基下 p.295

問題37　正解　**1・3**　●──尿失禁　　　　　　　　重要度 ★★

●排尿障害のなかでも、よくみられるのが尿失禁である。尿失禁の原因や状態によって、対応も異なるため確認しておこう。

☞ 教科書　CHAPTER 2・SECTION 1、15

1　○　排尿・排便コントロールにおいては、日中の活動状況を確認し、排泄リズムを整えられるように支援することが大切である。 基下 p.395

2　×　介護者の負担軽減だけではなく、利用者の**自立支援**の観点も重要である。排尿障害の種類や利用者の自立度に応じた対処方法をとり、ポータブルトイレや尿便器の使用など**適切な排泄用具と排泄場所を選択**することが必要になる。
基下 p.395

3　○　機能性尿失禁は、**排尿機能には異常がない**にもかかわらず、運動機能の低下や認知症により**トイレに間に合わない**ことで失禁するものであり、適切な排泄用具や排泄場所の選択により改善することが可能である。 基下 p.12

4　×　**腹圧性尿失禁**は**女性**に多く、急に立ち上がったときや重い荷物を持ち上げたとき、咳やくしゃみをしたときなど、**腹部に力が加わるときに尿が漏れてしまう**ものである。 基下 p.12、394

5　×　**切迫性尿失禁**は、急に尿がしたくなり、**がまんできずに漏れてしまう**ものである。脳血管障害や前立腺肥大が原因になることもあるが、多くの場合ははっきりとした原因はわからない。 基下 p.12、394

63

| 問題38 | 正解 **2・4・5** ●──訪問看護の介護報酬・人員基準　重要度 ★★★ |

●訪問看護では、介護報酬の加算に関する問題がよく出題されている。過去5年で出題頻度が高いのは、ターミナルケア、緊急時訪問看護に関する加算だが、それ以外の加算についても確認しておこう。

☞ 教科書 CHAPTER 2・SECTION18

1　×　訪問看護指示書の有効期間は**6か月以内**である。訪問看護開始時には、**主治医の指示を文書で受ける必要がある。** 基⊕p.473

2　○　**緊急時訪問看護加算**は、利用者または家族から電話などで看護に関する意見を求められた場合に、**24時間連絡できる体制**で、計画にない**緊急時**の訪問を必要に応じて行う場合に算定できる。 基⊕p.473

3　×　精神科訪問看護は医療保険からの給付となるが、認知症は含まれない。認知症の要介護者・要支援者については、**介護保険**からの給付となる。 基⊕p.467

4　○　訪問看護の療養上の世話には、清潔、排せつ援助、移動、食事援助、衣服の交換などがある。 基⊕p.469~470

5　○　訪問看護ステーションの場合、**管理者**は原則として常勤の**保健師**または**看護師**とされている。ほかに、看護職員は常勤換算で2.5人以上（1人は常勤）、理学療法士、作業療法士、言語聴覚士は訪問看護ステーションの実情に応じた適当数必要である。 基⊕p.477

| 問題39 | 正解 **3・4・5** ●──短期入所療養介護　重要度 ★★★ |

●短期入所療養介護は、介護老人保健施設、介護医療院、療養病床のある病院・診療所などで提供し、医療的なニーズをもった利用者や緊急利用にも対応するサービスである。特徴をよく理解しておこう。

☞ 教科書 CHAPTER 2・SECTION22

1　×　**緊急時の受け入れ**に**対応**している。また、居宅サービス計画にない短期入所療養介護を緊急に行った場合に、原則7日（やむを得ない理由がある場合は14日）を限度として**緊急短期入所受入加算**を算定できる。

2　×　短期入所療養介護を提供できるのは、**介護老人保健施設**、**介護医療院**、介護療養型医療施設、療養病床のある**病院・診療所**などに限定される。また、病院・診療所は法人格が問われない。 基⊕p.532

3　○　おおむね**4日以上入所**することが予定されている利用者の場合、管理者は、利用者の心身の状況、希望、環境、医師の診療方針等を踏まえて、**短期入所療養介護計画**を作成しなければならない。 基⊕p.533

4　○　空床利月型では、あらかじめ短期入所用のベッドを指定し、確保しておく必要

はなく、短期入所療養介護を運営する施設全体の定員を超えなければよい。

5　○　**特定短期入所療養介護**として、難病などやがん末期の要介護者を対象とした日中のみの日帰りのサービスが実施される。

| 問題40 | 正解　**1・3・5**　●──急変時の対応 | 重要度 ★★ |

●要介護高齢者の多くは、病状や体調が急変する可能性が高い。適切な初期対応の有無が予後に影響するため、基本的な知識はしっかり押さえておきたい。

☞ 教科書 CHAPTER 2・SECTION 6

1　○　胃や十二指腸などの上部消化管から相当量の出血があるときに、**タール便**（黒っぽいドロドロした血便）がみられる。タール便では、胃潰瘍や胃がん、十二指腸潰瘍などが考えられる。基下 p.182

2　×　80歳以上の高齢者の場合、不慮の事故の半分以上は**窒息**によるものである。異物除去には、上腹部（へその上方で、みぞおちより下方）を圧迫する**腹部突き上げ法**と、後ろに立って手のひらの基部で左右の肩甲骨の中間あたりを強く何度もたたく**背部叩打法**がある。基下 p.177～178

3　○　**心室細動**は致死性の高い不整脈で、**AED**（自動体外式除細動器）によるすみやかな対応が有効である。**AED**は、心臓に電気ショックを与えることで、心臓を正しいリズムに戻す医療機器で、音声ガイドに従って操作する。一般の人も使用することができる。基下 p.180

4　×　**うっ血性心不全**や**胸水**では、臥位よりも**座位のほうが呼吸は楽**になることが多い。基下 p.184

5　○　**ジャパン・コーマ・スケール**では、「Ⅰ．刺激しないでも覚醒している状態」（1桁の点数で表現）、「Ⅱ．刺激すると覚醒する状態」（2桁の点数で表現）、「Ⅲ．刺激しても覚醒しない状態」（3桁の点数で表現）となり、**点数が大きいほど重症の意識障害**があることを示す。基下 p.71

| 問題41 | 正解　**1・4**　●──認知症ケア | 重要度 ★★★ |

●認知症の治療、パーソン・センタード・ケアに通じる介護技法、新オレンジプランに基づき進められている認知症施策などを理解しておこう。

☞ 教科書 CHAPTER 2・SECTION 8

1　○　**ユマニチュード**は、**その人らしさをケアの中心に据えるパーソン・センタード・ケア**（PCC）と通じる介護技法で、「見る」「話す」「触れる」「立つ」を4つの柱として、**知覚・感情・言語**による包括的コミュニケーションに基づいたケアを行う。基下 p.245～246

65

2 ✕ 若年性認知症でも、**障害年金**の受給は**できる**。現役世代の発症であり、**経済的困難**にも陥りやすいため、利用できる制度などへの**情報提供**が重要である。 基⃝下 p.210

3 ✕ **認知症初期集中支援チーム**は、複数の**医療・介護の専門職**と**専門医**から構成され、認知症が疑われる人や認知症の人、その家族を**訪問**してアセスメント、家族支援など初期支援を包括的・集中的に行う。地域包括支援センターや認知症疾患医療センターに配置される。 基⃝下 p.253

4 ◯ **認知症地域支援推進員**は、地域の支援機関間の**連携**づくり、**地域支援体制**づくり、認知症の人やその家族を支援する**相談業務**などの役割を担う。 基⃝下 p.255

5 ✕ **チームオレンジ**は、認知症サポーターや地域の医療・介護・福祉専門職、また認知症の人やその家族によるチームで、認知症の人やその家族に外出支援、見守り、声かけなどの必要な支援をつなぐ。地域包括支援センターには、このチームオレンジの事業を支援する**チームオレンジコーディネーター**が配置される。なお、高齢者が行方不明になったときに、地域の生活関連団体などが警察の捜索に協力し、行方不明者を探すしくみは**SOSネットワーク**という。 基⃝下 p.256

問題42 ┃ 正解 **2・3・5** ●──定期巡回・随時対応型訪問介護看護 重要度 ★★

●定期巡回、随時対応、随時訪問の24時間体制で、訪問介護と訪問看護を提供し、利用者の生活を支えるサービスである。

☞ 教科書 **CHAPTER 2・SECTION23**

1 ✕ 定期巡回サービスでは、利用者の心身の状況等に応じて、訪問を行わない日もある。 基⃝上 p.628

2 ◯ 事業者は、利用者や利用者の家族、地域の医療関係者、市町村職員、地域住民の代表者等からなる**介護・医療連携推進会議**を設置し、おおむね**6**か月に1回以上開催し、サービスの提供状況等を報告し、評価を受けなければならない。 基⃝上 p.633

3 ◯ 定期巡回・随時対応型訪問介護看護計画は、居宅サービス計画に沿って作成されるが、サービス提供日時については、居宅サービス計画に位置づけられた日時にかかわらず、**計画作成責任者**が決定することができる。 基⃝上 p.632

4 ✕ 随時対応サービスの**オペレーター**には、**看護師**、**介護福祉士**、**医師**、**保健師**、**准看護師**、**社会福祉士**、**介護支援専門員**がなることができる。このほか、利用者の処遇に支障がない場合は、1年以上サービス提供責任者として従事した経験（初任者研修課程修了者および旧2級課程修了者のサービス提供責任者については3年以上の経験）のある者をあてることも可能である。 基⃝上 p.631

5 ◯ 随時訪問サービスでは、**オペレーターからの要請**によって、随時、訪問介護員

等が利用者の居宅を訪問して、入浴、排せつ、食事などの日常生活上の世話を行う。 基上 p.628

問題43 正解 **1・3・4** ●──訪問リハビリテーション 重要度 ★★

●訪問リハビリテーションは、医師の指示のもとに医療機関等のリハビリテーション専門職が行うサービスである。なお、訪問看護ステーションの理学療法士等が行うリハビリテーションは、訪問看護となることに注意しよう。

☞ 教科書 CHAPTER 2・SECTION19

1 ○ 訪問リハビリテーションは、**医師の指示**のもとに行われる。サービスは、計画的な医学的管理を行っている医師の診療日から3か月以内の期間、その指示のもとで行うことができる。

2 × 必要に応じて、**福祉用具の利用や住宅改修**に関する**助言や指導**を行う。 基上 p.486

3 ○ リハビリテーション会議は、**利用者**とその**家族**の参加を基本としつつ、医師、理学療法士、作業療法士、言語聴覚士、介護支援専門員、居宅サービス等の担当者、その他の関係者により構成される。 基上 p.490

4 ○ 理学療法士、作業療法士、言語聴覚士は、訪問リハビリテーション計画に従ったサービスの実施状況とその評価について、すみやかに**診療記録**を作成するとともに、**医師に報告**する。 基上 p.490

5 × 基本報酬は、20分以上サービスを行った場合を1回とし、週に6回まで算定できる。**要介護状態区分や時間ごとの区分はない**。

問題44 正解 **1・2・5** ●──薬の管理・作用・副作用 重要度 ★★

●薬の体内での作用、薬の相互作用やおもな副作用、服薬管理と支援のポイントについては、しっかりと理解しておこう。

☞ 教科書 CHAPTER 2・SECTION12

1 ○ 解熱鎮痛剤など刺激性のある薬が食道にとどまると、**食道潰瘍**を引き起こすことがあるため、できるだけ上半身を起こし、**多め**の水か白湯で服用するように指導する。 基下 p.343

2 ○ **薬は一包化**したり、お薬カレンダーを活用したりするなど、利用者自身が管理しやすいよう工夫する。 基下 p.346

3 × たんぱく質と結合しなかった薬の成分が、薬として作用する。**栄養状態が悪く**血液中のたんぱく質が低下していると、結合できない成分が多くなり、**作用**が**増大**する。

67

4 ×　ビタミンKには、**血液凝固を促進**させるはたらきがあるため、ワルファリンなどの抗凝固薬を服用中に、ビタミンKを含む薬や食品（特に納豆、クロレラなど）をとると、**薬の作用**が**弱まる**。　基下 p.344

5 ○　また、**便秘**は、抗不安薬、抗うつ薬、**麻薬**の副作用としても現れることがある。　基下 p.342〜343

問題45　正解　**3・4・5**　●──介護老人保健施設の形態・介護報酬　重要度 ★★★

●介護老人保健施設は、小規模な形態などもあり、どのような形で運営されるのか理解しておこう。

教科書　CHAPTER 2・SECTION25

1 ×　病院・診療所または介護医療院に併設されている小規模な介護老人保健施設は、**医療機関併設型介護老人保健施設**という。サテライト型小規模介護老人保健施設は、**本体施設**との**密接な連携**を図りつつ、本体施設とは**別の場所**で運営される、小規模（定員29人以下）な介護老人保健施設である。　基上 p.738

2 ×　**支援相談員**は、入所定員にかかわりなく、施設で**1人以上**の配置が必要である。入所者数が100人を超える場合は、100またはその端数を増すごとに増員する。　基上 p.744

3 ○　原則として**定員を遵守**するが、**災害**、**虐待**などのやむを得ない事情がある場合には、**定員を超えて入所**させることができる。

4 ○　また、あらかじめ、一定の要件を満たす協力医療機関を定めておかなければならない（2027＜令和9＞年3月末までは努力義務）。　基上 p.724

5 ○　入所者の病状が著しく変化した場合など、**緊急やむを得ない事情**により施設で**医療行為**を行った場合や特定の医療行為を行った場合は緊急時施設療養費を算定できる。

68

福祉サービスの知識等

問題46 　**正解　2・4・5**　●——相談面接におけるコミュニケーション技術　**重要度 ★★★**

●相談面接では、さまざまな実践的技術が求められる。クライエントとのよりよいコミュニケーションのために必要なポイントを理解しておこう。

☞ 教科書 **CHAPTER 3・SECTION 2**

1 　✕　クライエントが沈黙している場合は、**沈黙を通して伝わるメッセージにも心を傾ける**必要がある。話しかけたり、対話を促すのではなく、ゆったりと丁寧に相手を待つ姿勢が求められる。 基⬇ p.442

2 　○　**傾聴**は、クライエントの話す内容とその思いに耳と心を傾ける態度やありようである。**クライエントや家族の価値観**に基づいて全容をあるがままに受け止める。 基⬇ p.442

3 　✕　第一次共感は、基本的共感とされ、援助者が相手の話をそのまま短く繰り返すのではなく、相手の思いを受け止め、内容を理解したうえで、その思いを**援助者の言葉に変えて応答する技法**である。なお、「なるほど」「そうですか」なども基本的理解の代替の応答とされるが、信頼関係を構築するうえでは、**短い応答を用いすぎない**ようにする。 基⬇ p.444

4 　○　質問には、「はい」「いいえ」で答えられる**閉じられた質問**（クローズドクエスチョン）と、相手が自分の選択や決定を見つけられるように促す**開かれた質問**（オープンクエスチョン）がある。開かれた質問では、「なぜ」「どうして」を多用するとクライエントの戸惑いを増幅させたり、防衛的にさせたりするので、安易に用いないようにする。 基⬇ p.445

5 　○　相手の話す内容を受けとめて要約し、その要約したことを相手に戻すことで、クライエントが話した内容を選び取り気づいていくプロセスを促す。 基⬇ p.446

問題47 　**正解　1・2・5**　●——インテーク面接　　　　　　　　**重要度 ★★★**

●インテーク面接は、相談目的の場所で援助者とクライエントが初めて出会い、援助を必要とする状況と課題を確認し、提供できるサービスを説明して今後の計画を話し合い、契約に至る過程を指す。概要を把握しておこう。

☞ 教科書 **CHAPTER 3・SECTION 2**

1 　○　クライエントの**主訴**を**傾聴**して相談内容やその背景を明らかにするとともに、支援機関の機能や提供可能なサービスを説明する必要がある。面接においては、**ラポール**（援助者とクライエントとの信頼関係）の形成が重要となる。 基⬇ p.434

第2回

解答

●福祉サービスの知識等

69

2 ○ インテーク面接は、1回とは限らず、**複数回**行われることがある。アセスメントでは、多くの情報を収集する必要があり、またクライエントの心身の状況も考慮するなど無理のない進め方をする必要がある。

3 × インテーク面接の段階で、クライエントの課題解決のための援助計画を作成する。 基下 p.436

4 × インテーク面接における経過や課題などについて、正確に**記録する**必要がある。

5 ○ 問題状況を確認し、所属する機関の機能で問題解決が難しい場合は、適切な他機関を紹介することもある（**リファーラル**）。

問題48 正解 **3・4・5** ●——利用者の家族の介護拒否への対応 重要度 ★★

●利用者と家族の意見が異なる場合は、両者を調整しつつ、利用者の人権を擁護するための代弁者となることも必要である。

☞ 教科書 CHAPTER 3・SECTION 3

1 × Aさんの意思も確認しないまま、介護支援専門員がサービスの利用を中止することは適切ではない。**Aさんの立場**に立って、状況や原因を確認することが必要である。

2 × 近隣の住民から、Aさんの**個人情報**にあたるようなことを聞いてまわることは、介護支援専門員の職業倫理にも反することであり、適切ではない。

3 ○ 日をあらためてAさん宅を訪問し、状況を把握することは適切な対応である。

4 ○ **地域包括支援センター**では、**支援困難事例や地域の介護支援専門員への相談対応**を行っている。関係機関と連携して対処していくことも考えられる。

5 ○ Aさんの長男は、今後のAさんを支援するうえでのキーパーソンになるとも考えられる。話す機会を設けるのは適切である。

問題49 正解 **2・3・4** ●——訪問介護の介護報酬など 重要度 ★★★

●訪問介護のサービス内容、運営基準はよく出題される。しっかり理解しておこう。

☞ 教科書 CHAPTER 3・SECTION 4

1 × 訪問介護事業所の管理者に**専門資格は不要**である。常勤専従だが、業務に支障なければ**兼務**が可能となっている。 基上 p.453

2 ○ 利用者の服薬介助は、**身体介護**として算定する。 基上 p.443

3 ○ 利用者以外の人に対する洗濯、調理、買い物や布団干し、主に利用者が使用する居室等以外の掃除などは、**直接本人の援助に該当しない行為**として、生活援助の対象とならない。 基上 p.449

4 ○ また、**サービス提供責任者の責務**として、**居宅介護支援事業者等**に利用者の**服**

薬状況、口腔機能などの心身の状態・生活の状況についての必要な情報提供を行うことが運営基準に規定されている。 基上 p.454

5 × 生活援助は、一人暮らしか、同居家族に障害や疾病がある場合、または同様のやむを得ない事情がある場合にのみ利用することができる。 基上 p.450

問題50 正解 **2・3・5** ●──短期入所生活介護 重要度 ★★★

●短期入所生活介護は、併設型・空床型では人員基準が異なり、その点が問われやすい。設備基準や運営基準についてもひととおり押さえておこう。

☞ 教科書 CHAPTER 3・SECTION 7

1 × 生活相談員は、利用者が20人未満である併設型の事業所の場合は非常勤でもよい。 基上 p.529

2 ○ 食堂および機能訓練室は、食事の提供や機能訓練の実施に支障がない広さを確保できる場合は、同一の場所とすることができる。 基上 p.530

3 ○ 短期入所生活介護は利用者の心身の機能の維持のほか、利用者の家族の身体的・精神的な負担の軽減を図る目的があり、家族の休養や旅行などの私的な理由でも利用することができる。 基上 p.524

4 × 利用者の負担により、指定短期入所生活介護事業所の職員以外の者による介護を受けさせることはできない。

5 ○ 災害、虐待などやむを得ない事情の場合を除き、利用定員を超えてサービス提供を行うことはできないが、介護支援専門員が緊急に必要と認めた場合は、定員数を超えて、居室以外の静養室での受け入れが可能である。

問題51 正解 **1・4・5** ●──通所介護 重要度 ★★★

●通所介護は、生活相談員、介護職員、看護職員、機能訓練指導員が、必要な療養上の世話と機能訓練を実施する。利用目的、運営基準などをひととおり確認しよう。

☞ 教科書 CHAPTER 3・SECTION 6

1 ○ 通所介護の目的は、利用者の社会的孤立感の解消と心身機能・生活機能の維持・向上を図り、利用者の家族の身体的・精神的負担の軽減により、利用者の自立した在宅生活を支援することである。 基上 p.495

2 × 通所介護計画について、管理者は、計画の作成に関して経験のある人や介護の提供に豊富な知識・経験のある人に取りまとめを行わせる。事業所に介護支援専門員がいる場合は、介護支援専門員に作成を行わせることが望ましい。 基上 p.500

3 × 入浴は保険給付の対象である。基本報酬には含まれず、希望者に入浴介助加算

として加算をする。　基上p.497

4　○　居宅サービス計画、通所介護計画に位置づけ、介護福祉士など一定の資格要件を満たした者が行うなどの一定の要件を満たした場合に、送迎時に居宅内で介助等を行った場合、1日30分を限度として**通所介護の時間に含める**ことができる（通所サービスに共通）。

5　○　小規模多機能型居宅介護と同時に利用できるのは、訪問看護、訪問リハビリテーション、居宅療養管理指導、福祉用具貸与である。

問題52　正解　**4・5**　●——訪問入浴介護　　重要度 ★★

●訪問入浴介護は、自宅の浴槽での入浴が困難な人に、浴槽を提供し、介護・看護職員が複数で訪問して実施するサービスである。医療器具をつけている人、ターミナル期にある人、感染症のある人にも対応する点に特徴がある。介護予防訪問入浴介護も比較的出題されるが、サービス担当者の人数が異なるほかは、訪問入浴介護と同じである。

☞ 教科書　CHAPTER 3・SECTION 5

1　×　事業所には、看護職員1人以上、介護職員2人以上が必要で、看護職員、介護職員のうち**1人**は**常勤**でなければならない。また、1回ごとのサービスは、原則として**看護職員1人**と**介護職員2人**で提供するが、主治医の意見を確認したうえで支障がない場合は、介護職員3人でも提供可能である。　基上p.464

2　×　利用者の状態が安定していれば、**医療処置を受けている場合**でも、ほとんどの場合は**入浴**できる。ただし、主治医から利用者ごとに個別の入浴に際しての注意を十分に受けておかなければならない。　基上p.463

3　×　訪問入浴介護は、利用者宅に**浴槽を運び込んで**行うサービスで、利用者宅の浴槽を利用する場合は、訪問介護の身体介護による入浴介助となる。　基上p.455

4　○　必要に応じ**部分浴・清拭**に変更（10%／回に減算）するか、入浴を中止（介護報酬は算定できない）することができる。　基上p.460

5　○　利用者が選定した特別な浴槽水等にかかる費用、利用者の希望による通常の実施地域を越えて行う場合の交通費は、別途費用を徴収することができる。　基上p.465

問題53　正解　**2・3・4**　●——住宅改修の給付対象　　重要度 ★★

●住宅改修では、改修に付帯する工事も給付対象となる。ただし、対象とならない工事もあるため、その違いを間違えないよう理解しておこう。

☞ 教科書　CHAPTER 3・SECTION10

1　×　段差解消機、昇降機、リフトなど**動力により段差を解消する機器**を設置する工

72

事は住宅改修の**支給対象外**である。 基⊕p.577

2 ○ 開き戸から引き戸、折戸、アコーディオンカーテンなどへの**扉全体**の取り替え、**ドアノブ**の変更、**扉の撤去**、**戸車**の設置などが含まれる。また、扉位置の変更などに比べ費用が安い場合は、引き戸などの新設も対象となる。 基⊕p.577

3 ○ **和式**便器から**洋式**便器（暖房便座、洗浄機能付きを含む）への取り替え、便器の位置・向きの変更や改修に伴う給排水設備、床材の変更も対象となる。 基⊕p.578

4 ○ 居室、廊下など各室間の**床段差**解消、玄関から道路までの**通路**の段差解消、通路などの**傾斜**の解消や段差解消に伴う**給排水設備**工事、**転落防止柵**の設置も対象となる。 基⊕p.577〜578

5 × **水洗化**の費用は**支給対象外**となる。 基⊕p.578

| 問題54 | 正解　**2・5**　●──認知症対応型共同生活介護 | 重要度　★★ |

●認知症対応型共同生活介護は、1つの事業所で複数のユニットを設けることができる。介護支援専門員は、事業所に1人以上必置だが、複数ユニットのある事業所では、介護支援専門員以外の計画作成担当者もいることに留意しよう。

☞ 教科書　CHAPTER 3・SECTION15

1 × 認知症対応型共同生活介護は、入浴、排せつ、食事等の介護その他の日常生活の世話および機能訓練を行うサービスである。 基⊕p.670

2 ○ 事業所は、**複数の共同生活住居**（1ユニット以上3ユニット以下）を設けることができる。居室は**個室**が原則だが、処遇上必要な場合は、2人部屋が可能である。 基⊕p.675

3 × **計画作成担当者**は、保健医療・福祉サービスの利用計画の作成に関し知識および経験があり、厚生労働大臣の定める研修の修了者である。事業所ごとに1人以上配置され、**複数**の計画作成担当者を配置する事業所では、**少なくとも1人**を介護支援専門員とする。 基⊕p.675

4 × 居間と食堂は同一の場所とすることができる。 基⊕p.675

5 ○ **自ら提供するサービスの質の評価**を行うとともに、定期的に**外部の者**による評価、または**運営推進会議**による評価のいずれかを受けてその結果を**公表**し、常にその改善を図らなければならない。 基⊕p.676

| 問題55 | 正解　**2・3・4**　●──夜間対応型訪問介護 | 重要度　★★ |

●夜間対応型訪問介護は、夜間に定期的な巡回、またはケアコール端末などを利用する随時の通報により、訪問介護員等が居宅を訪問して介護、その他の日常生活上の世話、

緊急時の対応などを行うサービスである。設備基準など特徴的な部分を押さえておこう。

☞ 教科書　CHAPTER 3・SECTION11

1　×　事業者に、通報のための機器として、**ケアコール端末**を配布するが、利用者の心身の状況により適切に通報できる場合は、**携帯電話**を配布したり、利用者所有の**携帯電話**や**家庭用電話**で**代用**したりしてもよい。基⊕p.635

2　○　定期的に利用者宅を巡回し、訪問介護を行う**定期巡回サービス**と、あらかじめ利用者の心身の状況や環境などを把握しておき、利用者からの随時通報を受け、オペレーションセンターの従業者が訪問介護等の要否を判断する**オペレーションセンターサービス**、随時通報の結果を受けて訪問介護を行う**随時訪問サービス**が一括して提供される。基⊕p.636

3　○　サービスの提供にあたり、利用者から**合鍵**を預かった場合には、**厳重に管理**するとともに、管理方法、紛失した場合の対処方法などを記載した**文書を利用者に交付**する。基⊕p.640

4　○　日中の人員の確保や緊急時連絡体制を確保している事業所が**日中にオペレーションセンターサービス**を行った場合、**24時間通報対応加算**を算定できる。

5　×　オペレーターは必ずしも事業所に常駐している必要はなく、支障がなければ**定期巡回サービス**や**随時訪問サービス**との兼務が可能である。定期巡回サービスを行う訪問介護員等に同行し、地域を巡回しながら利用者からの通報に対応することも差し支えない。基⊕p.639

問題56　正解　**1・2・3**　●——指定介護老人福祉施設　　重要度 ★★★

● 介護老人福祉施設では、特例的に要介護1、2の人が入所できる点や人員基準、入退所にかかわる基準が問われやすい。運営基準もよく出題されるので、ひととおり押さえておこう。

☞ 教科書　CHAPTER 3・SECTION10

1　○　入所者は**原則要介護3以上**の者に限定されるが、**要介護1または2**でも**やむを得ない事由**がある場合は、入所判定委員会の検討を経て特例的に**入所が認められる**。基⊕p.728

2　○　このほか、静養室、浴室、食堂、機能訓練室などを設けることが示されている。また、居室定員は原則として1人である。基⊕p.734

3　○　また、その結果を従業者に周知徹底するとともに、身体的拘束等の適正化のための**指針**を整備し、従業者への**研修**を定期的に実施する。基⊕p.719〜720

4　×　施設には、**常勤の介護支援専門員**が必置であり、介護支援専門員が施設サービス計画を作成する。基⊕p.720

5　×　**教養娯楽設備**などを**備える必要がある**。また、適宜入所者のための**レクリエー**

74

ション行事を行う。 基⊕ p.735

問題57 ┃ 正解 **2・3・4** ●──関連制度の知識 ┃ 重要度 ★★

●ケアマネジメントは、介護を必要とする高齢者などの生活ニーズ（生活課題）と社会資源を結びつけ、利用者に総合的・一体的・効率的にサービスを提供する仕組みであり、介護支援専門員は、利用できる社会資源や他制度の知識が求められている。基本的な事項について確認しておこう。

☞ 教科書　CHAPTER 3・SECTION24、25、27、28、29

1　×　避難行動要支援者名簿は、市町村に作成**義務**がある。避難行動要支援者とは、要配慮者（高齢者、障害者、乳幼児、その他の特に配慮を要する者）のうち、災害発生時に自ら避難することが困難で、円滑かつ迅速な避難のために特に支援を要する人をいう。 基⊤ p.528

2　○　なお、養介護施設従事者等**以外の者**が虐待を受けたと思われる高齢者を発見した場合は、高齢者の**生命**または**身体**に**重大な危険**が生じている**場合**に通報義務がある。 基⊤ p.502

3　○　個人情報とは、**生存する個人に関する情報**であって、氏名や生年月日等により特定の個人を識別することができるもの、または個人識別符号が含まれるものである。亡くなった人の個人情報は、法律の対象外となる。 基⊤ p.494

4　○　介護休業の対象となる家族の範囲は配偶者（事実婚含む）、父母、子、配偶者の父母、祖父母、兄弟姉妹および孫で、介護休業期間は対象家族1人につき**通算93日**まで、3回を上限として**分割取得が可能**となっている。なお、介護休業給付金は、休業開始時の賃金の67％の水準である。 基⊤ p.500

5　×　**サービス付き高齢者向け住宅**は、2011（平成23）年の「高齢者の居住の安定確保に関する法律」（**高齢者住まい法**）の改正により**制度化**された。少なくとも**状況把握サービス**と**生活相談サービス**を提供するものとされ、食事の提供は必須ではない。 基⊤ p.488

問題58 ┃ 正解 **1・2・5** ●──成年後見制度 ┃ 重要度 ★★★

●成年後見制度では、後見類型、保佐類型、補助類型ごとの後見事務の権限の範囲をしっかり理解しておく必要がある。法定後見制度と任意後見制度の違い、市民後見人についても確認しておこう。

☞ 教科書　CHAPTER 3・SECTION30

1　○　**補助開始**の審判の申立ては、**本人の同意**が必要である。一方、保佐開始、後見開始の審判の申立てでは本人の同意は必要としない。申立てができるのは、本人、

配偶者、4親等内の親族、成年後見人等、任意後見人、成年後見監督人等、検察官、市町村長である。基下p.516

2 ○ **成年後見人**は、**本人の財産に関する法律行為を包括的に行う**ことができる。ただし、本人の**居住用の不動産**の**処分**に関しては、**家庭裁判所の許可**が必要になる。基下p.514

3 × 本人の**同意**のもと、申立てに基づき、**家庭裁判所**の**審判**を経たうえで、特定の法律行為について**同意権・取消権・代理権**が与えられる。基下p.516

4 × 任意後見受任者の選任は、本人の判断能力が十分な間に**自分**で選任し、**公正証書**で任意後見契約を締結する。本人の判断能力が不十分になったときに、申立てに基づき、**家庭裁判所**が**任意後見監督人**を選任することにより、任意後見が開始される。基下p.517

5 ○ 成年後見人等の担い手として、**親族以外の専門職後見人**や**社会福祉協議会**などの**法人**のほか、第三者の「**市民後見人**」の活用が期待されている。老人福祉法でも、「後見人等にかかる体制の整備等」として、市町村は、後見、保佐、および補助の業務を適正に行うことができる**人材の育成・活用**を図るために、必要な**研修を実施**したり、適正な人物を**家庭裁判所**に**推薦**したりするなどの必要な措置をとるよう努めることが規定されている。基下p.519

問題59	正解 **2・3**	●──生活保護制度	重要度★★★

●生活保護制度では、生活保護法の原理や原則、扶助の内容のほか、実施機関や職員などについてもしっかり押さえておこう。

☞ 教科書 **CHAPTER 3・SECTION21**

1 × 保護は、**生活困窮に陥った原因にかかわりなく**、生活に困窮しているかどうかという**経済的状態にのみ着目**して行われる。基下p.472

2 ○ 生活保護には、**世帯単位**の原則がある。基下p.474

3 ○ 生活保護には、**申請保護**の原則があり、保護は原則として生活に困窮する要保護者、その扶養義務者、同居する親族からの申請に基づき開始される。ただし、要保護者が、**急迫**した状況にあるときは、申請がなくても必要な保護を行うことができる（急迫保護）。基下p.473

4 × 生活保護の実施機関は、都道府県知事、市長および福祉事務所を管理する町村長で、福祉事務所で生活保護の業務を担当する査察指導員と現業員は、**社会福祉主事**でなければならない。基下p.473

5 × 被保護者の介護保険料は、**生活扶助**の介護保険料加算として給付が行われる。基下p.476

| 問題60 | 正解　**1・2・5** ●──障害者総合支援法 | 重要度 ★★ |

●介護保険制度で対応できないサービスは、障害者総合支援法による制度の利用が可能であり、介護支援専門員にはその知識が求められている。

☞ 教科書 **CHAPTER 3・SECTION20**

1　○　「障害者総合支援法」（障害者の日常生活及び社会生活を総合的に支援するための法律）の対象となるのは、**身体**障害者、**知的**障害者、**精神**障害者（**発達障害者を含む**）、**難病患者等**である。基下 p.467

2　○　**自立支援給付**には、介護給付費、訓練等給付費、自立支援医療費、補装具費、地域相談支援給付費、計画相談支援給付費が含まれる。基下 p.469

3　×　成年後見制度利用支援事業は、市町村が行う**市町村地域生活支援事業**の**必須事業**である。このほか**日常生活用具給付等事業**、**意思疎通支援事業**なども必須事業である。都道府県地域生活支援事業の必須事業には、専門性の高い相談支援事業、広域的な支援事業、サービス提供者・相談支援提供者を育成する事業、指導者を育成する事業などがある。基下 p.470

4　×　介護給付では、市町村が支給決定を行うにあたり、障害支援区分の認定が必要となる。しかし、**訓練等給付**については、**障害支援区分の認定は要せずに支給決定**がされる。基下 p.468

5　○　介護保険の給付が優先されるが、介護保険のサービスにはない**同行援護**、**行動援護**、**自立訓練**、**就労移行支援**、**就労継続支援**など**障害者施策固有のサービス**は**障害者施策から給付**される。基下 p.471

第27回本試験

解答・解説

●解答一覧／80

介護支援分野 ……………………………………………………… 81

保健医療サービスの知識等 …………………………………… 92

福祉サービスの知識等 ………………………………………… 101

第27回本試験　解答一覧

※合格基準とされる「介護支援分野」及び「保健医療福祉サービス分野」それぞれの正答率が70％に達するまで、繰り返し解いてみましょう。

※第27回本試験（2024年10月13日実施）の合格基準点は「介護支援分野」18点、「保健医療福祉サービス分野」25点でした。

介護支援分野

問題	①	②	③	④	⑤
1	○	●	●	●	○
2	○	○	●	●	○
3	○	●	●	○	○
4	○	●	○	●	○
5	●	●	●	○	○
6	●	●	○	○	○
7	●	○	○	○	○
8	●	○	○	●	●
9	●	○	○	○	●
10	●	○	●	●	○
11	○	○	○	○	○
12	●	○	○	●	○
13	○	●	●	●	○
14	○	○	○	●	○
15	○	●	○	○	○
16	●	○	●	○	○
17	●	○	○	○	●
18	●	○	●	○	○
19	●	○	○	●	○
20	●	●	○	○	○
21	●	○	○	●	○
22	●	○	○	●	○
23	●	○	●	○	○
24	○	●	○	●	○
25	○	●	●	○	○

保健医療サービスの知識等

問題	①	②	③	④	⑤
26	●	●	○	●	○
27	●	●	●	○	○
28	●	○	○	●	●
29	●	○	○	○	●
30	●	○	●	○	●
31	●	○	○	●	○
32	●	○	●	○	●
33	●	●	○	●	○
34	●	○	●	○	○
35	●	○	●	○	○
36	●	○	●	○	○
37	●	○	●	○	○
38	○	●	○	●	●
39	○	○	●	●	○
40	○	○	○	○	●
41	●	●	●	○	○
42	○	●	○	○	○
43	●	○	○	○	●
44	●	○	●	○	●
45	○	○	○	○	○

福祉サービスの知識等

問題	①	②	③	④	⑤
46	○	○	●	●	○
47	●	○	○	●	○
48	●	○	○	○	●
49	○	○	○	○	●
50	○	●	○	○	●
51	○	●	○	○	○
52	●	○	●	○	○
53	○	○	●	○	●
54	●	○	●	○	○
55	●	○	●	○	○
56	●	○	○	●	○
57	○	○	○	●	●
58	●	○	○	●	○
59	○	○	●	○	●
60	○	○	○	○	○

介護支援分野	
合　計	／25点

保健医療福祉サービス分野	
合　計	／35点

介護支援分野

問題1 　正解 **2・3・4**　●——介護を取り巻く状況　重要度 ★

●近年の高齢者や介護に関する状況などに関心をもって、新聞報道や政府刊行の白書類に目を通しておこう。

☞ 教科書 CHAPTER Ⅰ・SECTION Ⅰ

1　× 　「国民生活基礎調査（令和４年）」によると、要介護者等と同居のおもな介護者の年齢組合せ別の割合は、65歳以上同士が2013（平成25）年が**51.2%**、2016（平成28）年が**54.7%**、2019（令和元）年が**59.7%**、2022（令和４）年が**63.5%**と**年々増加**している。

2　○ 　記述のとおり。晩婚化、出産年齢の上昇に伴い、介護と育児が重なるケースが増加している。 基⊕p.16

3　○ 　記述のとおり。「ヤングケアラー」とは、**本来大人が担うと想定されている家事や家族の世話など**を日常的に行っている子どものこととされている。このような子どもをサポートする国や地方自治体、民間団体の取組が広がっている。 基⊕p.16

4　○ 　記述のとおり。**育児・介護休業法**において、介護休暇と介護休業が規定されている。 基⊕p.500〜501

5　× 　特別養護老人ホーム（介護老人福祉施設）などの老人ホームでは、入所が長期にわたることから看取りケアの実践が推奨されており、**死亡者数は増加傾向**にある。 基⊕p.730

問題2 　正解 **3・4**　●——要介護等認定者数の状況　重要度 ★★

●要介護等認定者数の状況について、厚生労働省の統計資料やテキストで確認しておこう。

☞ 教科書 CHAPTER Ⅰ・SECTION Ⅰ

1　× 　厚生労働省「令和４年度　介護保険事業状況報告」（以下同）によると、2022（令和４）年度末現在の要介護（要支援）認定者数は**694万人**となっている。そのうち、第２号被保険者は**13万人**で、全体の**1.9%**である。

2　× 　第１号被保険者数は、**3585万人**となっている。そのうち、要介護（要支援）認定者数は**681万人**で、**19.0%**である。 基⊕p.7

3　○ 　85歳以上の被保険者数は、**639万人**となっている。そのうち、要介護（要支援）認定者数は**383万人**で、**59.9%**である。 基⊕p.7

81

4 ○ 　第2号被保険者を含めた男性の要介護（要支援）認定者数は、**220万人**、女性のそれは**474万人**で、**女性が男性の2倍以上**となっている。

5 ✕ 　要介護（要支援）状態区分別でみると、認定者数が最も多いのは、**要介護1**が**145万人**と全体の**20.8%**を占め最も多く、次いで**要介護2**が**116万人**（同**16.7%**）となっている。要介護5は、59万人で最も少ない。 基上p.38

| 問題3 | 正解 **2・3** ——医療保険者の事務 | 重要度 ★★ |

●介護保険法における医療保険者の責務を押さえておこう。

☞ 教科書 CHAPTER Ⅰ・SECTION 8

1 ✕ 　第1号被保険者の保険料の特別徴収を行うのは、**年金保険者**の事務である。 基上p.62

2 ○ 　記述のとおり。**医療保険料の一部**として第2号被保険者の保険料を徴収し、社会保険診療報酬支払基金に、**介護給付費・地域支援事業支援納付金（納付金）**として納付する。 基上p.61

3 ○ 　**解説2**のとおり。 基上p.61

4 ✕ 　記述は、**社会保険診療報酬支払基金**の事務である。 基上p.69〜70

5 ✕ 　記述は、**社会保険診療報酬支払基金**の事務である。 基上p.69〜70

| 問題4 | 正解 **2・4** ——都道府県の責務 | 重要度 ★★ |

●介護保険法において規定される都道府県の責務を押さえておこう。

☞ 教科書 CHAPTER Ⅰ・SECTION 6

1 ✕ 　介護報酬の算定基準を設定するのは、国（**厚生労働大臣**）である。 基上p.55

2 ○ 　記述のとおり。介護保険法第5条第2項に規定されている。 基上p.57

3 ✕ 　国が、**国民健康保険団体連合会**が行う介護保険事業関係業務に関する指導・監督を行う。 基上p.55

4 ○ 　記述のとおり。介護保険法第5条の2第1項に、**国及び地方公共団体の責務**として規定されている。 基上p.56

5 ✕ 　記述のような責務は、規定されていない。

| 問題5 | 正解 **1・3** ——介護保険の第1号被保険者 | 重要度 ★★★ |

●介護保険は社会保険であり、一定の要件に該当した場合、必ず被保険者となる（強制適用）。

☞ 教科書 CHAPTER Ⅰ・SECTION 7

82

1 ○ 記述のとおり。65歳の誕生日の**前日**に第1号被保険者となる。 基⊕p.46

2 × 第1号被保険者は、要介護状態・要支援状態になった場合、**その原因を問わず**、保険給付を受けることができる。 基⊕p.47

3 ○ 記述のとおり。第1号被保険者の保険料は、**地域支援事業**の**介護予防・日常生活支援総合事業と包括的支援事業、任意事業**の財源に充当される。 基⊕p.153

4 × 居住する市町村から転出した場合は、その**当日**に転出先の被保険者となる。 基⊕p.49

5 × 市町村の区域内に住所を有する65歳以上の人は、医療保険加入の有無にかかわらず、第1号被保険者となる。**第2号被保険者**は、医療保険者でなくなった日から、被保険者資格を喪失する。 基⊕p.46〜47

問題6	正解　**1・2・4** ●──介護保険の被保険者（適用除外）　重要度 ★★★

●要介護・要支援状態区分ごとに設けられた上限額を区分支給限度基準額といい、この基準額を超えたサービスについては、全額が自己負担になる。

☞ 教科書 CHAPTER I・SECTION 7

1 ○ 訪問介護には、区分支給限度基準額が適用される。 基⊕p.102

2 ○ 地域密着型通所介護には、区分支給限度基準額が適用される。 基⊕p.102

3 × 居宅療養管理指導は、医師によるもの、薬剤師によるものなどがあるが、いずれも適用されない。 基⊕p.102

4 ○ 認知症対応型通所介護には、区分支給限度基準額が適用される。 基⊕p.102

5 × 地域密着型サービスにおいては、**利用期間を定めない地域密着型特定施設入居者生活介護**と**地域密着型介護老人福祉施設入所者生活介護を除く**サービスに、区分支給限度基準額が適用される。 基⊕p.102

問題7	正解　**1・3・5** ●──介護保険と他制度との関係　重要度 ★★★

●事業者は、都道府県知事または市町村長に申請を行い、その指定を受けることでサービスを行うことができる。

☞ 教科書 CHAPTER I・SECTION 6

1 ○ 居宅介護支援については、2017（平成29）年度までは、都道府県知事に指定権限があったが、2018（平成30）年度より、**市町村長**に移行している。 基⊕p.91

2 × 通所介護などの**居宅サービス**は、**都道府県知事**が指定・監督を行うサービスである。 基⊕p.91

3 ○ 認知症対応型共同生活介護などの**地域密着型サービス**は、**市町村長**が指定・監督を行うサービスである。 基⊕p.91

第27回
本試験

解 答

●介護支援分野

83

4 × 介護予防短期入所生活介護などの**介護予防**サービスは、**都道府県知事**が指定・監督を行うサービスである。 基⊕p.91

5 ○ 介護予防支援は、**市町村長**が指定・監督を行うサービスである。 基⊕p.91

問題8 正解 **1・4・5** ●──介護保険制度の給付と利用者負担 重要度 ★★

●利用者負担の詳細と、利用者負担を市町村が減免する場合を押さえておこう。

☞ 教科書 CHAPTER 1・SECTION14

1 ○ 被保険者が**災害により住宅に著しい損害**を受け、利用者負担が困難であると認められる場合、定率負担の減免対象となる。 基⊕p.108

2 × 居宅介護サービス費と同様に、施設介護サービス費に係る利用者負担も、原則１割（所得によって２割または３割）である。 基⊕p.107

3 × 区分支給限度基準額を超えたサービスを利用した場合には、その超えた部分は**全額が自己負担**になる。 基⊕p.101

4 ○ 記述のとおり。施設等における日常生活費のうち、**理美容代**、**教養娯楽費**など利用者負担が適当なものは、保険給付の対象とはならない。ただし、施設サービス・短期入所系サービスにおける**おむつ代**は保険給付の対象となる。 基⊕p.110

5 ○ 居宅介護サービス計画費は、費用の全額（10割）が給付され、自己負担はない。 基⊕p.107

問題9 正解 **1・5** ●──高額介護サービス費 重要度 ★★★

●利用者負担の軽減措置である高額介護サービス費制度を押さえておこう。

☞ 教科書 CHAPTER 1・SECTION14

1 ○ 記述のとおり。高額介護サービス費（高額介護予防サービス費）は、介護保険の自己負担額が高額になった場合に支給される保険給付である。 基⊕p.108

2 × 高額介護サービス費の対象は、**特定福祉用具販売を除く居宅サービス**、**地域密着型サービス**、**施設サービス**に係る定率の利用者負担である。 基⊕p.108

3 × 高額介護サービス費は、住民税の課税・非課税に関係なく支給対象となる。ただし、負担上限額が異なる。

4 × 高額介護サービス費の利用者負担上限額は、**1か月ごと**に設定されている。 基⊕p.108

5 ○ 記述のとおり。❶年収1160万円以上、❷年収770万円～1160万円未満、❸年収383万円～770万円未満、❹住民税世帯課税、❺住民税世帯非課税、❻住民税世帯非課税で、課税年金収入額と合計所得金額の合計が年間80万円以下、老齢福祉年金の受給者、❼生活保護受給者で、負担上限額がそれぞれ設定されている。 基⊕p.108

| 問題10 | 正解　**1・2・4** ●──市町村介護保険事業計画 | 重要度 ★★★ |

●市町村介護保険事業計画は、人口構造の変化の見通し、要介護者等の人数、要介護者等のサービス利用の意向等を勘案して作成される。

☞ 教科書　CHAPTER I・SECTION17

1　○　記述のとおり。 基⊕p.168

2　○　記述のとおり。また、高齢者住まい法に規定される**市町村高齢者居住安定確保計画**とも調和が保たれたものでなければならない。 基⊕p.168

3　×　記述は、**都道府県介護保険事業支援計画**で**定めるべき事項**である。 基⊕p.171

4　○　記述のとおり。 基⊕p.169

5　×　市町村は、**厚生労働大臣**が定める介護保険事業に係る保険給付の円滑な実施を確保するための基本的な指針（**基本指針**）に則して、**3年を1期**とする市町村介護保険事業計画を策定する。なお、市町村介護保険事業計画を**策定・変更後**は、遅滞なく、**都道府県知事**に提出する。 基⊕p.168

| 問題11 | 正解　**2・3・5** ●──介護保険財政 | 重要度 ★★ |

●介護保険の財政構造について押さえておこう。

☞ 教科書　CHAPTER I・SECTION 8,11

1　×　施設等給付の公費負担割合は、**国20%**、**都道府県17.5%**、**市町村12.5%**の負担割合である。 基⊕p.63

2　○　記述のとおり。国の負担は、**定率の国庫負担金と調整交付金**である。 基⊕p.63

3　○　記述のとおり。公費とは、**租税を財源**とした国と地方公共団体の負担金を指す。 基⊕p.63

4　×　第1号被保険者と第2号被保険者の保険料負担の按分割合は、3年に1度見直されることになっており、制度施行時時の2000（平成12）年の第1期は、第1号保険料が17%、第2号保険料が33%であったが、現在の第9期（2024〈令和6〉～2026〈令和8〉年度）は、それぞれ**23%**、**27%**となっている。 基⊕p.65

5　○　記述のとおり。市町村特別給付とは、市町村が、地域の実情等を踏まえ、介護給付・予防給付以外に独自に条例で定める保険給付のことである。 基⊕p.63

| 問題12 | 正解　**1・3・4** ●──第2号保険料 | 重要度 ★★ |

●第2号被保険者の保険料（第2号保険料）の概要を整理しておこう。

☞ 教科書　CHAPTER I・SECTION 8

1　○　記述のとおり。第2号保険料は、**地域支援事業の介護予防・日常生活支援総合**

85

事業の財源の27%に充てられる。 基⊕p.153

2 ✕ 所得段階別定額保険料で算定するのは、**第1号保険料**である。 基⊕p.66

3 ◯ 記述のとおり。健康保険の場合は、原則として、被保険者本人の標準報酬月額に保険料率をかけて計算し、被保険者と事業主が**折半**で負担する。 基⊕p.71

4 ◯ 第2号被保険者で被用者保険である健康保険に加入している被保護者の場合は、医療保険料と一体的に介護保険料が徴収される。 基⊕p.475

5 ✕ 第2号保険料は、各**医療保険者**が保険料率を定めて算出する。 基⊕p.71

| 問題13 | 正解 **2・3・4** ●──認知症総合支援事業 | 重要度 ★ |

●認知症総合支援事業に配置される職種とその内容を押さえておこう。

☞ 教科書 CHAPTER1・SECTION17

1 ✕ 福祉用具専門相談員は、**指定福祉用具貸与事業者、指定特定福祉用具販売事業者**に配置が義務づけられている。 基⊕p.569、571

2 ◯ 認知症地域支援推進員は、認知症総合支援事業において配置することとされており、**地域の支援機関との連携等を支援**する。 基⊕p.161

3 ◯ チームオレンジコーディネーターは、認知症総合支援事業において配置することとされており、認知症サポーターを中心とする支援と認知症の人や家族の支援ニーズをつなぐ**チームオレンジ**を整備して、**共生の地域づくり**などを促進する。 基⊕p.161

4 ◯ 認知症初期集中支援チームは、認知症総合支援事業において配置することとされており、**訪問支援、本人・家族の相談**に応じる。 基⊕p.161

5 ✕ 介護サービス相談員は、地域支援事業の任意事業である**介護サービス相談員派遣等事業**に配置される者である。介護サービス提供の場を訪ね、サービス利用者などの話を聞き、相談に応じ、利用者の疑問や不満の解消やサービスの質の向上を図る。

| 問題14 | 正解 **4・5** ●──介護予防ケアマネジメント | 重要度 ★★ |

●介護予防ケアマネジメント（第1号介護予防支援事業）には、地域支援事業の介護予防・日常生活支援総合事業として行われるものと、包括的支援事業として行われるものがある。

☞ 教科書 CHAPTER1・SECTION17

1 ✕ 国民健康保険団体連合会（国保連）は、市町村からの委託を受けて、**介護予防・日常生活支援総合事業に要する費用**の審査・支払い業務を行う。 基⊕p.177

2 ✕ 介護予防ケアマネジメント（地域支援事業）の利用料については**各市町村が定**

めることとされており、金額は市町村ごとで異なる。 基⊕p.152

3 × 　介護予防ケアマネジメントは、**市町村**が指定した地域包括支援センターまたは**指定居宅介護支援事業所**が実施主体となって行う。 基⊕p.155

4 ○ 　住所地特例適用被保険者に対する地域支援事業によるサービス提供については、**施設所在市町村が行う**こととなるため、介護予防ケアマネジメントについても施設所在市町村が行う。 基⊕p.152

5 ○ 　介護予防ケアマネジメントの対象者は、**要支援者と基本チェックリスト該当者**である。 基⊕p.156

| 問題15 | 正解 **2・5** ●──介護保険審査会 | 重要度 ★★ |

●審査請求は、介護保険審査会あてに行う。

☞ 教科書 CHAPTER I・SECTION21

1 × 　介護保険審査会は、**都道府県ごとに１つ設置**される。なお、知事の付属機関となるが、知事の指揮監督を受けない独立性をもつ。 基⊕p.180

2 ○ 　記述のとおり。介護保険審査会の委員は、被保険者を代表する委員**３人**、市町村を代表する委員**３人**、公益を代表する委員**３人以上**で構成される。 基⊕p.181

3 × 　審査請求の対象となるのは、❶**保険給付**に関する処分（被保険者証の交付請求に関する処分、認定に関する処分を含む）、❷**保険料その他介護保険法の規定による徴収金**に関する処分（財政安定化基金拠出金、介護給付費・地域支援事業支援納付金およびその納付金を医療保険者が滞納した場合の延滞金に関する処分を除く）についてのみである。 基⊕p.180

4 × 　**解説3**のとおり。 基⊕p.180

5 ○ 　記述のとおり。**解説3**の❷に該当する。 基⊕p.180

| 問題16 | 正解 **1・3** ●──市町村の権限 | 重要度 ★ |

●保険者である市町村の権限について押さえておこう。

☞ 教科書 CHAPTER I・SECTION15

1 ○ 　市町村は、**保険給付**、**地域支援事業**、**保険料**に関して必要があると認めるときは、被保険者および被保険者の世帯の**収入の状況**、または被保険者に対する**老齢等年金給付の支給状況**につき、官公署や年金保険者に対し**必要な文書の閲覧や資料の提供**を求めたり、銀行やその他の機関、被保険者の雇用主等の**関係人に報告を求める**ことができる。 基⊕p.185

2 × 　介護保険の審査請求に関しては、**都道府県**に設置された**介護保険審査会**が権限を有している。 基⊕p.180

87

3 〇 　解説**1**のとおり。 基上p.185

4 ✕ 　介護サービス情報の調査は、**都道府県知事**が都道府県ごとに指定する**指定調査機関**が行う。 基上p.147、148

5 ✕ 　介護支援専門員の登録を消除する権限を有するのは、**都道府県知事**である。 基上p.129

| 問題17 | 正解 **1・2・5** ●──認定調査票（基本調査） | 重要度 ★★ |

●要介護認定における認定調査票の７つの基本調査項目の内容を確認しておこう。

☞ 教科書　CHAPTER I・SECTION 9

1 〇 　座位保持は、認定調査票の基本調査項目の「**身体機能・起居動作に関連する項目**」に含まれている。 基上p.79

2 〇 　整髪は、認定調査票の基本調査項目の「**生活機能に関連する項目**」に含まれている。 基上p.79

3 ✕ 　預貯金の額は、認定調査票の基本調査項目に含まれていない。

4 ✕ 　学歴は、認定調査票の基本調査項目に含まれていない。

5 〇 　買い物は、認定調査票の基本調査項目の「**社会生活への適応に関連する項目**」に含まれている。 基上p.79

| 問題18 | 正解 **1・3** ●──要介護認定（一次判定） | 重要度 ★★★ |

●要介護認定の一次判定について、押さえておこう。

☞ 教科書　CHAPTER I・SECTION 9

1 〇 　**直接**生活介助、**間接**生活介助、認知症の**行動・心理症状**関連行為、**機能訓練**関連行為、**医療**関連行為の５分野について、要介護認定等基準時間が算出され、１日あたりの時間が推計される。 基上p.82

2 ✕ 　要介護認定等基準時間は、実際に介護に要する時間そのものではなく、**介護の必要を判断する指標**として、一定の方法によって推定された時間のことである。 基上p.82

3 〇 　記述のとおり。**厚生労働大臣**が定める全国一律の基準に基づいて行われる。 基上p.80

4 ✕ 　要介護認定の一次判定は、市町村が**コンピュータ**により行う。 基上p.80

5 ✕ 　一次判定の結果は、市町村が**介護認定審査会**に通知して、審査・判定を求める。申請した被保険者に対し通知されなければならないのは、市町村による**認定**の結果である。 基上p.86

| 問題19 | 正解　**1・2・3** ●──主治医意見書 | 重要度 ★★ |

●主治医意見書は、コンピュータによる一次判定や介護認定審査会での審査判定の資料として用いられる。

☞ 教科書　CHAPTER 1・SECTION 9

1　○　栄養・食生活は、「**生活機能とサービスに関する意見**」に含まれる項目である。　基上p.81

2　○　感染症の有無は、「**生活機能とサービスに関する意見**」に含まれる項目である。　基上p.81

3　○　医学的管理の必要性は、「**生活機能とサービスに関する意見**」に含まれる項目である。　基上p.81

4　×　趣味は、主治医意見書の項目には含まれていない。

5　×　職歴は、主治医意見書の項目には含まれていない。

| 問題20 | 正解　**1・2・5** ●──居宅介護支援のケアマネジメント | 重要度 ★★ |

●居宅介護支援におけるケアマネジメントの流れについて整理しておこう。

☞ 教科書　CHAPTER 1・SECTION23

1　○　記述のとおり。課題分析標準項目は、**9項目の基本情報**に関する項目と、**14項目の課題分析**に関する項目の、**合計23項目**から構成されている。　基上p.277

2　○　記述のとおり。ケアマネジメントでは、**利用者が自己決定できるように支援し**ていく。　基上p.323

3　×　居宅介護支援では、地域ケア会議から、資料または情報の提供、意見の開陳その他必要な協力の求めがあった場合、**協力するよう努めなければならない**。　基上p.341

4　×　居宅介護支援では、住民による自発的活動を開発するのではなく、その利用も含めて居宅サービス計画上に位置づけるよう努めなければならない。　基上p.323

5　○　記述のとおり。継続的に利用者の状況を把握し、必要に応じて、**再アセスメント**を行い、プランの変更・調整を行う。　基上p.295、329

| 問題21 | 正解　**1・4・5** ●──居宅サービス計画 | 重要度 ★★★ |

●居宅サービス計画作成に関する基準について押さえておこう。

☞ 教科書　CHAPTER 1・SECTION23

1　○　記述のとおり。被保険者証に認定審査会意見またはサービスの種類についての記載がある場合、利用者にその趣旨を**説明**（変更申請ができることも**説明**）し、

第27回
本試験

解　答

●介護支援分野

89

理解を得て、その内容に沿って居宅サービス計画を作成しなければならない。 基⊕p.340〜341

2 ✕ **医療系サービス**を位置づける場合は、**主治の医師等の意見**を求めなければならないが、記述のような規定はない。

3 ✕ 居宅サービス計画に厚生労働大臣が定める回数以上の訪問介護を位置づけるときは、その利用の**妥当性**を検討し、**必要な理由**を居宅サービス計画に記載するとともに、当該居宅サービス計画を**市町村**に届け出る必要がある。 基⊕p.334

4 ◯ 記述のとおり。**短期入所療養介護**を位置づける場合も同様である。 基⊕p.337

5 ◯ 記述のとおり。**特定福祉用具販売**を位置づける場合も同様である。 基⊕p.338

問題22 　正解　**1・4・5**　●──指定居宅介護支援事業者の記録　重要度 ★

●指定居宅介護支援事業者における記録について整理しておこう。

☞ 教科書　CHAPTER I・SECTION23

1 ◯ 記述のとおり。なお。記録は、書面に代えて**電磁的記録**により行うことができるとされている。

2 ✕ 各種の記録は、その完結の日から**2年間保存**しなければならない。

3 ✕ 指定居宅介護支援事業者は、**自ら提供した指定居宅介護支援等に対する利用者とその家族からの苦情に迅速かつ適切に対応**し、内容等を記録する。

4 ◯ 記述のとおり。指定居宅介護支援事業者は、事故が発生した場合、すみやかに**市町村**、利用者の家族等に連絡し、**必要な措置**をとらなければならない。また、事故の**状況**と行った**処置**について記録しなければならない。 基⊕p.319

5 ◯ 記述のとおり。また、利用者が、正当な理由なしにサービス利用に関する指示に従わないこと等により、**要介護状態の程度を増進**させたと認められるときも同様である。

問題23 　正解　**1・3・4**　●──指定介護予防支援　　重要度 ★★

●介護予防支援は要支援者を対象にし、介護予防支援事業者が実施する。

☞ 教科書　CHAPTER・SECTION

1 ◯ 記述のとおり。介護予防支援の提供に当たっての留意点として、基準第31条第6項に規定されている。 基⊕p.383

2 ✕ 主治の医師の指示がなければ、介護予防訪問看護、介護予防通所リハビリテーション等の**医療サービス**を介護予防サービス計画に位置付けることはできない。 基⊕p.382

3 ◯ 記述のとおり。介護予防支援の提供に当たっての留意点として、基準第31条

90

第7項に規定されている。 基上 p.383

4 ○ 記述のとおり。介護予防支援の提供に当たっての留意点として、基準第31条第2項に規定されている。 基上 p.382

5 × 介護福祉士の配置は、規定されていない。

問題24 正解 **2・4** ●──事例問題 重要度 ★★★

1 × Ａさんが「長男に怒鳴られて、叩かれた」と話していることから、身体的虐待が行われたことは明確で、様子を見ることは、不適切な対応である。

2 ○ 高齢者虐待防止法に基づき、虐待を受けたと思われる高齢者を発見した人は、**速やかに市町村に通報**する。 基下 p.504～505

3 × 居室の確保は、虐待を行った**養護者の負担の軽減**を図るため**緊急の必要があると認める場合**に、高齢者が**短期間**養護を受けるために必要となる居室を確保するために**市町村**が行う措置である。 基下 p.506

4 ○ 長男がいない場であれば、Ａさんの率直な意見を聞くことも可能であり、Ａさん自身の意思を尊重した対応につながるので適切な対応である。

5 × 高齢者虐待事例においては、高齢者本人の安全確保はもちろん、**虐待を行った養護者を支援**し、**虐待の解消へつながる対応をとる**ことが重要である。厳しく問いただすのではなく、話を聞き、必要であれば適切な機関につないで支援が開始されるような対応をとるべきである。

問題25 正解 **2・3・5** ●──事例問題 重要度 ★★★

1 × ケアプランは、**利用者の望む暮らしを実現**するために計画するのが原則である。長女の希望だけに沿ったケアプランを作成してはならない。

2 ○ 筋力低下が著しいＡさんの状況にあった適切な対応である。

3 ○ Ａさんは、自宅で転倒した結果、要支援2となっている。現状では再び転倒する可能性があるので、転倒リスク軽減のための方策をとることは適切な対応である。

4 × ケアプランは、**ニーズや生活課題を踏まえて**、それらを解決するための**目標**を設定する。

5 ○ Ａさんと長女の希望が折り合わない状況において、話し合いの場を設けることは適切な対応である。

保健医療サービスの知識等

| 問題26 | 正解　**1・2・4**　●——せん妄 | 重要度 ★★ |

●せん妄の特徴を理解しておこう。

教科書　CHAPTER 2・SECTION I

1　○　記述のとおり。せん妄の有病率は年齢とともに上昇し、活動性が低下して**認知機能の低下**や**見当識障害**がみられることもあり、しばしば認知症と混同される。　基下p.215

2　○　記述のとおり。認知症にはしばしば**せん妄が合併**して現れることがある。　基下p.214

3　×　せん妄の治療は、**誘因を除去すること**に加えて薬物療法も行う。　基下p.215

4　○　記述のとおり。せん妄の症状は、1日の中でも大きく変動（**日内変動**）することも特徴である。原因を見つけ早期に治療を開始すれば、やがて消失する。　基下p.215

5　×　昼夜逆転が起きている場合、夜間にせん妄が出やすくなる。**昼間に適度な刺激と散歩などの活動の機会をつくり、日中眠らないようにすること**で、夜間の睡眠を確保することが大切である。　基下p.186

| 問題27 | 正解　**1・2・3**　●——バイタルサイン | 重要度 ★★ |

●全身状態を把握するための身体徴候がバイタルサインである。

教科書　CHAPTER 2・SECTION 4

1　○　記述のとおり。**体温、脈拍、血圧、呼吸**及び**意識**レベルをいい、それぞれ基準値等が定められている（ポイントチェック参照）。　基下p.68

2　○　記述のとおり。高齢者では、感染症でも発熱がみられないこともあり、**発熱と疾患の重症度が一致しない**ことがあるので、注意が必要である。　基下p.69

3　○　記述のとおり。腋窩体温計は、腋窩（わきの下）に強く密着させて測定するものなので、やせていて、腋窩部の密着が弱い場合は、正確な検温ができない可能性がある。　基下p.68

4　×　年齢層が高くなるにつれて、**心房細動**による不整脈の有病率は上昇する。　基下p.70

5　×　医師や看護師が血圧を測定すると高値になる**白衣高血圧**もよく見られる。　基下p.71

問題28 　正解 **1・4・5** ●──口腔ケア 　　　　　　　　重要度 ★★

●口腔ケアの効果と方法を押さえておこう。

☞ 教科書 CHAPTER 2・SECTION13

1 ○ 記述のとおり。口腔内・口腔周囲を動かすことは、口腔機能の維持・向上、**オーラルフレイル予防**につながる。 基下 p.410

2 × 経管栄養を行っている場合、**唾液による自浄作用が低下**するため、口腔ケアが重要になる。なお、栄養剤注入後すぐに口腔ケアを実施すると、嘔吐や食道への逆流が生じることがある。このため、経管栄養終了後、一定の時間を空けた空腹時に口腔ケアを実施する。

3 × 寝たきりで片麻痺がある人の場合には、麻痺側を上にして口腔ケアを行い、誤嚥を防ぐ。

4 ○ 義歯を使用している場合、食後に義歯を外して口腔ケアを行い、義歯はブラシを使って流水下で洗う。夜間は、外した義歯をきれいな水（あるいは補助的に義歯洗浄剤を加えた水）の中に漬けておく。 基下 p.411

5 ○ 記述のとおり。口腔内は唾液による自浄作用、殺菌作用が働いているが、加齢により、唾液の分泌量が減少し、自浄作用が低下する。

問題29 　正解 **1・2・5** ●──リハビリテーション 　　　　重要度 ★★

●リハビリテーションにおける治療は、機能障害そのものへのアプローチと代償的アプローチに分けられる。

☞ 教科書 CHAPTER 2・SECTION10

1 ○ 記述のとおり。残存能力の活用（利き手の交換など）は、**代償的アプローチ**に含まれる。 基下 p.287

2 ○ 記述のとおり。**維持的リハビリテーション**は、急性期及び回復期などに行われた、治療的リハビリテーションにより得られた機能を、できるだけ長く維持することを目的として実施される。 基下 p.285〜286

3 × 趣味や余暇活動への参加など、**生活のなかでのリハビリテーション**を行うことが廃用による筋力低下や筋萎縮の予防につながる。

4 × 安静臥床が続くと心肺機能などが低下するため、廃用症候群の予防のためにも、**早期の離床が重要**である。

5 ○ 変形性膝関節症は、中年期以降の肥満した**女性**に多くみられる。特徴的な症状として、膝を曲げにくくなることで、前かがみの歩行がみられる。 基下 p.293

第27回
本試験

解 答

● 保健医療サービスの知識等

| 問題30 | 正解 **1・3・5** ●──高齢者の精神疾患 | 重要度 ★★ |

●高齢者の精神疾患では、多くの要因が重なり、症状を引き起こしている可能性を念頭においておく必要がある。

☞ 教科書 CHAPTER 2・SECTION 9

1 ○ 記述のとおり。加齢に伴い脳の萎縮が進行し、元来の性格に大きな変化が生じたりすることもある。

2 × 高齢者のうつ病では**不安**や**焦燥感**が強く、**情緒の不安定**さがめだつため、自殺企図につながる危険性がある。 基⊤ p.265

3 ○ 記述のとおり。配偶者や近親者の死などの**喪失体験**が、高齢者がうつ病を引き起こす要因の1つにあげられる。

4 × アルコール依存症とうつ病の合併は頻度が高いことが明らかになっている。

5 ○ 記述のとおり。高齢者の精神疾患は、精神症状が**非定型的**で、訴えは多彩であり、あいまいであることが特徴である。

| 問題31 | 正解 **1・3・5** ●──医療との連携 | 重要度 ★★ |

●介護支援専門員と医療連携について押さえておこう。

☞ 教科書 CHAPTER 2・SECTION 3

1 ○ 記述のとおり。入院期間中に**退院・退所情報記録書**などに、退院後の居宅サービス計画の立案に役立つ情報をまとめておく。 基⊤ p.32

2 × 病院主催で行われる退院前カンファレンスには、利用者・家族が参加する場合もある。また、介護支援専門員も退院前カンファレンスに参加し、**退院準備の進捗状況**、**医療処置**や**介護方法**、**退院時の対応**などを打ち合わせておくことが望ましい。 基⊤ p.31

3 ○ 記述のとおり。退院後の在宅援の関係者は、退院前カンファレンスには参加しないので、介護支援専門員から情報を伝える。 基⊤ p.31

4 × 介護支援専門員は、治療法を患者本人が自己選択できるよう、第三者的な立場から助言する。 基⊤ p.26

5 ○ 記述のとおり。退院後の状況を入院していた病院の連携担当者などを通じて主治医等に報告し、**在宅生活の継続を支援**する。 基⊤ p.33

| 問題32 | 正解 **1・3・5** ●──栄養と食事 | 重要度 ★ |

●食事介護の基本について押さえておこう。

☞ 教科書 CHAPTER 2・SECTION 4

1 ○ 記述のとおり。**BMI が 18.5 未満、体重減少率が６か月で 5 ％以上、で低栄養**が疑われる。そのほか、**血清アルブミン値（3.6g/dL 以下）**も低栄養の指標となる。 基下 p.370

2 × 高齢者によくみられる低栄養は、**たんぱく質・エネルギー低栄養状態（PEM）**である。低栄養を予防するためには、摂取するエネルギー量を増やすことが大切である。 基下 p.370、371

3 ○ さらさらした液体は誤嚥しやすいので、**とろみをつけて飲み込みやすく**する。 基下 p.368

4 × １回量を多くするとむせやすいので、誤嚥へとつながる危険性がある。１回に口に入れる量は**ティースプーン１杯程度**にして、ゆっくりと口に入れる。 基下 p.368

5 ○ 記述のとおり。多くの自治体で**配食型見守りサービス**が実施されている。

| 問題33 | 正解 **1・2・4** ●──在宅医療管理 | 重要度 ★★ |

●在宅医療に関する基礎知識を問う出題である。

🖝 教科書 **CHAPTER 2・SECTION 3**

1 ○ 記述のとおり。糖尿病は、**膵臓**でつくられるインスリンの不足や欠如により糖の取り込みが阻害され、血液中に糖が出て、**慢性の高血糖状態が続く疾患**である。治療法の一つであるインスリン自己注射は、体内のインスリン分泌の不足を補うために行う。 基下 p.46

2 ○ 記述のとおり。腎機能の低下により、**血液のろ過が十分に行えず老廃物の除去や水分の調節ができなくなった場合**、人工透析の適用となる。 基下 p.49

3 × 中心静脈栄養法は、十分な食事がとれず、必要な栄養を摂取できなくなった場合、**高濃度栄養剤を点滴により直接血管に注入**し、栄養を補給する方法である。使われるのは心臓の近くにある**太い静脈（中心静脈）**である。 基下 p.51

4 ○ 記述のとおり。経管栄養法は、十分な食事がとれず、必要な栄養を摂取できなくなった場合、胃や腸に直接栄養剤を注入する方法である。**❶経鼻胃管、❷食道ろう、❸胃ろう、❹腸ろう**の４種類がある。 基下 p.53

5 × 人工呼吸療法は、人工呼吸器により呼吸を補助し、十分な**酸素の取り込みと二酸化炭素の排出**を促すものである。 基下 p.55

| 問題34 | 正解 **1・3・4** ●──感染症の予防 | 重要度 ★★★ |

●感染症とは、病原体が人体に侵入して細胞を障害し、生理的機能障害を引き起こすことである。

95

☞ 教科書 CHAPTER 2・SECTION 7

1　○　記述の対策を**標準予防策（スタンダード・プリコーション）**という。　基下p.191

2　×　肺炎球菌ワクチンは、2014（平成26）年10月から65歳以上の高齢者の定期接種ワクチンとなっている。**定期接種の機会は65歳の1年間に1回のみで、毎年対象者が異なる。**　基下p.196

3　○　記述のとおり。若年時に結核に罹患している場合、加齢による免疫の低下のため、高齢になって再発することがある。　基下p.150

4　○　記述のとおり。適切な手洗いの実施が感染対策の基本となる。　基下p.192

5　×　ノロウイルスにはアルコールが効きにくいため、嘔吐物処理や消毒の際には、**塩素系消毒剤**の**次亜塩素酸ナトリウム**を使用する。　基下p.182、195

問題35　正解　**1・3・4**　●──在宅医療管理等　　重要度 ★★

●在宅医療で使用する機器についても理解しておこう。

☞ 教科書 CHAPTER 2・SECTION 3

1　○　記述のとおり。パルスオキシメーターは、指にはさむことで、血液中にどの程度の酸素が含まれているかの値である**動脈血酸素飽和度（SpO$_2$）**を簡便に測定する機器である。　基下p.65

2　×　自己導尿では、導尿時の感染防止に留意する必要があるため、**使用する度に洗浄**して**消毒液**が入ったケースで保管（消毒液は1日1回交換）し、清潔を保つことが大切である。

3　○　記述のとおり。ネブライザーは、**呼吸器疾患**の症状の治療・軽減のための薬剤の投与や、気道を加湿して**痰**を出しやすくするために用いる。　基下p.63

4　○　記述のとおり。機器の小型化・軽量化により、携帯用酸素ボンベなどを使えば、外出も可能である。　基下p.57

5　×　ストーマとは、**人工的な排せつ口**をいい、消化管や尿路障害で通常の排せつができないときに排せつルートとしてつくられる。　基下p.59

問題36　正解　**1・2・5**　●──急変時の対応　　重要度 ★★

●急変時の対応については、医療と介護の連携が重要である。

☞ 教科書 CHAPTER 2・SECTION 6

1　○　記述のとおり。また、意識障害がなくても、転倒により頭部を打撲した場合、数週間〜数か月後に症状が現れる慢性硬膜下血腫を引き起こす場合があるので、医療機関で頭部の検査をすることが重要である。

2　○　記述のとおり。二次感染を防ぐために、エプロンやマスク、手袋は使い捨ての

ものを使用し、飛び散らないように処理する。基下p.182

3 × 　止血は、出血部位よりも**心臓に近い側を圧迫**して行い、**出血部位を心臓の位置より高く**して、出血量を減らすようにする。基下p.176

4 × 　心肺蘇生時の胸骨圧迫は、**仰臥位**（**あお向け**）で行う。基下p.180

5 ○ 　記述のとおり。けいれんやしびれ、呼吸困難などを伴う場合は、重篤な疾患の場合もあるので、全身状態の観察が重要である。基下p.181

問題37　正解　**1・2・3**　——高齢者に多い疾病等　　重要度 ★★★

●高齢者の疾病リスクに関する基礎知識を問う出題である。

☞ 教科書 CHAPTER 2・SECTION 5

1 ○ 　記述のとおり。❶体重減少、❷握力低下、❸疲労感、❹歩行速度、❺身体活動の評価項目のうち3項目以上あればフレイル、1〜2項目であればプレフレイルとみなされる。

2 ○ 　記述のとおり。**筋肉量の減少**に加えて、**筋力低下**または**身体能力低下**がみられれば、サルコペニアと診断される。基下p.87

3 ○ 　慢性閉塞性肺疾患（COPD）は、おもに**喫煙**などを原因として、気道や肺が炎症を起こし呼吸に障害が出る疾患である。予防、治療ともに**禁煙が基本**である。基下p.148

4 × 　心筋梗塞の危険因子は、**喫煙、肥満、高血圧、糖尿病、脂質異常症**などである。予防には危険因子の除去と管理が重要。基下p.123

5 × 　多量の飲酒習慣が、脳卒中の原因となる**動脈硬化**を引き起こす**高血圧、高血糖**や**高コレステロール**などの危険因子を高めることになる。基下p.97

問題38　正解　**2・4・5**　——高齢者に多い疾病等　　重要度 ★★

●高齢者に多い疾病等について押さえておこう。

☞ 教科書 CHAPTER 2・SECTION 5

1 × 　皮脂欠乏症は、**皮膚表面の皮脂が減少することが原因**なので、皮脂を取りすぎてしまうおそれのあるナイロンタオルなどは使わず、石けんを泡立てて、柔らかいタオルや手で軽く洗うようにする。基下p.157

2 ○ 　記述のとおり。めまいやふらつきの**1〜10%**は脳血管障害（脳卒中）による症状とされている。基下p.165

3 × 　糖尿病の治療は、**食事療法、運動療法、薬物療法**が基本である。インスリン自己注射を行っている場合でも飲み薬を服用している場合でも、**食事療法は必ず行う必要がある。**基下p.141

97

4 ○ 関節リウマチは、原因不明の全身性免疫異常で、**関節の炎症が主症状**である。身体の左右対称に出現し、**指**の関節などから始まり、**膝や股関節、肩関節**などへ拡大する。関節の負担を軽減するためにも、寝具は布団よりもある程度の高さのあるベッドを使用するようにする。

5 ○ 記述のとおり。高齢者の転倒による骨折でもっとも多いのは大腿骨頸部骨折で、**体重の負荷が困難**になり、立位の保持、歩行が難しくなり、寝たきりにつながりやすくなる。 基下p.121

| 問題39 | 正解 **3・4** ●──死亡診断書 | 重要度 ★ |

☞ 教科書 CHAPTER 2・SECTION12

死亡診断書を交付することができるのは、診断した医師、歯科医師のみである。

| 問題40 | 正解 **2・3・4** ●──指定訪問看護ステーション | 重要度 ★★ |

●訪問看護事業を行う事業所には、指定訪問看護ステーションと、病院または診療所から訪問看護を提供する指定訪問看護事業所の2種類がある。

☞ 教科書 CHAPTER 2・SECTION18

1 × 訪問看護ステーションの管理者は、原則として、**常勤**の**保健師**または**看護師**でなければならない。 基上p.477

2 ○ 記述のとおり。指定訪問看護事業所も同様である。 基上p.478

3 ○ 理学療法士・作業療法士・言語聴覚士を**実情に応じた適当数**配置することが可能である。 基上p.477

4 ○ 記述のとおり。 基上p.466

5 × 指定訪問看護ステーションに配置される看護職員は、**常勤換算で2.5人以上**、そのうち**1人は常勤**とされている。 基下p.477

| 問題41 | 正解 **1・2・3** ●──訪問リハビリテーション | 重要度 ★★ |

●訪問リハビリテーション計画は、医師、理学療法士、作業療法士または言語聴覚士が利用者の障害などの評価を行い、作成する。

☞ 教科書 CHAPTER 2・SECTION21

1 ○ 訪問リハビリテーションの提供は、医師の指示に基づいて行われる。
基上p.479、488

2 ○ 記述のとおり。訪問リハビリテーションは、**医学的管理**のもと、理学療法士、作業療法士、言語聴覚士が居宅を訪問し、**可能な限り居宅で能力に応じ自立した**

生活を営むことができるように、通院が困難な利用者の**生活機能の維持もしくは向上**を図ることを目的として提供される。 基上p.479

3 ○ 記述のとおり。**居宅サービス事業者共通**の運営基準事項である。 基上p.437

4 × サービスを提供することができるのは、**理学療法士、作業療法士、言語聴覚士**である。 基上p.490

5 × 訪問リハビリテーション事業を行う事業所は、都道府県知事の指定を受けた**指定訪問リハビリテーション事業者**（**病院・診療所、介護老人保健施設、介護医療院**）である。訪問看護ステーションの言語聴覚士がサービスを提供した場合は、訪問看護に分類され、介護保険上は訪問リハビリテーションには該当しない。 基上p.483

問題42 正解 **2・5** ●──短期入所療養介護 重要度 ★★

●短期入所療養介護のサービス内容と対象者などについて、整理しておこう。

☞教科書 CHAPTER 2・SECTION22

1 × 短期入所療養介護では、家族の疾病や冠婚葬祭などの場合にも対応する（**レスパイトケア**）。 基上p.533

2 ○ 記述のとおり。作成した計画は、利用者と家族に説明し、同意を得る。なお利用期間が３日以下の場合は計画の作成は不要である。 基上p.538

3 × 短期入所療養介護を利用できるのは、要介護者である。要支援者は、介護予防短期入所療養介護を利用することが可能である。 基上p.532

4 × 短期入所療養介護のサービスを提供することができるのは、**介護老人保健施設、介護医療院、療養病床**をもつ**病院・診療所**、一定基準を満たした**診療所**である。 基上p.532

5 ○ 記述のとおり。 基上p.535

問題43 正解 **1・5** ●──定期巡回・随時対応型訪問介護看護 重要度 ★

●定期巡回・随時対応型訪問介護看護は、2011（平成23）年の介護保険法改正により、2012（平成24）年４月から開始されたサービスである。

☞教科書 CHAPTER 2・SECTION23

1 ○ 定期巡回・随時対応型訪問介護看護を利用できるのは要介護１以上の認定を受けた者で、**主治医が必要と認めた者**に限定される。なお、利用者の実態は、要介護１〜２、要介護３〜５で、それぞれ５割程度である。 基上p.625、627

2 × 定期巡回サービスは１日に複数回の訪問を行うことを前提にしているが、訪問回数や訪問時間などについては、利用者との**相談**で決定する。状況に応じて訪問

99

しない日があっても問題はない。 基①p.628

3 × 訪問看護サービス提供開始の際には、**主治医の文書による指示が必要である。**
基①p.632

4 × 定期巡回・随時対応型訪問介護看護は、定期的な巡回と随時の訪問で、介護その他の**日常生活上の世話、療養上の世話**または**診療の補助、緊急時の対応**などを行う。 基①p.626

5 ○ 記述のとおり。結果を公表し、常に**サービスの質の改善**を図らなければならない。 基①p.632

| 問題44 | 正解 **1・3・5** ●——介護老人保健施設 | 重要度 ★★ |

●介護老人保健施設の開設者は頻出なので押さえておこう。

☞ 教科書　CHAPTER 2・SECTION25

1 ○ 記述のとおり。 基①p.737、740

2 × 介護老人保健施設の開設者は、**地方公共団体、医療法人、社会福祉法人**、その他厚生労働大臣が定めるもの（**国、日本赤十字社、健康保険組合、共済組合**等）とされている。 基①p.144

3 ○ 記述のとおり。若年性認知症の入所者を受け入れてサービスを行った場合には、**若年性認知症利用者受入加算**を算定できる。

4 × 施設サービス計画は、施設の**計画担当介護支援専門員**が作成する。 基①p.737

5 ○ 記述のとおり。介護保険施設にかかる**共通**の運営基準事項である。 基①p.718

| 問題45 | 正解 **2・3・4** ●——介護医療院 | 重要度 ★★ |

●介護医療院は、2018（平成30）年度に創設された。

☞ 教科書　CHAPTER 2・SECTION26

1 × 主として**長期**にわたり療養が必要である要介護を対象とすることが基本方針として定められている。 基①p.748

2 ○ 介護医療院を利用できるのは**要介護者**である。要支援者は利用できない。
基①p.748

3 ○ 記述のとおり。「介護医療院の人員、施設及び設備並びに運営に関する基準」第20条に「介護医療院は、入所者の心身の諸機能の維持回復を図り、日常生活の自立を助けるため、**理学療法、作業療法**その他適切なリハビリテーションを計画的に行わなければならない」と規定されている。 基①p.755

4 ○ 記述のとおり。**医療機関併設型介護医療院**という形態がある。 基①p.749

5 × 療養室に、**定員4人以下**とされている。 基①p.754

100

福祉サービスの知識等

問題46 | **正解** **2・3・4** — 相談面接技術 | **重要度 ★★**

● コミュニケーションの種類や技法について押さえておこう。

教科書 CHAPTER 3・SECTION 1

1 **×** 明確化とは、クライエントの考えや感情を、具体的に言葉にして明確にすることである。記述は、**アドボカシー**の説明である。

2 **○** 記述のとおり。アセスメントでは、クライエントの精神面・身体面の把握のみならず、住環境、家族関係、経済状況、援助の状況など**幅広く情報を収集**し、分析することが求められる。 基下 p.435

3 **○** 記述のとおり。オープンクエスチョン（**開かれた質問**）とは、「どうしてですか」「どう思いますか」など、その人にしか答えられない考えや状態を尋ねる質問である。 基下 p.445

4 **○** 記述のとおり。**非言語的コミュニケーション**に含まれる。 基下 p.440

5 **×** お互いの視線がぶつかると、圧迫感が強まるので、直角や並列に座ったりして面接するようにする。また、クライエントとの距離が近すぎると、緊張させたり、不快感を与える場合があり、反対に遠すぎると**心理的距離**も遠くなり、温かさや熱心さが伝わりにくくなる。そのため、**程よく適切な距離を保つ**ことが求められる。 基下 p.441、444

問題47 | **正解** **1・3・4** — ソーシャルワーク | **重要度 ★**

● スーパービジョンやアウトリーチなどソーシャルワークでよく出る用語は整理しておこう。

教科書 CHAPTER 3・SECTION 1

1 **○** 記述のとおり。そのためにも、クライエントと相談援助者の**信頼関係**（**ラポール**）の形成が重要である。 基下 p.419

2 **×** 支援計画は、可能な限り**具体的**に立てることが重要である。 基下 p.437

3 **○** 記述のとおり。クライエントの感情を受け止め、**共感的理解**を伝えることが求められる。 基下 p.437～438

4 **○** スーパービジョンとは、熟練者が未熟練者に行う教育指導や訓練のことである。熟練者は**スーパーバイザー**、未熟練者は**スーパーバイジー**と呼ぶ。**管理**的機能、**教育**的機能、**支持**的機能をもち、**評価的なかかわり**もする。

5 **×** アウトリーチとは、サービス利用に関して消極的・拒否的な人、地域から孤立

101

している人に対し、住まいや地域に**積極的に出向き働きかけ**をすることで、**クライエント自身の課題解決やサービス利用に向けた動機づけを行う**ことを指す。
基下 p.424

問題48 　正解　**1・3・5** ●――支援困難事例への対応　　　重要度 ★★

●支援困難事例では、本人の人生、人生観、生き方、価値観等について、理解をより深めることが重要である。

☞ 教科書　CHAPTER 3・SECTION 3

1 ○ 家族に要因（家族自身の疾病や本人との関係、介護に関する知識不足など）があるため、支援困難事例になるケースもある。地域包括支援センターへ相談することは、適切な対応である。

2 × まず、なぜごみがあふれているのかをアセスメントするのが先決である。そのうえで、解決につながるよう、支援していくことが重要。

3 ○ 成年後見制度とは、**認知症・知的障害・精神障害**等により**判断能力が不十分で意思決定が困難な人**に後見人等を立て、その判断能力を補っていく制度である。
基下 p.512

4 × セルフ・ネグレクトとは、自分自身によるニーズの放棄（**自己放棄**）を指す。
基下 p.450

5 ○ 記述のとおり。例えば、複数の問題を抱えている支援困難事例については、各専門職をはじめ、行政や地域住民などがチームを組んで対応することが望ましい。
基下 p.454

問題49 　正解　**2・3・4** ●――地域援助　　　　　　　重要度 ★★

●地域援助は、生活課題の背景にある社会的問題の解決に向け、地域を対象として、あるいは地域を媒体として援助を行うものである（マクロ・レベルのソーシャルワーク）。

☞ 教科書　CHAPTER 3・SECTION 1

1 × 専門職だけで問題解決を図る場合は、地域援助には該当しない。

2 ○ 地域における**新しいサービスの開発**という**地域**援助に該当する。　基下 p.426

3 ○ 地域における**情報の流れの円滑化**という**地域**援助に該当する。　基下 p.426

4 ○ 地域における特定の利用者集団へのサービスや資源の開発という**地域**援助に該当する。　基下 p.426

5 × 個人情報保護法に違反する行為に該当する。　基下 p.494、495

| 問題50 | 正解 **2・3・5** ●──訪問介護 | 重要度 ★★ |

●訪問介護事業所の人員基準等についても、押さえておこう。

☞ 教科書 CHAPTER 3・SECTION 4

1 × 管理者については、**常勤専従**であれば、特段の資格は不要である。 基④p.453

2 ○ 記述のとおり。サービス提供責任者は、**訪問介護計画の作成**（すでに居宅サービス計画が作成されている場合は、それに沿って作成）も行う。 基④p.454

3 ○ 記述のとおり。居宅サービス提供事業者に共通する運営基準事項である。 基④p.436

4 × 利用者が居宅サービス計画の変更を希望する場合は、サービス提供責任者から**居宅介護支援事業者**へ連絡する必要がある。 基④p.452

5 ○ 記述のとおり。業務継続計画とは、**感染症や非常災害の発生時**において、利用者にサービスを継続的に実施するための、及び非常時の体制で**早期の業務再開を図る**ための計画のことである。 基④p.435

| 問題51 | 正解 **2・4・5** ●──通所介護 | 重要度 ★ |

●通所介護計画や通所介護費の算定区分、サービスの所要時間に含まれないものなどは出題されやすいのでよく復習しておこう。

☞ 教科書 CHAPTER 3・SECTION 6

1 × サービスの所要時間が同じ区分であっても、サービスの内容や利用当日の提供状況、家族の出迎え等の都合で、**開始や終了の時刻が利用者ごとに前後する**ことはあり得るものであり、サービス提供開始時刻や終了時刻を同時にしなければならないというものではない。

2 ○ 記述のとおり。通所介護以外の目的で宿泊サービスを提供する場合には、あらかじめ**都道府県**等に届け出る必要がある。 基④p.503

3 × 送迎時間は通所介護の所要時間に含まれないが、**送迎時に実施した居宅内での介助**は、**1日30分以内を限度**に含めることが可能である。ただし、個別に必要性を判断のうえ、居宅サービス計画および個別サービス計画に位置づけて実施し、かつ介護福祉士等の資格と経験を満たす者によって行う場合に限られる。

4 ○ 記述のとおり。通所介護計画は、利用者や家族に**説明**、**同意**を得て作成し、サービス開始時に担当の**介護支援専門員**に提出する。 基④p.500

5 ○ 記述のとおり。屋外でサービスを提供することが**効果的な機能訓練**等になるとして、通所介護計画に位置づけられていることが必要である。

103

| 問題52 | 正解　**1・3・4**　●──訪問入浴介護 | 重要度 ★★ |

●訪問入浴介護の人員基準・設備基準・運営基準、介護報酬について整理しておこう。

☞ 教科書　CHAPTER 3・SECTION 5

1　○　記述のとおり。**入浴介護に関する知識や技術を有した者**が務める。　基④p.464

2　×　利用者が、小規模多機能型居宅介護や短期入所生活介護など、**短期入所型サービスや入所系サービス**などを受けている間は、訪問入浴介護費は算定できない。

3　○　記述のとおり。その際には、**主治医**に連絡し指示を受けたうえで実施する。また、実施後も**主治医**に報告する。　基④p.461

4　○　記述のとおり。訪問入浴介護は、**専用浴槽の設備を持参し、入浴介護を行うサービスである。**　基④p.455

5　×　終末期にある者でも、訪問入浴介護を利用することは可能である。その場合、主治医から利用者への十分な説明と、サービスを受けることができるか否かの判断基準の設定など、**医療サービスとの連携体制を整えておく必要がある。**

| 問題53 | 正解　**3・4・5**　●──短期入所生活介護 | 重要度 ★★ |

●短期入所生活介護を連続して利用する場合は30日までが介護報酬算定の限度である。

☞ 教科書　CHAPTER 3・SECTION 7

1　×　短期入所生活介護計画は、おおむね**4日以上**入所することが予定されている利用者について、事業所の**管理者**が作成する。なお、事業所に介護支援専門員の資格を有する者がいる場合は、その者に短期入所生活介護計画のとりまとめを行わせることが望ましいとされている。　基④p.520

2　×　利用者の状態や家族等の事情により、**居宅介護支援事業所の介護支援専門員**が**緊急やむを得ないと認めた場合**、専用の居室以外の静養室も利用できるとされている。　基④p.527〜528

3　○　記述のとおり。　基④p.529

4　○　記述のとおり。短期入所生活介護事業者は、**栄養**並びに**利用者の心身の状況**及び**嗜好**を考慮した食事を、適切な時間に提供しなければならない。

5　○　記述のとおり。また、緊急時に円滑な協力を得るため、協力医療機関と必要事項を取り決めておく必要がある。

| 問題54 | 正解　**1・2・5**　●──福祉用具 | 重要度 ★★ |

●介護保険における福祉用具は、居宅要介護者を対象とし、「福祉用具貸与」と「特定福祉用具販売」に分けられ、それぞれ種目が定められている。

104

☞ 教科書　CHAPTER 3・SECTION 9

1　○　福祉用具の使用目的は、❶失った身体機能の**補完**、❷生活動作の**自立**、❸利用者の生活の**活性化**、❹**介護者**の負担軽減である。`基上p.556`

2　○　入浴用いす、**浴槽内いす**、**浴槽内すのこ**、**入浴用介助ベルト**などの入浴補助用具は、**特定福祉用具販売**の対象である。`基上p.565`

3　×　移乗介助に使用するスライディングボードは、**福祉用具貸与**の**特殊寝台付属品**に含まれる。`基上p.560〜561`

4　×　容易に移動でき、**取水・排水の工事を伴わない簡易浴槽**は、**特定福祉用具貸販売**の対象種目である。`基上p.565`

5　○　床ずれ防止用具は、**福祉用具貸与**の対象である。`基上p.561`

| 問題55 | 正解　**1・3**　●——認知症対応型共同生活介護　重要度 ★★ |

●認知症対応型共同生活介護は、少人数の家庭的な雰囲気のなかで共同生活を営む、地域密着型サービスである。

☞ 教科書　CHAPTER 3・SECTION15、16

1　○　記述のとおり。`基上p.675`

2　×　1つの共同生活住居の入居定員は、**5人以上9人以下**である。`基上p.675`

3　○　**特定施設入居者生活介護**または**認知症対応型共同生活介護**、**地域密着型特定施設入居者生活介護**もしくは**地域密着型介護老人福祉施設入所者生活介護**を利用している間は、福祉用具貸与費を算定することはできない。

4　×　計画作成担当者は、1つの**事業所**ごとに置かなければならない。`基上p.675`

5　×　サテライト型の場合、本体事業所の管理者が兼務可能である。`基上p.675`

| 問題56 | 正解　**1・3・5**　●——小規模多機能型居宅介護　重要度 ★★ |

●小規模多機能型居宅介護は、同一の事業所で、通所介護と訪問介護、短期入所生活介護を一体的に提供する。

☞ 教科書　CHAPTER 3・SECTION14

1　○　記述のとおり。通いを中心に訪問、宿泊を組み合わせたサービスを利用者の希望に合わせて提供することで、**柔軟な対応が可能**となる。`基上p.660`

2　×　利用者は、**1か所の小規模多機能型居宅介護事業所**に限って、利用者登録をすることができ、小規模多機能型居宅介護を利用すると、ほかの通所介護や訪問介護、短期入所系のサービスは**利用できなくなる**。`基上p.662`

3　○　記述のとおり。サテライト型事業所は、本体事業所と密接な連携を図りつつ別の場所で運営される事業所で、本体事業所とサテライト事業所の距離は、**自動車**

105

等でおおむね**20分以内の近距離**でなければならない。 基上p.665

4　×　小規模多機能型居宅介護事業所に、理学療法士・作業療法士の配置義務はない。 基上p.665

5　○　小規模多機能型居宅介護事業所の介護支援専門員は、**厚生労働大臣が定める研修を修了**し、専従であることとされているが、支障がなければ他の職務と兼務することは可能である。 基上p.665

問題57　正解　**2・4・5**　●──介護老人福祉施設　　重要度 ★★

●介護老人福祉施設は、入院治療を必要とする入所者のために、あらかじめ、協力病院を定めておかなければならない。

☞ 教科書　CHAPTER 3・SECTION18

1　×　介護保険法第87条第1項に「指定介護老人福祉施設の開設者は、（中略）**自らその提供する指定介護福祉施設サービスの質の評価を行う**ことその他の措置を講ずることにより常に指定介護福祉施設サービスを受ける者の立場に立ってこれを提供するように**努めなければならない**」と規定されている。

2　○　記述のとおり。介護保険施設に係る共通の運営基準事項である。 基上p.720

3　×　介護老人福祉施設に配置される介護支援専門員は、**常勤専従**でなければならない。ただし、入所者の処遇に支障がない場合は、**他の職務との兼務が可能**である。 基上p.734

4　○　記述のとおり。 基上p.733

5　○　記述のとおり。モニタリングについては、入所者の心身の状況等に応じて適切に判断し、**定期的に面接**して行う必要がある。 基上p.722

問題58　正解　**1・4・5**　●──生活保護制度　　重要度 ★★

●生活保護制度については、制度全般と介護保険にかかわる部分の両方の理解が必要である。

☞ 教科書　CHAPTER 3・SECTION21

1　○　65歳以上の被保護者の介護保険料は、生活保護の**生活**扶助として給付される。 基下p.475

2　×　生活保護法では、補足性の原理に基づき、他の法律などによる給付が優先（**他法他施策優先の原則**）。したがって、**介護保険による保険給付が優先**される。 基下p.473

3　×　生活保護の要否判定は、**福祉事務所**が行う。 基下p.473

4　○　葬祭扶助には、遺体の**運搬**や火葬または埋葬、**納骨**その他葬祭のために必要な

106

ものが含まれる。基⑦ p.475

5 ○ 記述のとおり。介護予防サービスは、介護予防支援計画に基づき行うものに限られる。基⑦ p.476

問題59 正解 **2・3・5** ●──成年後見制度 重要度 ★★

●成年後見制度の理念の1つとして、成年被後見人等の自発的意思の尊重がある。

👉 教科書 CHAPTER 3・SECTION30

1 × 後見人等には、**親族後見人**と親族以外の**第三者後見人**がある。基⑦ p.519

2 ○ 法定後見開始の審判は、**本人、配偶者、4親等内の親族、成年後見人**等、**任意後見人、成年後見監督人**等、**検察官**などが請求することができる。基⑦ p.514

3 ○ 記述のとおり。**解説1**のとおり、親族以外の社会福祉士などの**専門職**や、社会福祉協議会等の**法人**も後見人等に選任可能である。基⑦ p.516

4 × 身上保護（監護）とは、**衣食住**などの生活上の手配、**療養**や**介護**の手配のことを指す。基⑦ p.512

5 ○ 記述のとおり。本人にとって不利益なものは原則として取り消すことが可能である。基⑦ p.514

問題60 正解 **2・3・4** ●──後期高齢者医療制度 重要度 ★★

●後期高齢者医療制度は、75歳以上の人を対象とした医療保険制度である。概要について押さえておこう。

👉 教科書 CHAPTER 3・SECTION23

1 × 後期高齢者医療制度の保険料は、都道府県ごとに全市町村が加入する**後期高齢者医療広域連合**が**条例**で定める。基⑦ p.484

2 ○ 記述のとおり。生活保護受給世帯に属する者は適用除外（**医療**扶助で対応）となる。基⑦ p.484

3 ○ 65歳以上75歳未満の者で、一定以上の障害の状態にあると後期高齢者医療広域連合から認定を受けた者も被保険者となるが、**加入は任意**である。基⑦ p.484

4 ○ 記述のとおり。後期高齢者医療制度では、世帯の所得に応じた保険料軽減措置が設けられている。基⑦ p.484

5 × 後期高齢者医療給付は、❶療養の給付、❷入院時食事療養費、❸入院時生活療養費、❹保険外併用療養費、❺療養費、❻訪問看護療養費、❼特別療養費、❽移送費、❾高額療養費、❿高額介護合算療養費、⓫後期高齢者医療広域連合の条例で定める給付、である。基⑦ p.485

107

MEMO

2025年版 みんなが欲しかった！ ケアマネの直前予想問題集

（2018年版　2018年8月11日　初　版　第1刷発行）

2025年4月18日　初　版　第1刷発行

編　著　者		ＴＡＣケアマネ受験対策研究会
発　行　者		多　　田　　敏　　男
発　行　所		ＴＡＣ株式会社　出版事業部
		（ＴＡＣ出版）

〒101－8383 東京都千代田区神田三崎町3－2－18
電　話　03（5276）9492（営業）
FAX　03（5276）9674
https://shuppan.tac-school.co.jp

組　　　版		朝日メディアインターナショナル株式会社
印　　　刷		今　家　印　刷　株　式　会　社
製　　　本		株式会社　常　川　製　本

© TAC 2025　　　　Printed in Japan

ISBN 978－4－300－11597－8
N.D.C. 369

本書は，「著作権法」によって，著作権等の権利が保護されている著作物です。本書の全部または一部につき，無断で転載，複写されると，著作権等の権利侵害となります。上記のような使い方をされる場合，および本書を使用して講義・セミナー等を実施する場合には，小社宛許諾を求めてください。

乱丁・落丁による交換，および正誤のお問合せ対応は，該当書籍の改訂版刊行月末日までといたします。なお，交換につきましては，書籍の在庫状況等により，お受けできない場合もございます。
また、各種本試験の実施の延期、中止を理由とした本書の返品はお受けいたしません。返金もいたしかねますので、あらかじめご了承くださいますようお願い申し上げます。

TAC出版 書籍のご案内

TAC出版では、資格の学校TAC各講座の定評ある執筆陣による資格試験の参考書をはじめ、資格取得者の開業法や仕事術、実務書、ビジネス書、一般書などを発行しています！

TAC出版の書籍

*一部書籍は、早稲田経営出版のブランドにて刊行しております。

資格・検定試験の受験対策書籍

- 日商簿記検定
- 建設業経理士
- 全経簿記上級
- 税理士
- 公認会計士
- 社会保険労務士
- 中小企業診断士
- 証券アナリスト
- ファイナンシャルプランナー（FP）
- 証券外務員
- 貸金業務取扱主任者
- 不動産鑑定士
- 宅地建物取引士
- 賃貸不動産経営管理士
- マンション管理士
- 管理業務主任者
- 司法書士
- 行政書士
- 司法試験
- 弁理士
- 公務員試験（大卒程度・高卒者）
- 情報処理試験
- 介護福祉士
- ケアマネジャー
- 電験三種　ほか

実務書・ビジネス書

- 会計実務、税法、税務、経理
- 総務、労務、人事
- ビジネススキル、マナー、就職、自己啓発
- 資格取得者の開業法、仕事術、営業術

一般書・エンタメ書

- ファッション
- エッセイ、レシピ
- スポーツ
- 旅行ガイド（おとな旅プレミアム/旅コン）

TAC出版

(2024年2月現在)

書籍のご購入は

1 全国の書店、大学生協、ネット書店で

2 TAC各校の書籍コーナーで

資格の学校TACの校舎は全国に展開！
校舎のご確認はホームページにて ➡ 資格の学校TAC ホームページ
https://www.tac-school.co.jp

3 TAC出版書籍販売サイトで

CYBER TAC出版書籍販売サイト
BOOK STORE

TAC 出版　で　検索

24時間ご注文受付中

https://bookstore.tac-school.co.jp/

- 新刊情報をいち早くチェック！
- たっぷり読める立ち読み機能
- 学習お役立ちの特設ページも充実！

TAC出版書籍販売サイト「サイバーブックストア」では、TAC出版および早稲田経営出版から刊行されている、すべての最新書籍をお取り扱いしています。
また、会員登録（無料）をしていただくことで、会員様限定キャンペーンのほか、送料無料サービス、メールマガジン配信サービス、マイページのご利用など、うれしい特典がたくさん受けられます。

サイバーブックストア会員は、特典がいっぱい！（一部抜粋）

通常、1万円（税込）未満のご注文につきましては、送料・手数料として500円（全国一律・税込）頂戴しておりますが、1冊から無料となります。

専用の「マイページ」は、「購入履歴・配送状況の確認」のほか、「ほしいものリスト」や「マイフォルダ」など、便利な機能が満載です。

メールマガジンでは、キャンペーンやおすすめ書籍、新刊情報のほか、「電子ブック版TACNEWS（ダイジェスト版）」をお届けします。

書籍の発売を、販売開始当日にメールにてお知らせします。これなら買い忘れの心配もありません。

書籍の正誤に関するご確認とお問合せについて

書籍の記載内容に誤りではないかと思われる箇所がございましたら、以下の手順にてご確認とお問合せをしてくださいますよう、お願い申し上げます。

なお、正誤のお問合せ以外の**書籍内容に関する解説および受験指導など**は、一切行っておりません。
そのようなお問合せにつきましては、お答えいたしかねますので、あらかじめご了承ください。

1 「Cyber Book Store」にて正誤表を確認する

TAC出版書籍販売サイト「Cyber Book Store」の
トップページ内「正誤表」コーナーにて、正誤表をご確認ください。

CYBER TAC出版書籍販売サイト
BOOK STORE

URL：https://bookstore.tac-school.co.jp/

2 ❶の正誤表がない、あるいは正誤表に該当箇所の記載がない
⇒ 下記①、②のどちらかの方法で文書にて問合せをする

★ご注意ください★

お電話でのお問合せは、お受けいたしません。
①、②のどちらの方法でも、お問合せの際には、「お名前」とともに、
「対象の書籍名（○級・第○回対策も含む）およびその版数（第○版・○○年度版など）」
「お問合せ該当箇所の頁数と行数」
「誤りと思われる記載」
「正しいとお考えになる記載とその根拠」
を明記してください。
なお、回答までに1週間前後を要する場合もございます。あらかじめご了承ください。

① ウェブページ「Cyber Book Store」内の「お問合せフォーム」より問合せをする

【お問合せフォームアドレス】

https://bookstore.tac-school.co.jp/inquiry/

② メールにより問合せをする

【メール宛先　TAC出版】

syuppan-h@tac-school.co.jp

※土日祝日はお問合せ対応をおこなっておりません。
※正誤のお問合せ対応は、該当書籍の改訂版刊行月末日までといたします。

乱丁・落丁による交換は、該当書籍の改訂版刊行月末日までといたします。なお、書籍の在庫状況等により、お受けできない場合もございます。
また、各種本試験の実施の延期、中止を理由とした本書の返品はお受けいたしません。返金もいたしかねますので、あらかじめご了承くださいますようお願い申し上げます。

TACにおける個人情報の取り扱いについて
■お預かりした個人情報は、TAC（株）で管理させていただき、お問合せへの対応、当社の記録保管にのみ利用いたします。お客様の同意なしに業務委託先以外の第三者に開示、提供することはございません（法令等により開示を求められた場合を除く）。その他、個人情報保護管理者、お預かりした個人情報の開示等及びTAC（株）への個人情報の提供の任意性については、当社ホームページ（https://www.tac-school.co.jp）をご覧いただくか、個人情報に関するお問い合わせ窓口（E-mail：privacy@tac-school.co.jp）までお問合せください。

（2022年7月現在）

●社会保険と給付対象の保険事故　介護支援 01

- ○ A 保険……業務外の疾病、負傷等
- ○ B 保険……要介護状態・要支援状態
- ○ C 保険……老齢、障害、死亡
- ○ D 保険……失業等
- ○ E 保険……業務上の理由による疾病、負傷等

●国民の努力と義務　介護支援 02

- ○国民は、自ら A となることを予防するために、常に B の保持増進に努める。 A になった場合でも、進んで C や保健医療サービス、福祉サービスを利用することで、その有する能力の D に努める。
- ○国民は、 E の理念に基づき、介護保険事業に要する費用を公平に負担する義務を負う。

●保険給付の理念　介護支援 03

A ・要支援状態の軽減・悪化防止、 B との連携への十分な配慮、被保険者の C に基づく適切なサービスの総合的・効率的な提供、多様な事業者・施設によるサービスの提供、 D における自立した日常生活の重視。

●2005年改正　介護支援 04

- ○予防重視型システムに転換：新しい予防給付、 A 支援事業の創設
- ○施設給付の見直し： B 費（滞在費）、食費を保険給付外に
- ○新しいサービス体系を確立： C サービス、 D センターの創設
- ○サービスの質の確保： E サービス情報の公表

●2011年・2014年改正　介護支援 05

- ○2011年の法改正では、 A 、複合型サービス（現・看護小規模多機能型居宅介護）が創設された。
- ○2014年の法改正では、介護予防 B 、介護予防 C が地域支援事業に移行することになった。
- ○2014年の法改正では、特別養護老人ホームの入所要件が原則要介護 D 以上になった。

●2017年改正　介護支援 06

- ○新たな介護保険施設として、 A を創設
- ○高齢者と障害児者が同一事業所でサービスを受けやすくするため、介護保険と障害福祉制度に B を創設
- ○2割負担者のうち特に所得の高い層の負担割合を C 割に
- ○第2号被保険者の保険料を、従来の加入者割から、被用者保険間では報酬額に比例した D に

●市町村が条例で定めること　介護支援 07

- ○ A の委員の定数
- ○ B の上乗せ
- ○ C 支給限度基準額の設定
- ○ D 給付の設定
- ○ E の入所定員
- ○普通徴収にかかる F の納期

●被保険者と保険給付　介護支援 08

第1号被保険者は、市町村の区域内に住所をもつ A 歳以上の人→要介護状態・要支援状態となった場合、その原因を問わず、保険給付が受けられる。第2号被保険者は、市町村の区域内の住所をもつ B 歳以上 A 歳未満の人で、 C に加入している人→ D が原因で要介護状態・要支援状態になった場合に、保険給付が受けられる。

●住所地特例　介護支援 09

介護保険では、住所のある市町村の被保険者となるのが原則だが、介護保険施設（指定介護老人福祉施設、介護老人保健施設、 A ）、特定施設（ B 、 C 、養護老人ホーム）に入所するために施設所在地に住所を移した場合は、移転 D の住所地の市町村の被保険者となる特例がある。

●適用除外施設　介護支援 10

障害者総合支援法に基づく生活介護および施設入所支援を受けている A の入所者、 B に基づく医療型障害児入所施設の入所者、生活保護法に基づく C の入所者、独立行政法人国立重度知的障害者総合施設 D の入所者などは、介護保険の E となり、当分の間、介護保険の被保険者とならない。

●要介護認定の申請の代行　介護支援 11

- ○認定の申請にあたっては、介護保険 A （交付を受けていない第2号被保険者は不要）を申請書に添えて、市町村に提出する。
- ○申請の代行ができる事業者・施設は、 B 事業者、 C 介護老人福祉施設、 D 施設、地域包括支援センターである。

●市町村の認定調査の委託　介護支援 12

- ○新規認定にかかる認定調査は、 A にのみ委託できる。
- ○更新認定等にかかる認定調査は、 A 、 B センター、 C 事業者、地域密着型 D 、介護保険施設、介護支援専門員に委託できる。

●社会保険と給付対象の保険事故　介護支援 01

解答
A＝医療
B＝介護
C＝年金
D＝雇用
E＝労働者災害補償

●国民の努力と義務　介護支援 02

解答
A＝要介護状態
B＝健康
C＝リハビリテーション
D＝維持向上
E＝共同連帯

●保険給付の理念　介護支援 03

解答
A＝要介護状態
B＝医療
C＝選択
D＝居宅

●2005年改正　介護支援 04

解答
A＝地域
B＝居住
C＝地域密着型
D＝地域包括支援
E＝介護

●2011年・2014年改正　介護支援 05

解答
A＝定期巡回・随時対応型訪問介護看護
B＝訪問介護
C＝通所介護
D＝3

●2017年改正　介護支援 06

解答
A＝介護医療院
B＝共生型サービス
C＝3
D＝総報酬割

●市町村が条例で定めること　介護支援 07

解答
A＝介護認定審査会
B＝区分支給限度基準額
C＝種類　　D＝市町村特別
E＝指定地域密着型介護老人福祉施設
F＝保険料

●被保険者と保険給付　介護支援 08

解答
A＝65
B＝40
C＝医療保険
D＝特定疾病

●住所地特例　介護支援 09

解答
A＝介護医療院
B・C＝有料老人ホーム、軽費老人ホーム
D＝前

●適用除外施設　介護支援 10

解答
A＝指定障害者支援施設
B＝児童福祉法
C＝救護施設
D＝のぞみの園
E＝適用除外

●要介護認定の申請の代行　介護支援 11

解答
A＝被保険者証
B＝指定居宅介護支援
C＝地域密着型
D＝介護保険

●市町村の認定調査の委託　介護支援 12

解答
A＝指定市町村事務受託法人
B＝地域包括支援
C＝指定居宅介護支援
D＝介護老人福祉施設

●認定調査票の基本調査項目 介護支援 13

- ○ A ・起居動作に関する項目
- ○ B に関連する項目（移動、排泄など）
- ○ C に関連する項目（場所の理解など）
- ○精神・ D に関連する項目（作話、大声など）
- ○ E への適応に関連する項目（金銭管理など）
- ○特別な医療に関連する項目（過去 F 日間に受けた特別な医療）
- ○日常生活 G に関連する項目

●介護認定審査会 介護支援 14

- ○介護認定審査会は、 A の附属機関で、委員は A 長が任命、任期は B 年で、委員の定数は市町村の C で定められる。
- ○複数の市町村による介護認定審査会の共同設置、 D や他市町村への審査・判定業務の委託が認められるが、 E や認定は各市町村が行う。

●認定の有効期間 介護支援 15

認定の有効期間は、新規認定と区分変更認定では原則 A か月、更新認定は原則 B か月である。市町村は、 C の意見に基づき、とくに必要と認める場合は、新規認定と区分変更認定は3～ B か月の範囲である。更新認定は、要介護度等に変化がない場合は3～48か月の範囲で、認定の有効期間を短縮または延長することができる。

●サービスの種類・保険給付 介護支援 16

- ○地域密着型介護予防サービスには、 A 、 B 、介護予防認知症対応型共同生活介護の3種類がある。
- ○介護給付で特例がつく給付には、特例居宅介護サービス費、特例 C 費、特例 D 費、特例施設介護サービス費、特例 E 費の5つがある。

●特例サービス費 介護支援 17

次のような場合に、市町村が必要と認めれば特例サービス費として、 A 払いで保険給付がされる。
- ○ B サービス、離島などにおける相当サービスを受けた。
- ○要介護認定等の C 前にサービスを受けた。
- ○緊急やむを得ず、 D を提示しないでサービスを受けた。

●区分支給限度基準額の適用外 介護支援 18

居宅サービス・地域密着型サービスのうち、 A 管理指導、 B 販売、短期利用を除く C ・認知症対応型共同生活介護・地域密着型 C 、地域密着型 D は、区分支給限度基準額が適用されない。

●福祉用具等の支給限度基準額 介護支援 19

- ○福祉用具購入費支給限度基準額は、同一 A で B 万円である。
- ○住宅改修費支給限度基準額は、同一 C で D 万円。最初の住宅改修費の着工時点と比較し、介護の必要度が著しく高くなった場合（目安として E 段階以上）は、例外的に、1回に限り、再度の支給を受けることができる。

●利用者負担 介護支援 20

- ○おむつ代は、 A サービス、地域密着型介護老人福祉施設入所者生活介護、 B 生活介護、 B 療養介護では保険給付の対象。
- ○施設等における C 、居住費（滞在費）は、全額自己負担となる。
- ○ D と介護予防サービス計画費の利用者負担はなく、全額が保険給付される。

●高額介護サービス費 介護支援 21

利用者が A か月に支払った介護サービスの1割または2割・3割の利用者負担額が、一定の負担上限額を超えた場合、超えた部分について給付を受けることができる。

ただし、 B 購入費と C 費の利用者負担分については対象外である。 D 費、居住費（滞在費）、日常生活費などの費用も対象外となる。

●特定入所者介護サービス費 介護支援 22

施設サービス、 A 、短期入所サービスにおける、低所得者の B 費、 C 費（滞在費）の負担については負担限度額が設けられ、これを超える費用が介護保険から現物給付される。ただし、現金、預貯金等が、一定額を超えている場合は対象外となる。

●介護保険の給付よりも優先する法律 介護支援 23

労働者災害補償保険法、 A 災害補償法、地方公務員災害補償法など労働災害・公務災害に対する補償の給付を行うもの、 B 特別援護法、 C に対する援護に関する法律など国家補償的な意味合いが強いものは介護保険の給付に優先する。

●事業者の申請者 介護支援 24

- ○指定介護老人福祉施設は、老人福祉法上の設置認可を得た入所定員 A 人以上の B である。
- ○介護老人保健施設は、地方公共団体（ C 、都道府県）、医療法人、社会福祉法人その他厚生労働大臣が定める者が開設できる。
- ○指定介護予防支援事業者は、 D の開設者のほか、 E が指定を受けることができる。

●介護認定審査会　介護支援 14

解答
A＝市町村
B＝2
C＝条例
D＝都道府県
E＝認定調査

●認定調査票の基本調査項目　介護支援 13

解答
A＝身体機能　　B＝生活機能
C＝認知機能　　D＝行動障害
E＝社会生活　　F＝14
G＝自立度

●サービスの種類・保険給付　介護支援 16

解答
A・B＝介護予防認知症対応型通所介護、
介護予防小規模多機能型居宅介護
C～E＝地域密着型介護サービス、居宅介護サービス計画、特定入所者介護サービス

●認定の有効期間　介護支援 15

解答
A＝6
B＝12
C＝介護認定審査会

●区分支給限度基準額の適用外　介護支援 18

解答
A＝居宅療養
B＝特定福祉用具
C＝特定施設入居者生活介護
D＝介護老人福祉施設入所者生活介護

●特例サービス費　介護支援 17

解答
A＝償還
B＝基準該当
C＝申請
D＝被保険者証

●利用者負担　介護支援 20

解答
A＝施設
B＝短期入所
C＝食費
D＝居宅介護サービス計画費

●福祉用具等の支給限度基準額　介護支援 19

解答
A＝年度
B＝10
C＝住宅
D＝20
E＝3

●特定入所者介護サービス費　介護支援 22

解答
A＝地域密着型介護老人福祉施設入所者生活介護
B＝食
C＝居住

●高額介護サービス費　介護支援 21

解答
A＝1
B＝福祉用具
C＝住宅改修
D＝食

●事業者の申請者　介護支援 24

解答
A＝30
B＝特別養護老人ホーム
C＝市町村
D＝地域包括支援センター
E＝指定居宅介護支援事業者

●介護保険の給付よりも優先する法律　介護支援 23

解答
A＝国家公務員
B＝戦傷病者
C＝原子爆弾被爆者

●基準該当サービス 介護支援 25

基準該当サービスとして認められるサービスは、①
A 支援、②介護予防支援、③訪問介護、④通所
介護、⑤ B 入浴介護、⑥ C 生活介護、
⑦ D 貸与である。
※⑤、⑥、⑦は介護予防サービスを含む

●介護予防・日常生活支援総合事業 介護支援 26

○総合事業には、要支援者と A 該当者、一部の
要介護者を対象とするサービス・活動事業（第1号
事業）と、すべての第1号被保険者を対象とする
B 事業がある。
○サービス・活動事業には、 C サービス、 D サー
ビス、その他 E サービス、介護予防ケアマネ
ジメントがある。

●一般介護予防事業 介護支援 27

地域支援事業の一般介護予防事業には、介護予防
A 事業、介護予防 B 啓発事業、地域介護予防
活動支援事業、一般介護予防評価事業、 C 活
動支援事業がある。

●包括的支援事業の委託 介護支援 28

○包括的支援事業のうち、市町村が地域包括支
援センター以外に委託できる事業は、 A 事業、
B 事業、 C 事業である。
○市町村は、 A 事業、 B 事業、 C 事業以外
の事業について地域包括支援センターに委託する
場合は、 D して委託しなければならない。

●地域ケア会議 介護支援 29

地域ケア会議は、次のような機能をもつ。
・ A 課題の解決
・ B ネットワークの構築
・ C 課題の発見
・ C づくり・資源の開発
・ D 形成

●保健福祉事業 介護支援 30

市町村は、 A の保険料を財源として、次のような
保健福祉事業を行うことができる。
・要介護者を B する人を支援する事業
・被保険者が C 等になることを予防する事業
・ D 給付のために必要な事業
・被保険者が介護サービスを利用する際に必要とな
る資金を貸し付ける事業など

●第1号被保険者の保険料 介護支援 31

○第1号被保険者の保険料率は、2024（令和6）年
度から原則 A 段階の所得段階別定額保険料で、
市町村は、所得段階をさらに細分化したり、各段
階の保険料率を変更したりできる。
○徴収方法は、年金の天引きによる B が原則。
○ C 給付、 D 事業、 E 基金の拠出金は、第
1号保険料で賄われる。

●第2号被保険者の保険料 介護支援 32

第2号被保険者の保険料は、 A の一部として
徴収され、各医療保険者が B （支払基金）に、
C （納付金）として納付する。 B は、医療保
険者から納付された納付金を、各 D に介護給付
費交付金および地域支援事業支援交付金として交
付する。

●財政安定化基金 介護支援 33

○財源は、国、都道府県、市町村（ A の保険
料を財源）が B 分の C ずつ負担する。
○保険料未納による財政不足→不足額の D 分の1
を基準に交付金を交付。
○見込みを上回る介護給付費の増大等→必要な資
金を貸し付ける→市町村は3年間の分割で A の
保険料を財源に返済（無利子）。

●国保連の介護保険関係業務 介護支援 34

○国保連は、市町村からの委託により、介護給付
費等の A 業務、 B 事務を行う。
○国保連は、 A 業務を行うため、 C を設置す
る。
○国保連は、指定居宅サービス、指定地域密着型
サービス、指定 D 、指定介護予防サービスの
事業や、 E の運営をすることができる。

●介護保険審査会 介護支援 35

○審査対象は、① A に関する処分（要介護認定
等に関する処分など）、② B その他介護保険法
の規定による徴収金に関する処分である。
○要介護認定等の処分は、 C 委員からなる合
議体で取り扱い、要介護認定等以外の処分は、
C 委員、 D 委員、市町村代表委員の各3人
で取り扱う。

●介護支援専門員の義務など 介護支援 36

○介護支援専門員には、 A ・ B な業務遂行義
務、基準遵守義務、 C 保持義務、 D 努力義
務がある。
○介護支援専門員証を不正に使用したり、その E
を貸したり、介護支援専門員の信用を傷つけるよ
うな行為をしてはならない。

●介護予防・日常生活支援総合事業　介護支援 26

解答
A＝基本チェックリスト
B＝一般介護予防
C＝訪問型
D＝通所型
E＝生活支援

●基準該当サービス　介護支援 25

解答
A＝居宅介護
B＝訪問
C＝短期入所
D＝福祉用具

●包括的支援事業の委託　介護支援 28

解答
A・B・C＝在宅医療・介護連携推進、生活支援体制整備、認知症総合支援
D＝一括

●一般介護予防事業　介護支援 27

解答
A＝把握
B＝普及
C＝地域リハビリテーション

●保健福祉事業　介護支援 30

解答
A＝第1号被保険者
B＝介護
C＝要介護状態
D＝保険

●地域ケア会議　介護支援 29

解答
A＝個別
B＝地域包括支援
C＝地域
D＝政策

●第2号被保険者の保険料　介護支援 32

解答
A＝医療保険料
B＝社会保険診療報酬支払基金
C＝介護給付費・地域支援事業支援納付金
D＝市町村

●第1号被保険者の保険料　介護支援 31

解答
A＝13
B＝特別徴収
C＝市町村特別
D＝保健福祉
E＝財政安定化

●国保連の介護保険関係業務　介護支援 34

解答
A＝審査・支払い
B＝第三者行為求償
C＝介護給付費等審査委員会
D＝居宅介護支援
E＝介護保険施設

●財政安定化基金　介護支援 33

解答
A＝第1号被保険者
B＝3
C＝1
D＝2

●介護支援専門員の義務など　介護支援 36

解答
A＝公正
B＝誠実
C＝秘密
D＝資質向上
E＝名義

●介護保険審査会　介護支援 35

解答
A＝保険給付
B＝保険料
C＝公益代表
D＝被保険者代表

●居宅介護支援の人員基準　介護支援 37

○介護支援専門員が A で B 人以上必要。
○管理者は、原則として C 介護支援専門員でなければならない（2027〈令和9〉年度までの猶予や例外規定あり）。
○管理者は、事業所の介護支援専門員としての職務や D の他の事業所の職務との兼務が可能。

●居宅サービス計画の作成　介護支援 38

○アセスメントは、利用者の居宅を訪問し、利用者および家族と A して行う。
○居宅サービス計画は、利用者と B に交付する。
○モニタリングは、少なくとも C か月に1回は、利用者の居宅を訪問して行い、少なくとも C か月に1回はモニタリングの結果を D する。

●指定介護予防支援の基本取扱方針等　介護支援 39

○ A サービスとの連携に十分配慮して行う。
○ B 型の介護予防サービス計画を策定する。
○事業者は、自ら提供するサービスの C を行い、常にその改善を図る。
○地域支援事業や介護給付と D 性・一貫性をもった支援を行うよう配慮する。

●アセスメントの4つの領域　介護支援 40

介護予防ケアマネジメントでは、「介護予防サービス・支援計画書」の次の①〜④の4つの領域ごとに課題を明らかにする。
① A ・移動
② B 生活（家庭生活を含む）
③社会参加・対人関係・ C
④ D 管理

●フレイル　保健医療 01

高齢になり、筋力や活動が低下している状態をフレイルといい、① A 減少、② B 速度低下、③ C 低下、④疲労感、⑤ D の5つのうち、 E つ以上該当した場合にフレイルとみなされる。

●サルコペニア・廃用症候群　保健医療 02

○サルコペニア（筋肉減弱症）は、①加齢に伴う骨格筋（筋肉）量の減少に加え、② A の低下または③ B 能力の低下をあわせもつ状態である。フレイルの一部とも考えられる。
○廃用症候群（生活不活発病）は、日常生活での C の低下により、身体的・精神的機能が全般的に低下した状態である。

●せん妄　保健医療 03

○ A 混濁や幻覚（ B が多い）、それらに基づく C や興奮などの症状が出る。意識障害の一つで、夜間に多く起こる。
○ D の影響であることが一番多く、脳疾患、全身疾患、脱水や不眠、環境変化なども原因となる。
○通常は、3日から1週間程度で症状は消失する。

●尿失禁　保健医療 04

○ A 尿失禁：脳血管障害などにより、急な強い尿意と頻尿により、失禁する。
○ B 尿失禁：骨盤底筋などの機能低下により、咳、くしゃみなどの腹筋の上昇で失禁する。
○ C 尿失禁：尿路系には異常がないが、認知症やADLの低下などによりトイレに間に合わない。

●指定難病　保健医療 05

介護保険の特定疾病のうち、特定医療費助成制度が活用できる指定難病は、関節リウマチ（悪性関節リウマチのみ）、 A （ALS）、 B 骨化症、 C 麻痺、 D 基底核変性症、パーキンソン病、 E 小脳変性症、脊柱管狭窄症（広範脊柱管狭窄症のみ）、早老症（ウェルナー症候群など一部）である。

●パーキンソン病の症状　保健医療 06

○四大運動症状は A （身体のふるえ）、 B （筋肉の硬さ、歯車現象）、 C （動作の遅さ、仮面様顔貌）、姿勢・歩行障害（前屈で小刻みな歩行、突進現象、すくみ足）。
○進行すると起立性低血圧や排尿障害などの D 症状、認知症および治療薬の副作用としての幻覚、妄想などの E 症状が加わる。

●疾病の症状　保健医療 07

○筋萎縮性側索硬化症（ALS）では、 A 運動や肛門括約筋、 B 神経や知能、意識は末期まで保たれる。
○進行性核上性麻痺は症状の C は目立たず、眼球運動障害などにより、初期から D しやすい。
○大脳皮質基底核変性症は症状に C がみられ、進行性の非対称性 E がみられる。

●脳血管障害　保健医療 08

○ A ：脳の血管が詰まったり、狭くなったりして血流が悪くなり発症する。
○脳塞栓：不整脈の B などにより、血の固まりが脳に流れてきて発症。
○ C ：脳の中の細かい血管が破れて出血する。
○ D 下出血：脳の表面の大きな血管にできた動脈瘤が破れて、 D の下に出血する。

●居宅サービス計画の作成　介護支援 38

解答
A＝面接
B＝担当者
C＝1
D＝記録

●居宅介護支援の人員基準　介護支援 37

解答
A＝常勤
B＝1
C＝主任
D＝同一敷地内

●アセスメントの4つの領域　介護支援 40

解答
A＝運動
B＝日常
C＝コミュニケーション
D＝健康

●指定介護予防支援の基本取扱方針等　介護支援 39

解答
A＝医療
B＝目標志向
C＝質の評価
D＝連続

●サルコペニア・廃用症候群　保健医療 02

解答
A＝筋力
B＝身体
C＝活動性

●フレイル　保健医療 01

解答
A＝体重
B＝歩行
C＝筋力
D＝身体活動
E＝3

●尿失禁　保健医療 04

解答
A＝切迫性
B＝腹圧性
C＝機能性

●せん妄　保健医療 03

解答
A＝意識
B＝幻視
C＝妄想
D＝薬剤

●パーキンソン病の症状　保健医療 06

解答
A＝振戦
B＝筋固縮
C＝無動
D＝自律神経
E＝精神

●指定難病　保健医療 05

解答
A＝筋萎縮性側索硬化症
B＝後縦靱帯
C＝進行性核上性
D＝大脳皮質
E＝脊髄

●脳血管障害　保健医療 08

解答
A＝脳梗塞
B＝心房細動
C＝脳出血
D＝くも膜

●疾病の症状　保健医療 07

解答
A＝眼球
B＝知覚
C＝左右差
D＝転倒
E＝失行

●関節リウマチの症状　保健医療 09

○関節の炎症は身体の A 対称に出現。症状は B 変動があり、 C のこわばり、痛み、熱感、腫れなどを伴う。
○ C 以外では、発熱、体重減少、易疲労感、貧血などの D 症状が現れる。

●心疾患の特徴　保健医療 10

○狭心症：症状は前胸部の A 感など。
○心筋梗塞：前胸部の激しく長引く痛みやしめつけ感、左肩から頸部の鈍痛など。
○心不全：一般的な症状は、 B 困難、食欲低下、浮腫、 C 低下などだが、高齢者の場合は活動性の低下や D 症のような症状として現れ、見過ごされやすい。

●慢性閉塞性肺疾患（COPD）　保健医療 11

○最大の原因は A である。
○慢性の咳や痰が主症状で、全身の炎症、骨格筋の機能障害、 B 障害、骨粗鬆症などの合併症を伴う。
○ C により重症化するため C 予防が重要、インフルエンザワクチンや D ワクチンの接種も有効である。

●めまい　保健医療 12

○ A のめまいは、内耳の障害によるメニエール病、良性発作性頭位めまい症などでみられる。
○ B は、目の前が暗くなるような感覚で、起立性低血圧、低血糖、徐脈性不整脈などでみられる。
○ C は、抗不安薬、睡眠薬、筋弛緩薬などの薬剤の副作用、小脳疾患、パーキンソン病などでみられる。

●皮膚疾患の原因など　保健医療 13

○疥癬は、 A による感染症で、 A の数がきわめて多いノルウェー疥癬は個室管理が必要。
○薬疹は、薬剤のアレルギーによる発疹で、多くは、服用後 B ～ C 週間後に起こる。
○帯状疱疹は、 D ウイルスの活性化によって起こり、高齢者では重症化しやすい。痛みが長期間残る帯状疱疹後 E などの後遺症に注意する。

●感染経路　保健医療 14

○ノロウイルス感染症、腸管出血性大腸菌感染症は、おもに A 感染する。
○インフルエンザ、ノロウイルス感染症（嘔吐物などの処理時）は B 感染する。
○結核、麻疹、水痘（帯状疱疹など）は C 感染する。
○B型肝炎、C型肝炎は、 D を介して感染する。

●標準予防策・予防接種　保健医療 15

○標準予防策（スタンダード・プリコーション）は、すべての人に実施する感染予防対策で、 A 衛生、うがい、 B （使い捨ての手袋やマスクなど）、 C エチケットがある。
○インフルエンザワクチン、 D は、いずれも高齢者の定期予防接種対象だが、 D の定期予防接種の機会は1回のみとなる。

●栄養アセスメントで確認するデータ　保健医療 16

○ A （体重、身長、BMI）：BMIが18.5未満は低体重で、低栄養の徴候となる。
○ B 周囲長・ C 周囲長： B 周囲長は、骨格、内臓、筋肉などの総和を表し、 C 周囲長は体重を反映、浮腫の有無の判断目安になる。
○その他、 D や水分の摂取量、栄養補給法、褥瘡の有無を確認する。

●体温　保健医療 17

○低体温は、環境、 A 栄養、甲状腺機能 B 症、薬剤の影響などで生じる。
○発熱は、感染症のほか、 C 腫瘍、膠原病、甲状腺機能 D 症、熱中症、脱水などでも生じる。
○高齢者では発熱と疾患の重症度が一致しないこともあり、 E 熱（原因不明の熱）も多い。

●脈拍　保健医療 18

○頻脈は、感染症、うっ血性 A 不全、甲状腺機能 B 症、脱水などでみられる。
○徐脈は、 C などによる脳圧の高まり、 D の副作用、甲状腺機能 E 症、洞不全症候群など心臓の刺激伝達系異常でみられることがある。

●血圧　保健医療 19

○加齢とともに動脈硬化が進み、高齢者は A 期血圧は高く、 B 期血圧は低くなる傾向。
○大動脈疾患、片麻痺が進行した動脈硬化では、血圧に C 差がみられるため、 C での血圧測定を行う。
○高齢者では急な立ち上がりなどで、ふらつきやめまいなどがみられる D 低血圧が多い。

●呼吸状態と原因など　保健医療 20

○ A 呼吸------左心不全の兆候
○口すぼめ呼吸------ B （COPD）でよくみられる。
○ C 呼吸------臨死期にみられる。
○ D 呼吸------糖尿病性ケトアシドーシスや尿毒症でみられる。
○ E 呼吸------髄膜炎や脳腫瘍でみられる。

●心疾患の特徴 保健医療 10

解答
A＝圧迫
B＝呼吸
C＝血圧
D＝認知

●関節リウマチの症状 保健医療 09

解答
A＝左右
B＝日内
C＝関節
D＝全身

●めまい 保健医療 12

解答
A＝回転性
B＝眼前暗黒感
C＝浮動感

●慢性閉塞性肺疾患（COPD） 保健医療 11

解答
A＝喫煙
B＝栄養
C＝感染
D＝肺炎球菌

●感染経路 保健医療 14

解答
A＝接触
B＝飛沫
C＝空気
D＝血液

●皮膚疾患の原因など 保健医療 13

解答
A＝ヒゼンダニ
B＝1
C＝2
D＝水痘・帯状疱疹
E＝神経痛

●栄養アセスメントで確認するデータ 保健医療 16

解答
A＝身体計測
B＝上腕
C＝下腿
D＝食事

●標準予防策・予防接種 保健医療 15

解答
A＝手指
B＝個人防護具
C＝咳
D＝肺炎球菌ワクチン

●脈拍 保健医療 18

解答
A＝心
B＝亢進
C＝脳出血
D＝薬剤
E＝低下

●体温 保健医療 17

解答
A＝低
B＝低下
C＝悪性
D＝亢進
E＝不明

●呼吸状態と原因など 保健医療 20

解答
A＝起座
B＝慢性閉塞性肺疾患
C＝下顎
D＝クスマウル
E＝ビオー

●血圧 保健医療 19

解答
A＝収縮
B＝拡張
C＝左右
D＝起立性

●検査と指標の組み合わせ　保健医療 21

○血清 A の減少------低栄養
○血清 B の上昇------腎機能低下
○ C 数の減少------肝硬変
○ D A1c------測定日以前1か月から2か月間の平均的な血糖状態
○ E （C反応性たんぱく質）の上昇------体内の炎症

●口腔ケアの効果　保健医療 22

○口腔ケアにより、う歯、 A を予防する。
○食物残渣を除去し、 B 分泌を促して口臭を予防する。
○ B には口腔の自浄作用がある。
○ C 機能・ D 機能を維持・向上する。
○ E 肺炎を予防する。

●睡眠障害の種類　保健医療 23

○ A 困難：寝つきが悪く、なかなか眠れない。
○ B 覚醒：眠りが浅く、目が覚めやすい。
○ C 覚醒：早朝に目が覚め、そのまま眠れなくなる。
○ D 障害：深く眠れたという感覚が得られない。

●治療可能な認知症　保健医療 24

○正常圧 A ：脳脊髄液が脳内にたまることで発症する。主症状は認知機能低下、すり足で小股に歩く B 障害、 C で、手術で改善できる。
○慢性 D 血腫：頭部打撲による D の出血が1〜3か月で徐々に増大し、血腫となって脳を圧迫。主症状は意識障害、 E 低下、歩行障害で、血腫を除去すれば E のレベルが戻る。

●認知症施策推進大綱の考え方　保健医療 25

○認知症の人や家族の視点を重視しながら、 A と B を車の両輪として施策を推進。
○5つの柱は、普及啓発・本人 C 支援、 B 、医療・ケア・介護サービス・ D への支援、認知症バリアフリーの推進・若年性認知症の人への支援・社会参加支援、 E 開発・産業促進・国際展開である。

●高齢者のうつ病　保健医療 26

○高齢者は、特に A な訴えが多く、めまい、しびれ、排尿障害などの B 症状が目立つ。
○気分の落ち込みよりも、不安、緊張、 C 感が目立つ。
○症状がひどくなると、自分を責める D や、お金がないという貧困妄想、不治の病にかかったという心気妄想をもち、 E を図ることがある。

●アルコール依存症　保健医療 27

○高齢期では、身体的老化や A 体験などの環境変化が発症誘引となることが多い。
○特徴として、 B 症状が自律神経症状などとなって長く続く、糖尿病、高血圧症などの C 合併症が高率で出現、 D 症やうつ病を合併する割合が高いことがある。
○治療は、 B 治療と依存治療の2段階で行う。

●薬の服用の方法　保健医療 28

○介護支援専門員は、 A （日常生活動作）や B 機能など服薬にかかる能力を確認する。
○お薬 C を利用することで、薬の管理が容易になることがある。
○薬の服用は、誤飲などの防止のため、できるだけ D 腔を起こし、通常は100mL程度の水かぬるま湯で服用する。

●在宅医療管理で共有すべき情報　保健医療 29

○インスリン注射------体調変化時 （ A ） の対応
○血液透析------ B への圧迫を避けること
○腹膜透析------ C 対策
○経管栄養法------ D が抜けてしまった時の対応
○在宅酸素療法------ E 厳禁

●医療保険での訪問看護　保健医療 30

要介護者については、介護保険の訪問看護が優先されるが、次の場合は、例外的に医療保険から訪問看護が給付される。
○急性 A 時の訪問看護
○ B の悪性腫瘍、神経 C など厚生労働大臣の定める疾病等の患者への訪問看護
○ D 科訪問看護（認知症を除く）

●小規模な介護老人保健施設　保健医療 31

○ A 型小規模介護老人保健施設：本体施設との密接な連携を図りつつ、本体施設とは別の場所で運営される。定員29人以下。
○ B 型小規模介護老人保健施設：病院または診療所、介護医療院に併設される。定員29人以下。
○ C 型介護老人保健施設：大都市や過疎地域などに設置が認められる。

●介護医療院　保健医療 32

介護医療院は、施設サービス計画に基づいて、 A の管理、看護、医学的管理の下における介護、機能訓練その他必要な医療、 B 上の世話を行う。
 C 型療養床は、重篤な身体疾患を有する者および身体合併症を有する認知症高齢者等を対象とし、 D 型療養床は、 C 型と比べて比較的容態が安定した者を対象とする。

●口腔ケアの効果　　保健医療 22

解答
A＝歯周病
B＝唾液
C・D＝口腔、嚥下
E＝誤嚥性

●検査と指標の組み合わせ　　保健医療 21

解答
A＝アルブミン
B＝クレアチニン
C＝血小板
D＝ヘモグロビン
E＝CRP

●治療可能な認知症　　保健医療 24

解答
A＝水頭症
B＝歩行
C＝尿失禁
D＝硬膜下
E＝認知機能

●睡眠障害の種類　　保健医療 23

解答
A＝入眠
B＝中途
C＝早朝
D＝熟眠

●高齢者のうつ病　　保健医療 26

解答
A＝心気的
B＝自律神経
C＝焦燥
D＝罪業妄想
E＝自殺

●認知症施策推進大綱の考え方　　保健医療 25

解答
A＝共生
B＝予防
C＝発信
D＝介護者
E＝研究

●薬の服用の方法　　保健医療 28

解答
A＝ADL
B＝認知
C＝カレンダー
D＝上半身

●アルコール依存症　　保健医療 27

解答
A＝喪失
B＝離脱
C＝身体
D＝認知

●医療保険での訪問看護　　保健医療 30

解答
A＝増悪
B＝末期
C＝難病
D＝精神

●在宅医療管理で共有すべき情報　　保健医療 29

解答
A＝シックデイ
B＝シャント
C＝感染
D＝カテーテル
E＝火気

●介護医療院　　保健医療 32

解答
A＝療養上
B＝日常生活
C＝I
D＝II

●小規模な介護老人保健施設　　保健医療 31

解答
A＝サテライト
B＝医療機関併設
C＝分館

●バイステックの7原則　福祉 01

○　A ：クライエントを個人としてとらえる。
○意図的な　B 　の表出
○統制された　C 　的関与
○　D ：クライエントのあるがままを受け入れる。
○非　E 　態度
○　F 　の支援
○　G 　保持

●イーガンのSOLER（ソーラー）　福祉 02

相手の話に関心をもって耳を傾けていることが伝わる技法

・Squarely：相手と　A 　に向かい合う
・Open：　B 　な姿勢をとる
・Lean：相手に向かって少しからだを　C
・Eye Contact：適度に　D 　を合わせる
・Relaxed：適度に　E 　した態度で話を聴く

●焦点を定める技術　福祉 03

・励まし：クライエントの話を　A 　にとらえ、うなずいたり、励ましたりする
・　B 　化：クライエントの考えや感情を具体的に言葉にして明確にする
・　C ：話された内容を整理し端的に伝える。
・　D ：クライエントの話の背後にある思いや感情を理解し、言葉にして返す。

●訪問介護の生活援助　福祉 04

○生活援助は、　A 　か同居家族に障害や疾病がある場合、または同様の　B 　があり家事ができない場合にのみ算定可能。
○家族の分の洗濯や調理、利用者の居室以外の掃除など直接　C 　の援助に該当しない行為、草むしり、花木の水やり、ペットの世話など　D 　の援助に該当しない行為は算定できない。
　→家具の移動、家具や器具の修繕、模様替え、大掃除

●訪問介護のサービス提供責任者の責務　福祉 05

サービス提供責任者は、　A 　の作成にかかる業務、　B 　申し込みの調整、訪問介護員等の業務の実施状況の把握、　C 　管理、研修、技術指導、居宅介護支援事業者等に利用者の　D 　状況、　E 　機能などの心身の状態、生活の状況について必要な情報提供をする。

●訪問入浴介護のサービス提供　福祉 06

○訪問入浴介護は、1回ごとのサービスは、原則的に介護職員　A 　人と看護職員　B 　人で行うが、主治医の意見を確認したうえで、介護職員　C 　人で行うこともできる。
○利用者の希望による特別な　D 　の費用は別途徴収できる。

●共生型通所介護　福祉 07

○障害福祉制度における　A 　介護、自立訓練、児童発達支援、放課後等　B 　の指定を受けた事業所であれば、基本的に共生型通所介護の指定を受けられるものとして、基準が設定される。
○共生型サービスは、　C 　介護、　D 　介護、短期入所生活介護、介護予防短期入所生活介護、　E 　通所介護に設定されている。

●短期入所生活介護の類型　福祉 08

短期入所生活介護の施設の類型には次の3つがある。利用定員は　A 　人以上とされるが②、③では　A 　人未満も認められている。
①　B 　型
②本体施設に併設する併設型
③特別養護老人ホームの空きベッドを利用する　C 　型

●特定施設入居者生活介護　福祉 09

○特定施設とは、　A 　老人ホーム、　B 　老人ホーム、　C 　老人ホームをいう。
○特定施設入居者生活介護は、施設の従業者が介護サービスを提供する一般型と、事業者の委託する居宅サービス事業者が介護サービスを提供する　D 　型がある。

●地域密着型サービス　福祉 10

○療養通所介護の対象者は、　A 　などのある重度要介護者、または　B 　の要介護者である。
○認知症対応型通所介護のサービス類型は、単独型、併設型、　C 　型がある。
○小規模多機能型居宅介護の登録定員は　D 　人以下で、認知症対応型共同生活介護のユニットの利用定員は5人以上　D 　人以下である。

●会議等の設置と開催　福祉 11

○　A 　委員会の設置と開催は、療養通所介護に規定されている。
○介護・医療連携推進会議の設置と開催は、　B 　に規定されている。
○　C 　会議の設置と開催は、夜間対応型訪問介護と　B 　を除く地域密着型サービス、地域密着型介護予防サービスに規定されている。

●福祉用具　福祉 12

○福祉用具専門相談員は、福祉用具貸与事業所、特定福祉用具販売事業所に常勤換算で　A 　人以上配置される。
○福祉用具貸与のうち、軽度者への給付制限がないのは、　B 　（工事を伴わないもの）、　C 　（工事を伴わないもの）、　D 　、歩行補助杖である。

●イーガンのSOLER（ソーラー）　福祉 02

解答
A＝まっすぐ
B＝開放的
C＝傾ける
D＝視線
E＝リラックス

●バイステックの7原則　福祉 01

解答
A＝個別化　B＝感情
C＝情緒　D＝受容
E＝審判的
F＝自己決定
G＝秘密

●訪問介護の生活援助　福祉 04

解答
A＝一人暮らし
B＝やむを得ない事情
C＝本人
D＝日常生活

●焦点を定める技術　福祉 03

解答
A＝肯定的
B＝明確
C＝要約
D＝反映

●訪問入浴介護のサービス提供　福祉 06

解答
A＝2
B＝1
C＝3
D＝浴槽水

●訪問介護のサービス提供責任者の責務　福祉 05

解答
A＝訪問介護計画
B＝利用
C＝業務
D＝服薬
E＝口腔

●短期入所生活介護の類型　福祉 08

解答
A＝20
B＝単独
C＝空床利用

●共生型通所介護　福祉 07

解答
A＝生活
B＝デイサービス
C・D＝訪問、通所
E＝地域密着型

●地域密着型サービス　福祉 10

解答
A＝難病
B＝がん末期
C＝共用
D＝29
E＝9

●特定施設入居者生活介護　福祉 09

解答
A・B・C＝有料、軽費、養護
D＝外部サービス利用

●福祉用具　福祉 12

解答
A＝2
B・C＝手すり、スロープ
D＝歩行器

●会議等の設置と開催　福祉 11

解答
A＝安全・サービス提供管理
B＝定期巡回・随時対応型訪問介護看護
C＝運営推進

●住宅改修の範囲　福祉 13

○給付対象は、① A の取り付け　② B の解消、③ C または通路面の材料変更、④引き戸などへの D の取り替え、⑤洋式 E などへの E の取り替え、およびこれら住宅改修の付帯工事である。

○昇降機、リフト、段差解消機などの F により段差を解消する機器の設置工事や、自動ドアの F 部分などは対象にならない。

●介護老人福祉施設　福祉 14

○入所対象は、原則として要介護 A 以上。

○介護支援専門員は、施設に常勤で B 人以上配置。計画担当介護支援専門員が、 C 計画を作成する。

○入所者が入院し、およそ D か月以内の退院が見込める場合には、退院後、円滑に E できるようにしておく。

●介護支援専門員が活用する社会資源　福祉 15

○フォーマルサービス……年金制度、生活保護制度など A 保障サービス、医療保険サービス、配食サービスなど B が実施する保健医療サービス、 C 制度、 D 事業など権利擁護にかかわるサービス、住宅にかかわるサービスなど

○インフォーマルサポート……家族など、ボランティア活動、自治会、民生委員、児童委員の活動

●障害者総合支援法　福祉 16

○対象：身体障害、知的障害、 A 障害（発達障害を含む）、 B 等がある者。

○自立支援給付：介護給付/ C 等給付/自立支援医療/ D 具/相談支援。

○地域生活支援事業：市町村が行う必須事業には、相談支援事業、 E 利用支援事業、 F 給付等事業、移動支援事業などがある。

●生活困窮者自立支援法　福祉 17

○生活困窮者自立支援法は、生活困窮者に対し、 A に至る前の自立支援策の強化を図ることが目的。

○必須事業には、有期で家賃相当額を支給する B 金、生活困窮者からの相談を受け、課題を評価・分析して自立支援計画を作成し、自立に向けた支援を行う C 事業がある。

●生活保護制度　福祉 18

○生活保護法の基本原理は、①国家責任の原理、② A 平等の原理、③ B 保障の原理、④ C の原理の4つ。

○被保護者が介護保険の被保険者である場合、介護保険料や施設の日常生活費は D 扶助、介護保険の自己負担分は E 扶助の対象となる。

●後期高齢者医療広域連合　福祉 19

○保険者は、 A 医療広域連合（広域連合）で被保険者は、 B 歳以上の人と65歳以上 B 歳未満で一定の障害のある人。 C 世帯の者は適用除外である。

○財源は、公費5割、 A 支援金（医療保険者からの拠出金）4割、保険料1割で、利用者負担は原則 D 割、現役並み所得者は3割である。

●サービス付き高齢者向け住宅　福祉 20

○入居対象は、単身高齢者または高齢者の同居者で、 A 歳以上、または要介護・要支援認定を受けている40歳以上 A 歳未満の者

○各居室の床面積は原則 B ㎡以上、構造・設備が一定の基準を満たし、 C 構造であること

○サービスは、少なくとも D （安否確認）サービス、 E サービスを提供する

●高齢者虐待　福祉 21

○高齢者虐待には、暴力などの A 、介護等の放棄、放任によるネグレクト、言葉による暴力や無視などの B 、性的虐待、年金を渡さないなどの C がある。

○生命または身体に重大な危険が生じている高齢者虐待を発見した者は、高齢者虐待防止法に基づき、 D に通報する義務がある。

●法定後見制度　福祉 22

○法定後見制度には、本人の判断能力の程度により、後見、 A 、 B の3つの類型がある。

○具体的な後見人の職務は、身上監護と C である。

○成年後見人は、包括的な D 権と、日常生活に関する行為以外の E 権があるが、本人の居住用の不動産を処分する場合には、 F の許可が必要。

●任意後見制度　福祉 23

判断能力が衰える前に、本人が任意後見受任者を指定し、後見事務の内容を A による契約で定めておく制度。申立てに基づき、 B が任意後見監督人を選任して任意後見が開始。 B は任意後見監督人から定期的な報告を受け、任意後見人に不正があるときには、任意後見人を C することができる。

●日常生活自立支援事業　福祉 24

○実施主体は、 A 。

○福祉サービスの利用援助、 B サービス、書類などの預かりサービスを行う。

○利用者との契約により C が初期相談や支援計画を作成し、利用契約の締結をする。

○ D が具体的な支援をし、 E が事業全体の運営監視、苦情解決を行う。

●介護老人福祉施設　福祉 14

解答
A＝3
B＝1
C＝施設サービス
D＝3
E＝再入所

●住宅改修の範囲　福祉 13

解答
A＝手すり　B＝段差
C＝床
D＝扉
E＝便器
F＝動力

●障害者総合支援法　福祉 16

解答
A＝精神　B＝難病
C＝訓練
D＝補装
E＝成年後見制度
F＝日常生活用具

●介護支援専門員が活用する社会資源　福祉 15

解答
A＝所得
B＝市町村
C＝成年後見
D＝日常生活自立支援

●生活保護制度　福祉 18

解答
A＝無差別
B＝最低生活
C＝補足性
D＝生活
E＝介護

●生活困窮者自立支援法　福祉 17

解答
A＝生活保護
B＝住居確保給付
C＝自立相談支援

●サービス付き高齢者向け住宅　福祉 20

解答
A＝60
B＝25
C＝バリアフリー
D＝状況確認
E＝生活相談

●後期高齢者医療広域連合　福祉 19

解答
A＝後期高齢者
B＝75
C＝生活保護
D＝1

●法定後見制度　福祉 22

解答
A＝保佐　B＝補助
C＝財産管理
D＝代理
E＝取消
F＝家庭裁判所

●高齢者虐待　福祉 21

解答
A＝身体的虐待
B＝心理的虐待
C＝経済的虐待
D＝市町村

●日常生活自立支援事業　福祉 24

解答
A＝都道府県・指定都市社会福祉協議会
B＝日常的金銭管理
C＝専門員
D＝生活支援員
E＝運営適正化委員会

●任意後見制度　福祉 23

解答
A＝公正証書
B＝家庭裁判所
C＝解任